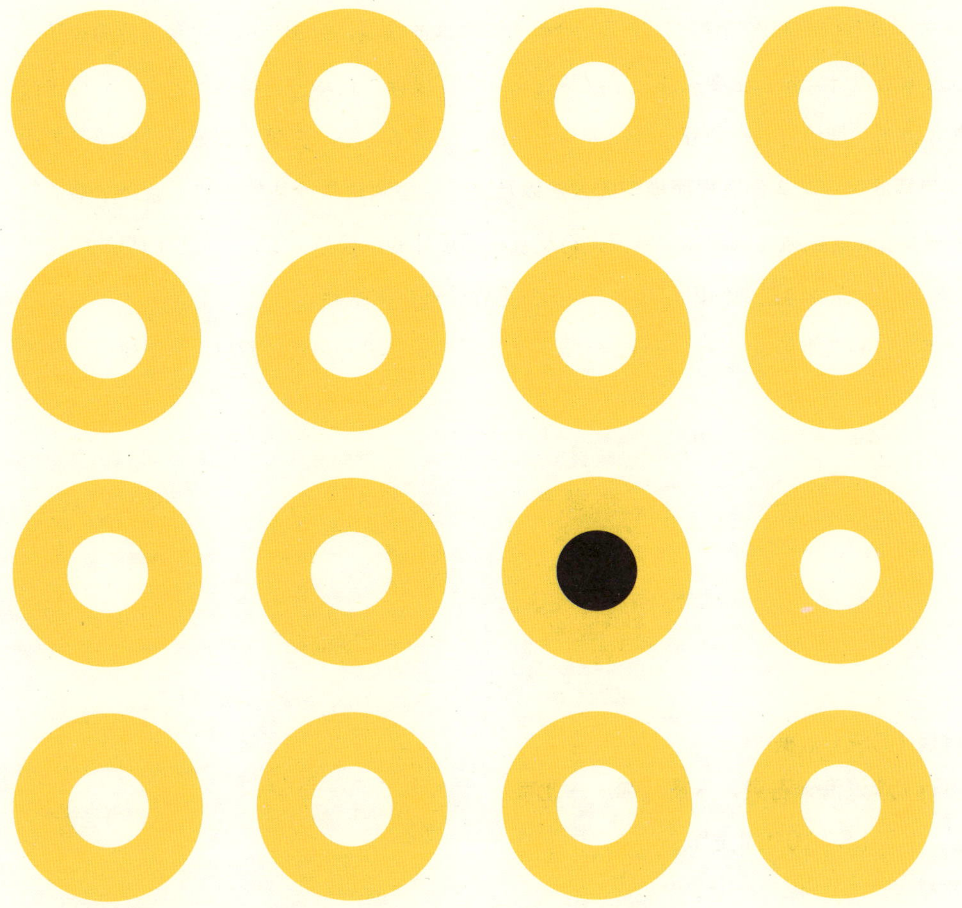

高等学校教材
College Textbooks

交互界面设计
Graphic User Interface Design

李洪海　石爽　李霞　主编

化学工业出版社
·北京·

本书是一本关于交互设计的入门读物。交互设计分为三个大的领域，分别是基于屏幕的界面设计、交互产品设计以及服务设计。本书主要关注基于屏幕的交互界面设计。在本书的第一部分中，介绍了交互设计的一些基本概念与理论，进行交互设计研究与分析的一些基本方法。在第二部分中，讲解了制作交互界面原型，包括低保真与高保真界面模型的方法以及进行原型测试与评估的方法。通过本书的学习，读者可以了解交互设计的概念与理论，掌握进行交互界面设计的流程与方法，把自己的想法转化为界面设计作品。学生可以完善自己的知识结构，为成为一名设计师打下基础。

本书可作为高等院校工业设计、艺术设计、计算机应用专业交互设计课程的教材，也可作为广大业余爱好者的入门读物。

图书在版编目（CIP）数据

交互界面设计 / 李洪海，石爽，李霞主编. —北京：化学工业出版社，2011.8（2019.1重印）

高等学校教材

ISBN 978-7-122-11887-5

Ⅰ. 交…　Ⅱ. ①李…　②石…　③李…　Ⅲ. 人机界面-程序设计-高等学校-教材　Ⅳ. TP311.1

中国版本图书馆CIP数据核字（2011）第143856号

责任编辑：张建茹　李彦玲　　　装帧设计：尹琳琳

责任校对：战河红

出版发行：化学工业出版社（北京市东城区青年湖南街13号　邮政编码100011）

印　　装：北京东方宝隆印刷有限公司

787mm×1092mm　1/16　印张10¾　字数265千字　2019年1月北京第1版第7次印刷

购书咨询：010-64518888　　售后服务：010-64518899

网　　址：http://www.cip.com.cn

凡购买本书，如有缺损质量问题，本社销售中心负责调换。

定　　价：39.00元

前言
FOREWORD

就像我们这一代人看到锤子知道如何使用它，新一代的人类看到一块黑色玻璃就会知道用手指头去触摸它。在我们玩泥巴和木手枪的年龄，今天的孩子们玩着iPad。这是新的设计时代，一个关注交互的设计时代。

在这个新的时代，传统的工具与玩具变了样，变成了一块屏幕或者屏幕上的图形。技术飞速的发展，也推动着人们的生活飞速地变化。设计师的哲学、设计师的方法、设计师的技能面临着巨大的挑战，需要改变，需要创新。

这是一个新的设计时代，同时也是一个混乱的设计时代。太多的技术可能性给产品带来无数可能的功能，商业竞争促使厂商让自己的产品看起来花枝招展，消费者却进入了一个困惑的时代，而只有懂得各种技术平台，明白各种操控模式的消费者才是“合格”的消费者。当我们买了一部手机，却真的不明白它到底能干些什么，不明白它怎么去干的时候，无数的“不明白”成为人们和产品进行交流的障碍。在手机卖场里，消费者从来没有觉得自己如此愚蠢。

也许人们的生活不需要一个武装到牙齿的手持设备，而只需要一个舒适方便的生活方式。设计是一种重组行为，可以重组一种生活方式，重组一件事的流程，重组一个产品的面貌。从人们的生活而言，技术的工作是添加，而设计的工作却是删除。删除从来没有像现在这样重要过，太多的功能给人类带来了负担。人们的生活真的需要这么多产品吗？是屏幕上真的需要这么多功能吗？一个恰当的设计流程能让我们避免多余的设计产生。这本教材关注的是设计的流程和方法，关注如何避免产生错误和多余的设计，这是我们编写的初衷。这本教材的内容比较浅显，但我们希望能够用这本教材去激发学生的思考，能让他们关注用户，关注生活，关注如何让设计更加合理，能够在进入社会之前形成自己的设计思路。

本书分为两个部分，共8章。第一部分是交互界面设计理论基础，包括第1章交互界面设计概述、第2章需求研究、第3章信息设计、第4章交互设计、第5章视觉设计、第6章视觉设计案例。第二部分由第7、8章组成，讲解了交互界面原型的制作以及交互界面测试与评估，还包含了一些设计练习。

本书由北京信息科技大学李洪海、石爽与李霞主编。李洪海负责全书的统稿。参加编写的有齐兵、宁兵、韩静华、程旭峰、欧阳昌海、汤小霞、易青、徐楠楠、熊纬、王紫、任爽、任政宇、陈宇航等。感谢共同编写的伙伴们付出的努力，感谢化学工业出版社的编辑付出的努力，感谢学习交互界面这门课程的学生，希望通过这本书的写作与交流，能在交互设计的学习之路上有所收获。

编　者
2011年6月

目录 CONTENTS

PART 1

第1部分 交互界面设计基础

CONTENTS 目录

交互界面设计基础

PART 1

第1部分

第1章 交互界面设计概述

1.1 什么是交互设计

在工业时代，产品的形态可以提示产品的功能和使用方式，当用户看到产品时，无需说明便可以轻松地使用它，就像图1-1所示的茶壶。

图1-1 茶壶的形体提示了用法

随着信息时代的到来，产品变得越来越复杂，工程师与设计师想当然的设计导致了严重的后果，那就是用户面对产品会不知所措，严重地影响了用户使用产品时的体验，甚至阻碍用户正常地使用产品。而交互设计（interaction design）正是在这样的设计背景下产生的一种新的设计方法与设计领域。

人们每天发出几十封邮件，用手机玩游戏，使用ATM机取款或者存钱，这些活动有的是让人愉悦的，但也有很多让人疑惑或者懊恼。请看下面的几个例子：

- 人们走到一个玻璃门面前，会发现门上贴着一个“推”字或者“拉”字，很多还是主人手写的提示。开门为什么需要提示？会有很多人弄错吗？
- 使用自助绿灯时，按下按钮后没有反馈，需要一直按下去吗？还是需要等待？等多久？
- 给手机下载了一个新的应用软件，却不知道如何卸载；
- 使用网站时，页面杂乱，而且必须要注册成为新用户才能使用。

从上面这些场景可以看出，人们的生活越来越丰富多彩，也越来越复杂。解决这些复杂使用的问题是交互设计的任务。交互设计是一种如何让产品易用、有效而让人愉悦的技术，它致力于了解目标用户和他们的期望，了解用户在同产品交互时彼此的行为，了解“人”本身的心理和行为特点，同时，还包括了解各种有效的交互方式，并对它们进行增强和扩充。通过对产品的界面和行为进行交互设计，让产品和它的使用者之间建立一种有机关系，从而可以有效达到使用者的目标，这就是交互设计的目的。交互设计是一门新兴的学科，涉及多个领域，以及和多个领域多种背景人员的沟通，这些领域包括工业设计、视觉设计、心理学、信息学、计算机科学等。

1.2 交互设计的发展历程

在20世纪90年代初期，IDEO的负责人比尔·莫格里奇设计了最初的便携式笔记本电脑，这个设计有着小巧的体积与精巧的结构，材质与表面处理也非常讲究。这样一个完美的设计作品却没有让比尔·莫格里奇兴奋太久，他很快被这个产品“里面”的东西所吸引，也就是运行在这台电脑上的软件。比尔·莫格里奇意识到这是一种新的设计领域，与以往的设计都不同，他把这种设计称为交互设计（interaction design）。

实际上，交互设计在比尔·莫格里奇意识到之前很久就出现了，但真正被人们作为研究对象应该是计算机出现之后。但在计算机发展的最初时期，交互设计还是一门比较沉默的学科，直到一些新的创新的发明出现后，交互设计才真正掀开了自己的历史篇章。

(1) GUI的出现

1968年道格·英格巴特演示了他发明的一个带按钮的小木头盒子，也就是鼠标的原型，如图1-2，它使用这个小盒子进行了点击鼠标、复制、粘贴等操作。这个简陋的小盒子扩大了人们使用计算机的能力，摆脱了只能使用文本输入的方法与计算机进行交流的历史。

图1-2 最初的鼠标

随后施乐公司的计算机ALTO和STAR的出现更加推进了交互设计的进程。ALTO开始使用桌面隐喻，同时鼠标单击、双击等现在已经习以为常的交互方式在此时发明出来。图1-3所示为施乐STAR计算机，图1-4所示的和今天的苹果计算机在使用模式上还是一脉相承的。

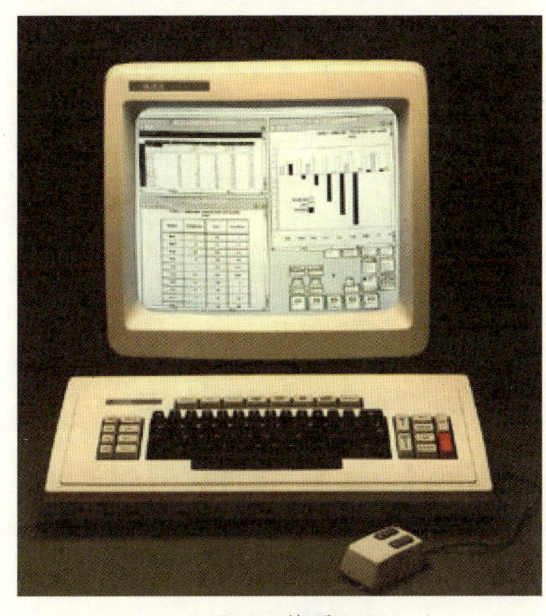

图1-3 施乐STAR

图1-4 苹果iMac（图片来自www.apple.com）

推动交互设计大踏步向前发展的是个人电脑的流行。在20世纪80年代，个人电脑的发展推动了图形界面的大行其道。图形界面即GUI（Graphic User Interface），这一界面模式真正商业化是在苹果的Lisa以及Macintosh系统，同时代也出现了大批的基于GUI的操作系统，包括微软的Windows。GUI的出现让人与计算机的交互过程变得丰富而有趣起来，这一模式也成为以后二十多年界面交互设计的主流。GUI中最重要的模式是WIMP，即窗口

（windows）、图标（icon）、菜单（menu）与指示（pointer）组成的图形界面系统，系统中也包括一些其他的元素包括栏（bar）、按钮（button）等。

(2) 互联网时代

对于交互设计再一次的巨大推动是互联网的出现，互联网从20世纪90年代改变了人们的生活。如果没有互联网，个人计算机只能永远是“工具”，而不会成为“玩具”。互联网让越来越多的普通人有了拥有一台电脑的理由，互联网上无穷无尽的信息、软件应用以及游戏给交互设计提供了广阔的舞台，如图1-5。

图1-5 互联网已经成为一种习惯

丰富的互联网通过界面交互设计给人们提供了无数种可能，也给计算机赋予了无数个面貌如图1-6。它可能是一个集市，例如亚马逊和淘宝，也可能是和朋友交流的平台，就像facebook或者开心网，也可能是新闻报纸或者广播，例如CNN。这么多的可能性推动着交互设计快速的发展着。

图1-6 互联网的各种面貌

(3) 掌上时代

掌上设备的出现源于计算机的小型化，最先流行的掌上设备是移动电话与掌上电脑。最初的移动电话像MOTO或者NOKIA的产品只具有简单的界面，功能只是围绕着通讯而展开；早期的掌上电脑像Palm或者Pocket PC是缩小的电脑，功能减少一些，运算简单一些。但是，当移动电话和掌上电脑结合到一起的那天，整个掌上设备交互设计就发生了巨大的变化。在目前这个“手机皆智能”的时代，人们当初从桌面PC互联网那里得到的新鲜感又来到了手掌中。苹果的iPhone让智能手机的操作系统摆脱了桌面PC的模式，形成了独特的一套系统ios，结合灵敏的触摸屏幕，让掌中设备的用户体验提高到了新的级别，如图1-7。另一种流行的移动操作系统Andriod也给用户提供了丰富多彩的移动应用，如图1-8。移动设备把人们从办公桌上又带回了生活中，交互设计的方式也随之改变，人们不再使用鼠标，而是用手指甚至手势来发号施令。

图1-7 iPhone的移动体验
（图片来自www.apple.com）

图1-8 Andriod的移动体验
（图片来自www.htc.com）

(4) 智能产品与空间

微电子与传感器的发展拓宽了交互设计的领域，交互设计师不必再拘泥于屏幕之上进行设计。TUI（实体界面）、物联网和普适计算等概念让交互设计的空间扩充到生活中的每个角落，想象一下，超市里每个产品都能显示自身的信息；带有界面的办公桌可以让你忘掉计算机这种老古董；发送邮件只需要在屏幕墙面前挥几下手。这样的设计对象对于交互设计师来讲是个巨大的挑战。图1- 9是可以和设备互动的桌面，通过这个实体桌面系统，人们可以阅读文章，交换信息，这让30年前的桌面隐喻又变回了现实桌面。

图1-9　实体桌面操作系统

图1- 10所示的iRobot清洁机器人可以自主地完成大量的地板清洁工作，这些新交互产品的出现拓宽了交互设计的领域。机器人的发展也等待着交互设计师给人和机器人的交互确定应有的概念与规则。

图1-10　清洁机器人
（图片来自www.irobot.com）

1.3 交互设计的类型

交互设计发展到今天，领域已经涵盖了建筑设计、空间设计、产品设计、视觉设计等多个行业。从设计对象的角度来进行分类可以分为三个大的类别：基于屏幕的设计、交互产品设计以及服务设计中的交互设计。

1.3.1 基于屏幕的设计

基于屏幕的交互设计是传统的交互设计领域，是指一切显示在屏幕上的交互系统的设计。这一领域也往往被称为UI设计，即用户界面（User Interface）设计。这也是目前交互设计行业中商业化最成熟的领域。本书主要内容都是关于用户界面设计，书中大多数的设计原理及方法都是针对基于屏幕的设计。

桌上计算机界面、带有屏幕的设备以及掌中设备都是此类交互设计系统的平台。这些平台衍生出软件界面设计、网页设计、手持终端界面设计等多个设计门类。在这一领域，设计师开始关注于跨平台的界面设计，也就是说希望每个交互系统界面都能够在桌面计算机、平板电脑以及手机上运行，同时保证用户能获得同样的使用体验。

触摸屏的发展与流行使得基于屏幕的设计脱离了鼠标的束缚，使用手指进行操控慢慢成为主流，这种趋势开始挑战GUI时代的传统界面设计模式，交互设计师会在这种变革中获得更多的机会。

新技术的发展也推动者UI设计前进的步伐，例如增强现实（AR）技术可以让人们把现实生活与虚拟世界相联系，产生复杂而有趣的交互行为。图1- 11所示为使用增强现实技术在网页上多视角展示产品；图1- 12为Intel开发的数字零售系统，使用增强现实技术给顾客以全新的体验。

1.3.2 交互产品设计

交互产品是一个范畴很广的概念，只要是

图1-11 网页上的增强现实技术

图1-12 数字零售体验

产出的交互系统都可以成为交互产品，一把椅子、一个网站、一个游戏都可以称为产品。而这里所说的产品是狭义上的产品，即工业生产出的产品。交互产品设计可以看作交互设计在工业设计领域的延伸，也可以看作是工业设计发展的一个新的阶段。增加产品的交互属性，提升用户在使用产品时的体验式交互产品设计的核心目标。在这一领域中，物联网技术、RFID技术以及各类传感器的使用，使得传统的产品设计有了新的突破点。在这一领域中，交互家居设计与公共空间内的交互产品设计比较多见。上文中的iRobot清洁机器人就是典型的案例。图1-13为飞利浦推出的交互式灯具，用户可以用触摸、旋转的方式操控灯具，灯具可

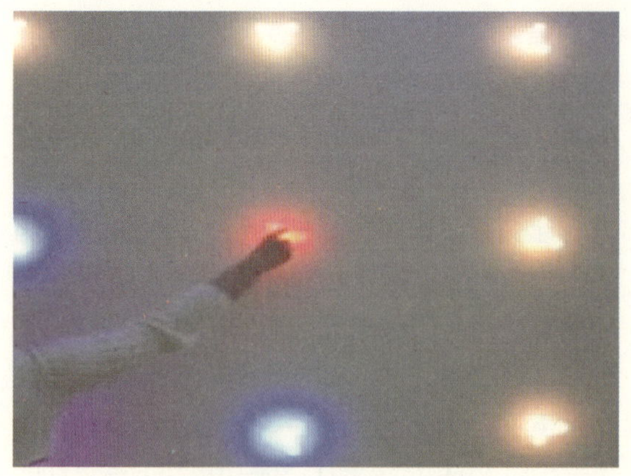

图1-13 交互式灯具

以变换颜色作为回应，丰富了人们使用灯具时的体验。

1.3.3 服务设计中的交互设计

服务设计（Service Design）目前是设计师关注的焦点，在服务设计中设计对象不再是一件产品或者一个界面，而是为用户提供的整个服务流程。在社会经济的组成部分中，服务性经济的比重越来越大，很多产品型公司也都转型称为服务型公司，例如诺基亚公司。

服务设计与交互设计的关系也很密切，服务系统的设计往往包含着交互设计的内容，与用户的沟通、用户的反馈等内容都属于交互设计范畴。图1-11的车型展示是包含在整个汽车公司对客户的服务设计中；图1-12的Intel数字零售设计也是零售服务的一部分。类似的还有电信运营商提供的通讯服务，里面包含了很多交互应用，例如电子钱包等如图1-14。另外，服务设计的设计流程与方法与交互设计类似，都强调对用户的研究，对流程的优化等。

图1-14 运营商提供服务设计

1.4 交互设计的流程

交互设计的方法很多，主要可以分为两大类，即用户为中心的设计方法（又称UCD，User Centered Design）和任务为中心的设计方法（TCD，Task Centered Design）。顾名思义，这两种方法出发点不同，围绕的中心也不同。UCD强调对用户的研究，往往从目标用户的需求与偏好出发，适合全新的交互系统设计；TCD关注任务的实现，不关注用户的偏好，适合开发特定的专业的交互系统，例如一个加工中心的编程系统。但这两种方法并不是完全割裂开的，UCD的方法也需要对任务进行定义与分析；TCD也要关注用户在完成任务时的感受。在设计过程中，设计师往往是根据项目特点偏重于某种方法。不论使用哪种方法，交互设计的流程是类似的，可以分为设计研究、原型制作、设计评估三个阶段。

1.4.1 设计研究

设计研究包括用户研究、任务分析、信息结构分析等内容，最终的目的是明确用户的需求以及系统的功能和设计点。围绕着用户的研究是这一部分的重点内容，使用的方法包括用户访谈、问卷调查、情景调查、焦点小组、卡片法（图1-15）等。最后输出的结果是用户需求的关键点，也就是整个系统设计要满足的设计点。任务分析也是设计研究的主要内容，是把用户需求的关键点转变为系统功能与流程。

图1-15 卡片法研究用户需求

这一部分的研究还包括信息设计、交互设计以及视觉设计。这三部分并不是单独的设计流程、而是贯穿于整个研究过程的重要原则和方法。

1.4.2 原型制作

交互设计中的原型是非常重要的，一个设计流程往往要制作多个原型。原型的目的是把交互系统的设计方案实物化，可以进行设计讨论、修改以及评估。原型的意义就在于，它可以在不同的阶段让设计变得可以把握，而不是只停留在脑中，对于原型的反复修改的过程就是完善整个交互系统设计的过程，如果没有原型，最终的产品往往会偏离原始的设计概念。原型一般分为低保真原型与高保真原型。

- 低保真原型的制作比较简单快速，目的是在设计的初期迅速地表达出设计理念，进行一些简单的测试。低保真原型发现的错误可以迅速地修正，并进行迭代式的评估，直到交互系统完善为止。低保真原型一般用纸制作，有时也会配合一些简单的实物模型，如图1-16。

图1-16 纸制作的低保真原型

- 高保真原型往往在设计的后期进行制作，尽量接近最终的系统。高保真原型往往用来讨论信息设计、交互设计以及视觉设计的细节，如图1-17。高保真原型制作需要注意的是，要保证在原型中实现的功能、效果能够在最终系统中实现，而不要只为了做原型而做原

图1-17 Flash制作的高保真原型

型。制作高保真原型可以使用Flash等设计工具实现系统的各种功能，如果系统不复杂，也可以使用AXURE这样的原型设计软件甚至Powerpoint等办公软件制作。

1.4.3 设计评估

交互设计往往是一个复杂的系统，设计师自身的评估很难发现深层次的问题。因此组织专门的评估过程就非常重要了。

评估过程可以分为两个方面，一方面测试系统实现功能流程是否合理，能否满足用户最初的需求；另一方面可以关注与信息的传达和美学因素，使用时是否让用户感觉到舒适。

对交互系统的设计评估不能只在最终完成高保真模型后进行，有些问题从一开始就“潜伏”下来。评估的过程应当存在于整个流程。从一开始的系统雏形形成，就应当制作低保真模型进行评估，排除错误的设计。设计评估是否有成效也决定了整个系统设计的成败。

需求研究 第2章

研究设计需求是交互界面设计的开始，不从设计需求出发的设计往往是多余的，没有生命力的。这一阶段的工作可以分为两个阶段，分别是用户研究与任务分析。用户研究阶段输出的结论是用户的需求列表，也可以通过故事板的方式表达；人物研究则是把用户研究得出的用户需求进行深入的分析与研究，以得出满足相应需求的页面元素。这两部分工作的进行并不是完全割裂开的，在进行用户需求分析的过程中，往往包含着任务分析的内容。

2.1 用户研究

在交互设计越来越面对个人用户的今天，以设计师的经验为设计导向的方法已经难以应对越来越复杂的设计问题。因此以用户为中心的设计方法（user centered design）成为设计师的首选。在这一设计方法体系中，用户研究有着非常重要的位置，有可能是在设计开始，也有可能贯穿整个设计的过程。

用户研究是基于心理学的以了解用户为目标的活动。用户研究这一方法广泛的应用在设计、营销、管理等各个领域。对于交互设计师而言，为什么要进行用户研究这一流程呢？因为设计师不能够靠直觉与经验进行交互设计。交互设计不同于家居设计或者建筑设计，它更加关注的是用户在交互过程中的感受与体验，而设计师如果不了解用户的生活经历或者状态，就很难把握用户的体验；而且，交互设计也很关注用户使用产品的流程，如果没有充分的用户研究，很可能设计出让用户“迷路”的设计。

2.1.1 用户研究方法

2.1.1.1 定义用户

进行用户研究的第一步就是定义设计面向的用户群体。每个不同的设计项目都会有特定的用户群体，如何定义这些用户并找到合适的用户研究对象是进行用户研究的第一步。一般可以设定一些参数来对用户进行定义。例如，要设计一个用于手机无线环境下的银行支付软件界面，可以使用这样两个参数来定义用户：

- 使用手机无线平台的经验；
- 使用银行支付系统的经验。

可以使用具有两个维度的矩阵图把用户群体进行划分，如图2-1所示。

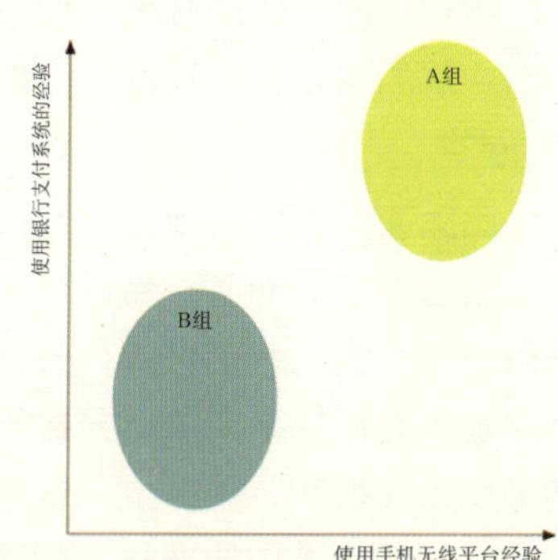

图2-1 从两个维度划分用户群体

从图2-1中可以看出，A组的用户群体的使用手机无线平台与银行支付系统的经验都十分丰富，属于“专家型”用户；而B组用户群体的两项经验都比较缺乏，属于“初学者”用户。而其他用户也可以按照两个维度进行划分。当然这只是一种两个维度的划分，还可以再设定其他的维度对用户进行定义。

进行用户定义的目的是为了在进行用户研究时找到正确的用户进行研究，而不会因为找到不恰当的用户影响到正确的结果。

2.1.1.2 用户研究方法

用户研究的方法有很多，常用的包括间接资料搜集、问卷调查、实境调查、观察法、访谈法以及焦点小组等。把这些方法分类，大致可以分为背景调查类、观察类、访谈类三大类。

(1) 背景调查类

分析这一方法的核心是输入现有的背景资料，输出对于用户研究有用的信息。在这一类别中，有间接资料搜集、现有流程分析、竞争对手分析等多种方法。

① 间接资料搜集　在分析类别中，最重要的用户研究方法是间接资料搜集。这种方法是指在图书、报刊、互联网上搜集与设计内容相关的各种背景资料。这些资料并不是设计师直接从用户那里得来，所以统称为间接资料。

间接资料搜集这一方法的优势是能够在很短的时间内获得大量的设计相关信息，这些信息虽然不是从用户那里直接得来，但由于其真实性和详细等特点，是非常有价值的。设计师可以从这些资料中进行整理分析，根据自己的设计目标用户群的特点进行筛选，以期获得有助于设计的信息。

印刷品出版的间接资料搜集一般在图书馆或者书店里进行。一般而言，当设计师面对一个设计任务时，社会上必定有人在关注着同样的问题，这些人会根据事实进行分析与创作，最终把结果发表在报刊、图书上，这些资料会反映出在某一问题上用户的现状、感受、期望等各种有用信息。

另外的一种重要的间接资料的搜集方法是互联网搜索。通过百度或者谷歌这样的搜索引擎可以获得大量的相关资料与数据。但相对于印刷品上的间接资料，互联网上的资料有这样几个问题需要注意：

时效性。互联网上的资料有可能是几年之前的信息，如果不仔细的核实发布时间就有可能获得错误的指引。

重复资料。大量的重复资料会影响到后续的资料整理。

非权威资料。互联网上的资料来源也是需要甄别的内容，有很多非权威的资料是不能用来获取信息和说服别人的。

② 现有流程分析　这一方法的意义在于首先让设计师了解设计目标的现有状态，通过对现有状态的流程分析，获得新的设计机会。使用这一方法时，要将设计对象现有的工作流程进行描摹与细化，必要时可以进行体验式流程分析，也就是设计师要亲身的使用系统并将使用的体验进行记录以供分析所用。

③ 竞争对手分析　设计是一项商业行为，交互设计也是如此。在商业环境下，竞争对手的产品是非常重要的研究对象，不论是成功产品还是失败产品。对于竞争对手的成功产品，需要从设计、商业表现等方面进行分析，获得有益的设计经验；对于失败的产品，则要从失败的原因入手，避免同样的错误再次发生。

例如设计师可以使用IBM公司衡量软件的方法来分析竞争对手的优势与劣势。这一方法叫做：CUPRIMDSO，是9个单词的缩写。这些单词是：

Capacity（功能）、Usability（可用性）、Performance（运行效率）、Reliability（可靠性）、Install ability（可安装性）、Maintainability（可维护性）、Documentation（文件管理）、Service（服务质量）、Overall Satisfaction（综合满意程度）。

竞争对手是设计师最好的教师之一，从竞争对手那里学来的经验与教训会让设计师少走很多弯路。

(2) 观察类

观察类的用户研究方法是最常用的方法类型。观察法要求设计师进入到用户使用系统的情景中去，直接接触用户以及用户使用的系统，能够方便快捷地获得大量的第一手资料。但观察法也有其缺点，那就是需要耗费较长的时间和较大的费用。

通过观察法，用户研究人员可以详细地研究用户使用交互系统的实例，因此可以获得以下信息：用户的使用环境；环境对界面的影响；用户使用交互系统的方式；用户完成一个任务的过程；用户是否同时还在使用其他的产品或者界面； 用户在使用什么样的术语；什么任务花费了用户太多的时间等。

观察类的用户研究方法包括影子跟随法、视频观察法等。

① 影子跟随法 顾名思义，影子跟随法是指当用户使用交互系统或者进行相关活动时，用户研究人员跟随着用户进行观察，就像用户的影子。这是一种方便实施的用户研究方法，只要和被观察的用户沟通好时间与观察的方法，征得用户同意就可以。这也是一种非常有效的用户研究方法，在跟随用户的过程中，研究者可以发现用户习惯，记录用户使用系统的过程，体会用户使用系统的感受，最有效的是，可以和用户不间断地沟通与交流。研究者进行影子跟随方法时，应当把这些一手资料记录下来。这里需要提示的是，只是用笔来记录是不可靠的，应当同时进行拍照、录音或者摄像。当结束对用户的影子跟随后，把这些照片、录像和视频进行整理和总结，会获得大量的有效信息。

② 视频观察法 视频观察发是指当用户使用交互系统或者进行相关活动时，将用户置于摄像机的监控之下，用户研究人员在用户不知情的情况下对用户进行观察。当然，这种观察必须要征得用户的同意。

视频观察法大致可以分为两种形式。一种是召集用户，在用户研究实验室里进行观察。这种方式可以直接使用用户研究实验室里的视频摄像系统，研究人员在观察室里进行观察与分析。对于环境影响较小的交互系统研究可以使用这种方式，例如网页使用研究。而对于与环境关系密切的交互系统的用户研究，如家庭娱乐系统的研究，则适用另一种方式。这种方式需要将摄像设备安装在用户使用交互系统的环境中，如用户的家里。完成录制后，研究人员通过研究用户使用系统的视频来进行分析。

(3) 访谈类

访谈是一种传统的用户研究方法，是通过用户描述的方式来获取交互界面使用中用户的问题及感受等。访谈类方法的优势很多，首先是实施方便，成本低廉。研究人员可以把访谈并结合着其他研究方式同时进行，比如观察法。其次是可以获得大量的信息，访谈时通过与用户的不断沟通与交流，可以挖掘出用户的深层次的想法，如果结合问卷，那就会有非常可观的数据量。访谈类方法的缺点在于过于依赖用户的主观认识，不可避免的会产生片面的观点。因此需要将多个用户的观点进行比较与分析。

访谈类的方法包括面谈法、焦点小组以及问卷调查等。

① 面谈法 顾名思义，面谈法指的是研究人员与用户面对面的交谈，并回答研究人员提出的问题。这种方法是应用最广泛的用户研究方法。这种方法能够在面对用户的情况下，进行深度的讨论，获得较多的有价值信息，主要的缺点是效率低，因面谈每个用户会花费较多的时间。

面谈法对于研究人员的要求较高，因为在面对面的访谈过程中，如何能够获得有用的信息并避免用户厌烦是很困难的一件事。同时访谈过程是研究人员和用户互相交流沟通的过程，需要研究人员根据用户的访谈情况进行问题的追问，或者将扯远的话题再拉回主题。这要求访谈人员在面谈之前要做好充分的准备。这些准备包括：

与用户约定访谈时间、地点以及参与的人员；

详细的访谈提纲；

用户背景分析；

访谈工具：礼物、记录本、笔、相机、录音笔等。

在面谈过程中，还应当避免一些不恰当的提问，因这会影响到用户信息的准确性与有效性，也会让被访者感到不舒服，面谈的一个基本原则就是让用户尽可能地放松，这样才能说出他的真实感受。这些不恰当的提问包括以下几种。

- 带有引导性质的问题，例如：这个产品有多不方便？
- 不够中立的例子。
- 提问中带有研究人员自己的倾向。
- 不明确的问题，让用户无法回答。
- 过于直白的提问，容易引起用户的自我防备，例如：您在使用过程中犯了多少错误？

研究人员应当尽量的精心准备问题，“这个产品有多不方便”这样的问题可以改成“谈一下使用这个产品的感受”，在放松的状态下，如果有不方便的地方，用户自然会提到。“您在使用过程中犯了多少错误？”这个问题可以改成“您能谈一下使用这个产品不能完成某个任务的情况吗？”

面谈结束之后，要尽快将面谈记录进行整理，以免遗漏重要信息。面谈法虽然是一种有效的用户研究方法，但是它也有一个非常明显的缺点，那就是过于依赖访谈的质量。这里所说的质量，会受到很多因素的影响，例如被访对象对访谈的认真程度，或者被访对象并没有意识到的一些问题等。这就需要另外一种方式来弥补面谈法的不足，那就是焦点小组。

② 焦点小组　焦点小组方法需要召集6~9名被访用户，在一个主持人的引导下对问题进行讨论。焦点小组相当于一个群体性的访谈过程，因此最大的优点是效率高，可以在较短的时间内获得多个样本的信息。同时由于参与者之间会对问题进行交互式讨论，观点之间的相互碰撞也会让讨论进行的更加深入并且有更多的新想法产生。但焦点小组也有明显的缺点，对主持人的要求比较高，主持人要保证整个讨论过程的顺利进行，并应当积极争取让每个用户都能参与到讨论中来。由于被访用户都是从自己的环境中抽离出来，到一个陌生的环境中参与讨论，也会对用户想法的表达有一些影响，尤其是在谈论一些关于自身感受的话题时，在群体讨论中用户表达意见有趋同的现象。因此焦点小组这个方法要谨慎的使用，以免达不到预期的效果。

③ 问卷调查　问卷调查的方法应该是所有用户研究方法中最常用的方法之一。它的特点是实施简便，花费较少，数据量大，非常适用于时间紧迫、预算有限的项目。但问卷调查这一方法非常依赖问卷设计的质量，设计一份公正有效的问卷并不容易。用户在填写问卷时不可避免的会有一些漫不经心的选择，这也是影响到问卷信息有效性的问题。因此，如果用户研究时间充裕，尽量不要把问卷调查作为唯一的用户研究手段，而是作为一种基础数据获取的手段，通过问卷调查获得一些用户信息和用户数据可以作为访谈、观察等方法的依据和参照。

随着互联网对大众生活的渗透，使用互联网进行问卷调查变得非常方便和快捷。如果是一些简单的用户数据搜集与研究对象招募，可以使用一些社交网站上的调查工具，如Facebook或者人人网。同时也有一些专业的问卷调查网站可以帮助研究人员轻松地完成问卷调查。下面介绍两个比较常用的问卷调查网站。

- http://www.surveymonkey.com/

SurveyMonkey是美国著名的在线调查系统服务网站，功能强大，界面友好。但免费版限制较多，每份调查仅限10个问题，仅能收集100份调查结果。可以用于用户基本信息搜集和被测人员招募，如图2-2。

SurveyMonkey网站的使用非常简单，整个问卷调查的过程分为三步来完成。分别是选择主题、增加问题和收集回应，如图2-3。

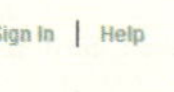

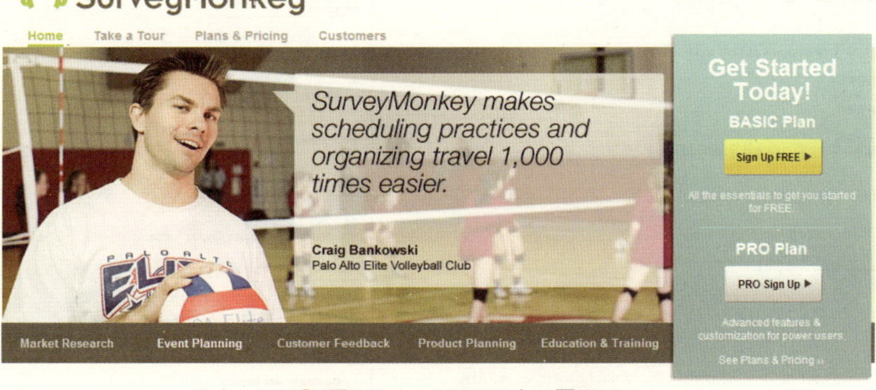

图2-2 SurveyMonkey界面

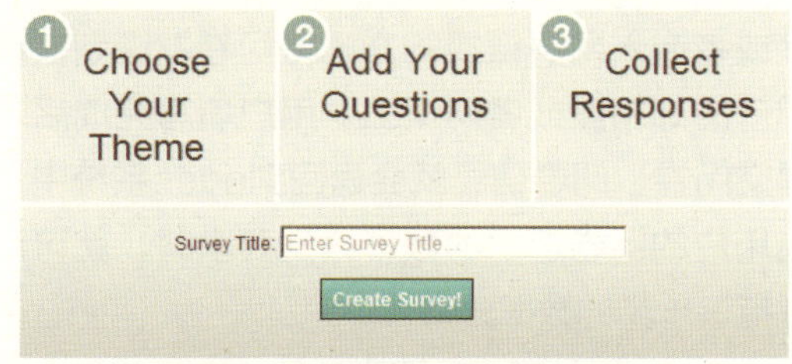

图2-3 制作问卷的三个步骤

在增加问题这一环节中，SurveyMonkey网站提供了问卷调查中常用的若干问题类型，包括单选题、多选题、评论框、矩阵选项等，如图2-4。

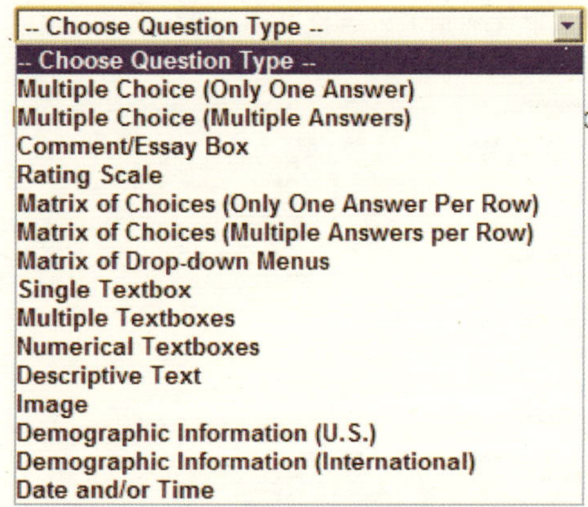

图2-4 SurveyMonkey提供的问题类型

完成的问卷可以通过邮件，或者即时通讯工具发送给多个用户，让其填写，填写完成后问卷会返回到网站，网站会根据研究者的需要进行数据的分析。

- http://www.oqss.com/

国内的基于互联网的问卷调查系统种类也非常多，比较常用的有oqss（如图2-5）、问卷星网站等。这些网站的功能类似，可以根据使用习惯选择。

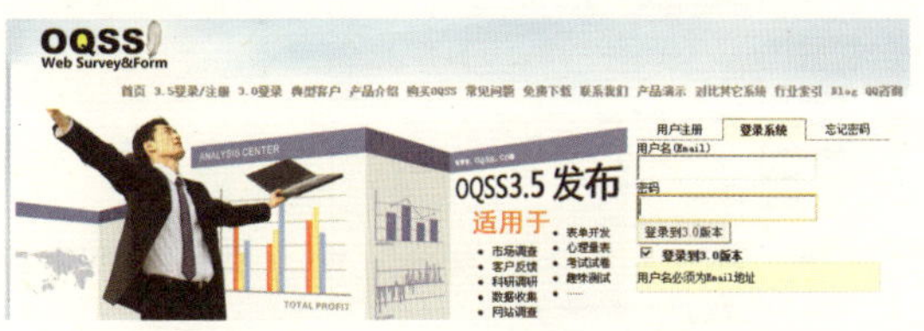

图2-5 oqss网站的初始界面

登录进入oqss系统之后，会有多个创建问卷和发送问卷的功能选项，如图2-6所示。使用这一系统也是从创建一个问卷开始，如图2-7所示。

图2-6 oqss网站的主要功能

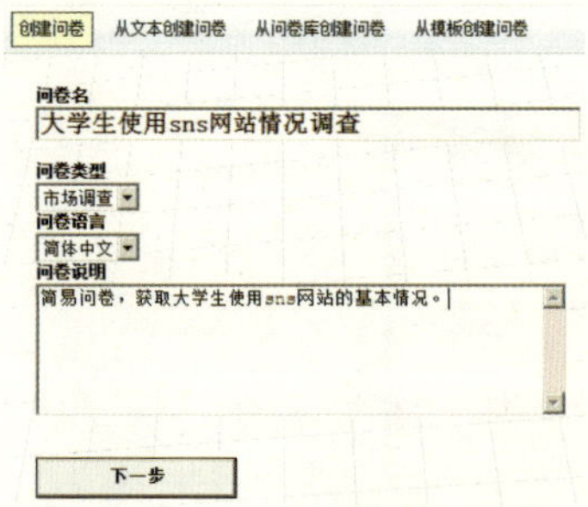

图2-7 从创建问卷开始

在oqss系统中，提供了文字输入题、数值输入题、简答题、单选题、矩阵题、多选题、等级题、排序题等多种题型。在其系统界面中，可以清楚地进行题目的增加、修改和删减等功能。问卷设计的核心就是问题的设置，这需要用户研究人员根据自己研究的课题和调查对象特点进行题目设置，如图 2-8。

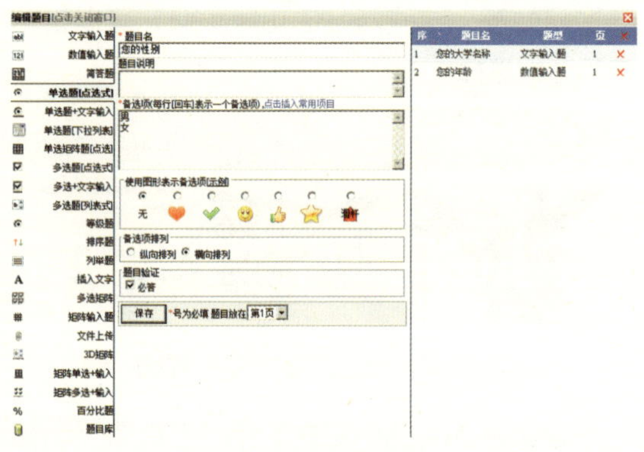

图2-8 问卷的创建

完成问卷也可以在系统里进行编辑修改，如图2-9所示。最后生成的问卷如图2-10所示。

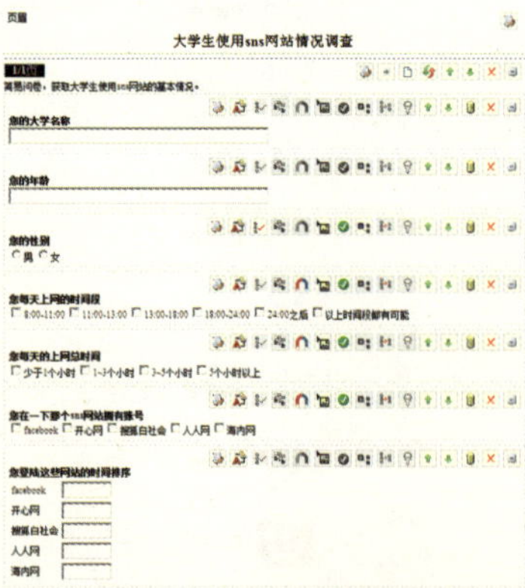

图2-9 问卷的编辑

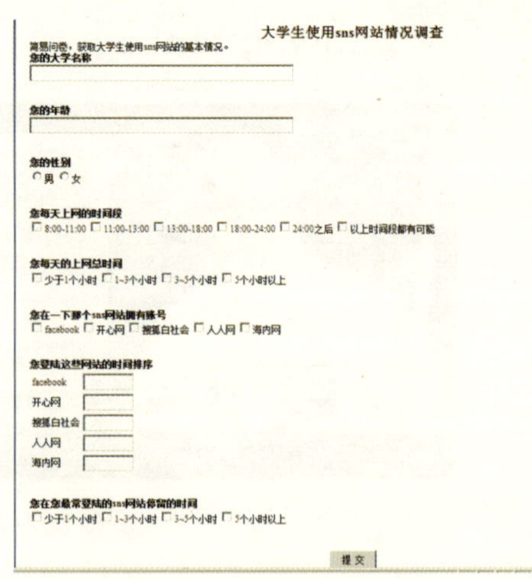

图2-10 最后生成的问卷

在oqss系统中，完成问卷可以通过发送网址或者嵌入网页链接的方式将问卷发送到被访用户的邮箱里或者网页上。用户填写完成后，提交问卷，问卷信息就会返回到oqss系统中。当用户的问卷返回的数量达到要求时，就可以进行下一步的数据分析。

Oqss提供了多种问卷结果的分析工具，研究人员可以直观的对数据进行汇总和分析，图2-11是问卷情况的总体分析，图2-12是对单个问题的分析图表。Oqss还是可以进行交叉分析等非常有效的分析工具，例如在这个问卷中分析每天总的上网时间和在sns网站上停留时间之间的对比等。这个系统中的所有数据都可以导出为Microsoft Excel格式进行保存。

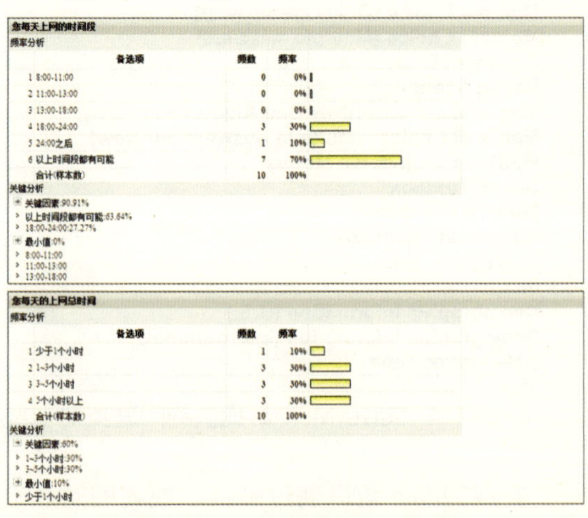

图2-11 问卷情况总体分析

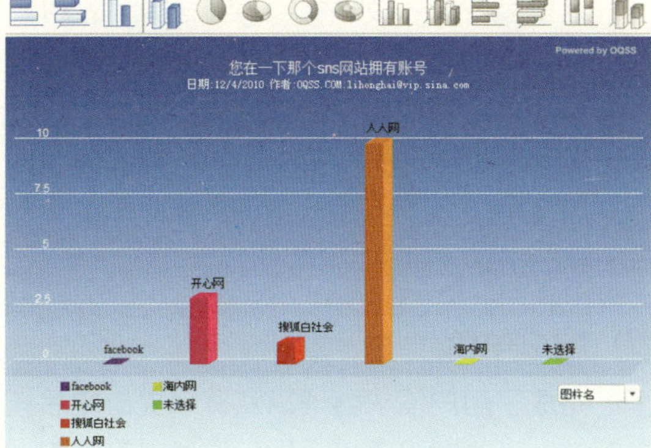

图2-12 针对单个问题的分析

作为以设计交互界面为目的的问卷调查没有必要做成专业调查公司一样的问卷，主要围绕自己的设计题目来进行题目设置，交互设计用户研究更加关注面对面的与用户交流，以及用户在环境内的行为，因此更多的情况下问卷调查往往只是作为访谈或者观察之前的初步研究之用。

2.1.2 从用户研究数据的整理

通过上一节中的多种用户研究方法，设计师可以获得各种相关设计的用户数据，那么设计师如何从这些繁杂的数据中获得设计概念呢？在这一阶段，常用的方法有卡片法、虚拟角色以及编制故事板。

(1) 卡片法

整理用户需求最常用的方法是卡片法（card sorting）。卡片法是把通过用户研究方法得来的用户数据转变成一个一个的设计需求，写在卡片上，再进行分类与创意思考，从而得出若干设计概念的方法。

卡片法的实施分为3个步骤：书写卡片、卡片分类、概念提出，如图2-13。

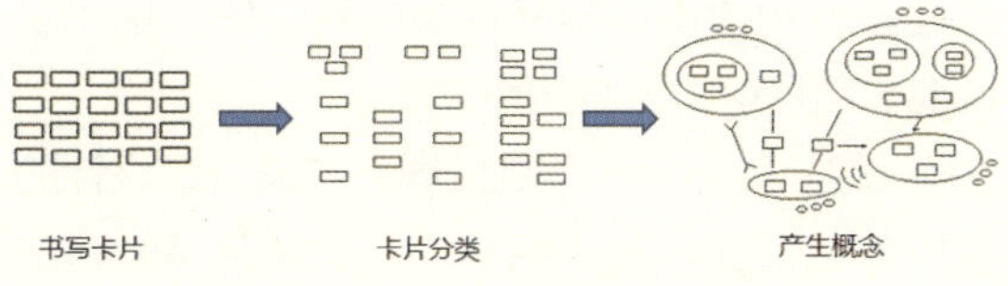

图2-13 卡片法的三个步骤

① 书写卡片。在这一步骤中，设计师组成小组把从用户那里得来的信息转变成设计需求书写在卡片上，把卡片粘贴在白板或者白纸上。这里用到的卡片一般是即时贴，如图2-14、图2-15。

图2-14 使用即时贴书写卡片（一）

图2-15 使用即时贴书写卡片（二）

书写卡片时需要注意的问题有以下几个：

- 每一张卡片上只写一个需求；
- 用词要简洁，避免模棱两可；
- 从用户的角度出发，也可以以第一人称写成“我需要……”；
- 尽量多写，但不要超出用户需求的范围。

② 卡片分类。书写卡片完成后，设计师下一步要进行的是对卡片的分类。分类的目的是把用户需求进行整理和组合。每一类别的卡片要重新移动从而按照一定的类别归组，同时使用不同颜色的新的卡片把类别名称写出，如图2-16。当把每一张卡片进行移动和组合的过程中，可以产生很多新的创意与设计概念。在卡片分类时需要设定一些标准，这些标准可以作为下一步创意表达的分类。而且，这些分类项目在未来很可能演变为交互界面的功能分类，

图2-16 将卡片分类

成为菜单项或者界面的栏目。

③ 概念提出。在这一阶段，设计师需要通过前两个步骤进行创意概念的提出。在卡片书写的过程中产生了大量的用户需求，而这些需求有些难以实现，有些又会偏离主题。通过卡片分类这一过程，可以把无效的需求过滤掉并且通过需求的碰撞产生新的设计概念。设计师需要把这些设计概念点整理出来作为下一步设计的开始。整理与展示设计概念可以使用一些绘制脑图(Mind Map)的软件完成，例如minmanager或者SmartDraw。图2-17所示为校园一卡通概念设计的用户需求概念展示。在这个例子中，需求调研与分析过程产生的概念点都在图中标示出来，包括：

- 饮食类需要
  - ※ 我希望校园一卡通可以自主点餐；
- 理财类需要
  - ※ 我希望校园一卡通可以有消费记录；
- 学习类需要
  - ※ 我希望校园一卡通可以记录课上笔记；
  - ※ 我希望校园一卡通可以有考勤功能。

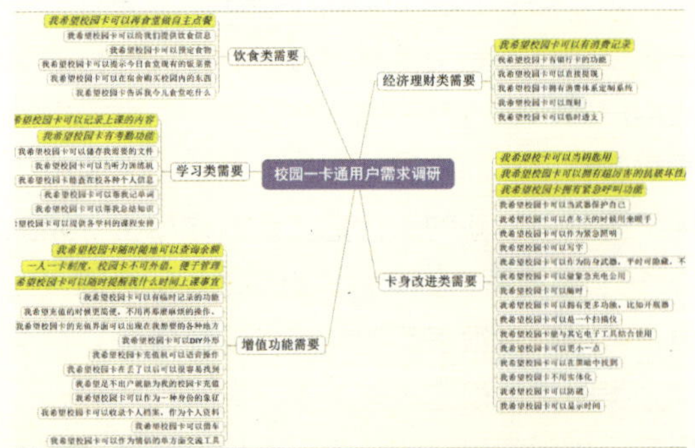

图2-17 校园一卡通需求概念

这里就不一一列举了。这里列出的用户需求也可以称为“设计点”，这些设计点会成为编写故事板的依据，而经过设计之后，这些功能的分类可能成为交互界面的分栏或者功能组，而这里的一个个用户需求可能成为未来交互界面的功能。

(2) 虚拟角色

完成了用户需求整理以及概念提出之后，需要进一步的对设计概念进行阐述以及分析。在用户为中心的设计方法中，虚拟角色的方法是常用的手段。

虚拟角色（personas）这一方法的核心是创造一个虚拟的用户形象，之后的设计工作都围绕着这一形象进行。虚拟角色是从大量的调研数据中得来的用户形象，具有相应的交互产品的用户的典型特征，同时也具有这些用户的典型需求。虚拟角色方法的优点是可以把复杂的典型用户群体概念化，特定为一个或几个具体的人物，从而让设计师在进行创意与设计时可以迅速地将思维关注到这样一个具体的人物上。同时，不同的设计师之间的交流也有了一个桥梁。

虚拟人物的特征是从大量的目标用户中抽离出来的，在创建这个人物时要尽量详尽，至少包含以下几方面的要素：

- 生理特征，包括年龄、性别、形象等。这里需要绘制一个人物形象或者使用一张照片来描述这个虚拟角色；
- 心理特征，包括性格、好恶、对人生的态度等；
- 背景，主要指这个人物的生活环境与生活状态，描述背景最好的方式是描述这个人物一天的生活；
- 与要设计的交互设计之间的关系，这个人物必须和要设计的交互系统有关联，也就是说他必须是这个系统的用户。

图2-18所示的就是校园一卡通概念设计的虚拟角色设计。这个名叫Ami的角色是一名在校的大学生，年龄20岁。绘制的卡通形象可以

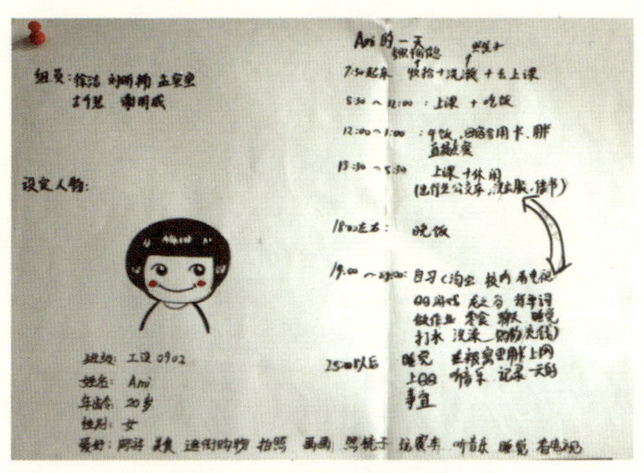

图2-18　校园一卡通虚拟角色

迅速地让人确定这个人物的基本形象：一名天真、简单的大学生。

通过对Ami一天生活的描述，设计师们可以确定这名人物的生活背景，也很容易把要设计的校园一卡通这一交互产品融入到虚拟角色的生活中。

(3) 编写故事板

设定好虚拟角色，就可以进行故事板编写了。故事板是理清设计概念，表达设计创意的方法。任何交互设计都是用户在环境中使用，并且带有一定流程性的，因此在交互设计流程中，单幅的草图是无法表达清楚设计概念的。这里就体现出故事板的两大优势，一是可以把使用环境和交互产品结合起来，二是可以把交互产品的整个流程体现在故事中。

故事板可以是文字形式，也可以用手绘或者图片的形式表现出来，故事板编写的依据就是概念提出中得出的设计点。这些设计点在故事板里可以进行形象的展示。

在编写故事板时应注意以下几个问题：

- 不要遗漏设计点；
- 故事板要围绕着虚拟角色展开，角色的行为要和他的定义相吻合；
- 故事板不是流程分析与研究，不必绘制过细的使用流程，而要关注使用情境、交互的结果以及用户的感受；
- 要根据设计的侧重点绘制故事板，不要描绘太多细节而喧宾夺主。例如有些针对电脑屏幕的交互设计就不需要过多描绘环境，而有些针对手持设备的交互设计不必过多描绘屏幕界面的细节。

图2- 19与图2- 20都是针对校园一卡通概念设计绘制的故事板。

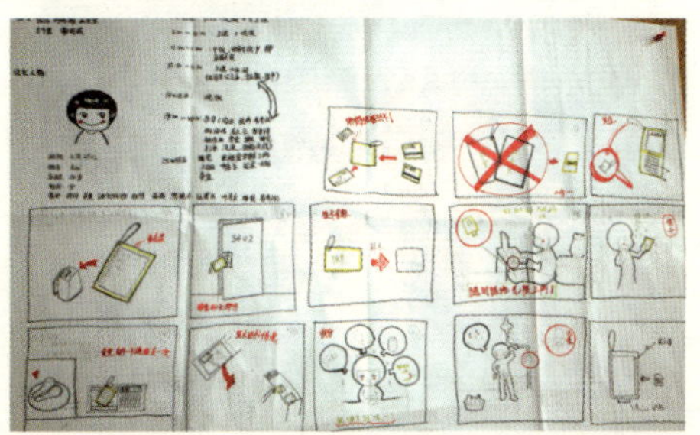

图2-19　校园一卡通使用情境故事板（一）

图2-20　校园一卡通使用情境故事板（二）

2.1.3 用户研究练习

本次设计项目实践的题目是：“大学新生活”。针对于刚刚入学的大学生，研究他们的心理状态和需求，做一个交互界面设计。本章的项目实践只做到需求分析和故事板即可。

“大学新生活”项目练习案例一

(1) 设计项目描述

对于新的大学生来讲，即将从每天按部就班的高中生活，到了自由时间很充裕的大学生活，合理管理自我时间，以及日常所参加的组织的时间点公告信息都不是很及时，只有经常留意公告才能知道，而不是随时随地即刻了解。本交互系统的设计围绕着大学新生合理利用时间的需求，制作一个可与手机进行联机的时间管理网站。

(2) 用户研究

本次用户研究使用的主要方法有：问卷调研、访谈、卡片法等。

① 问卷调研与访谈，如图2-21、图2-22。

图2-21 “大学新生活”项目访谈场景（一）

图2-22 “大学新生活”项目访谈场景（二）

② 问卷与访谈的数据分析如图2-23、图2-24所示。

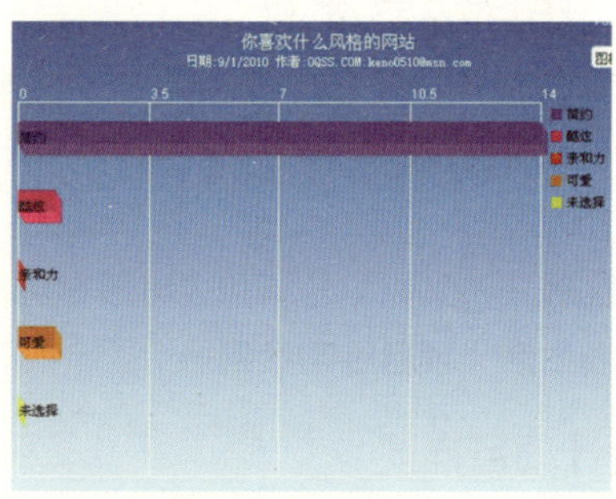

图2-23 数据分析图（一）

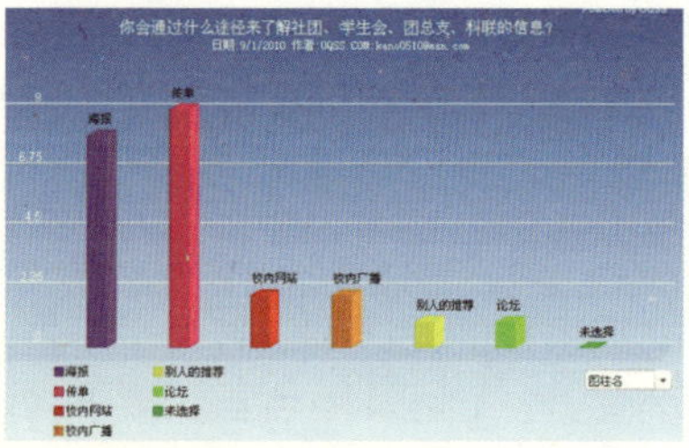

图2-24 数据分析图（二）

③ 图2-25为使用卡片法进行的需求分类。

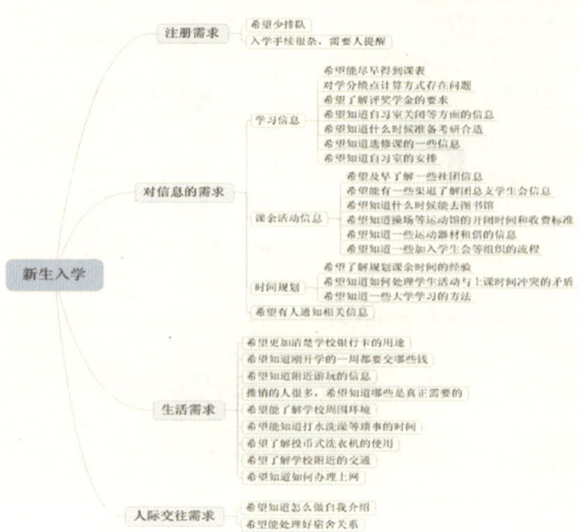

图2-25 “大学新生活”卡片法

④ 通过以上用户研究，最终得出的需求为：

- 需要一个时间管理系统可以提供时间点提醒；
- 可以加入自己喜欢的组织，及时从手机上了解活动的时间地点；
- 在与网站进行连接的手机上输入学号可在上完课以后，立即显示下节课的时间地点；
- 支持时间规划，并可以及时更新。

“大学新生活”项目练习案例二

(1) 设计项目描述

大学新生刚入大学会有许多困惑。怕自己落下自己班级的活动；怕自己的学习与别的同学有差距；怕自己找不到地方而耽误事，在外人面前出丑等。这一组学生组针对以上问题，展开具体分析，最终以“为解决新生上自习问题，从而安排好自己的生活并尽快适应大学生活”为目的。进行交互界面设计。

(2) 用户研究

本次用户研究使用的主要方法有：间接资料搜集、问卷调研、访谈、卡片法等。

① 间接资料搜集。搜集间接资料的方法有很多，此案例使用的方法分为四个步骤，如图2-26所示。

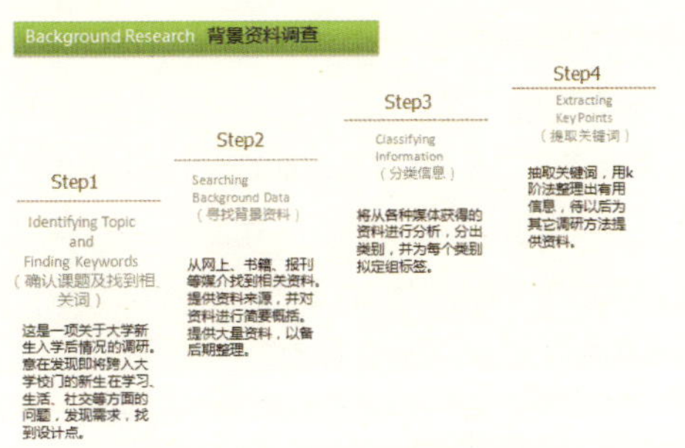

图2-26 间接资料搜集的步骤

在进行间接资料搜集的过程中，要尽可能地搜集多种媒体上的信息，这样才可以做到全面，如图2-27、图2-28。搜集完成后，可以将信息用卡片法进行归类，并提取关键词，如图2-29。

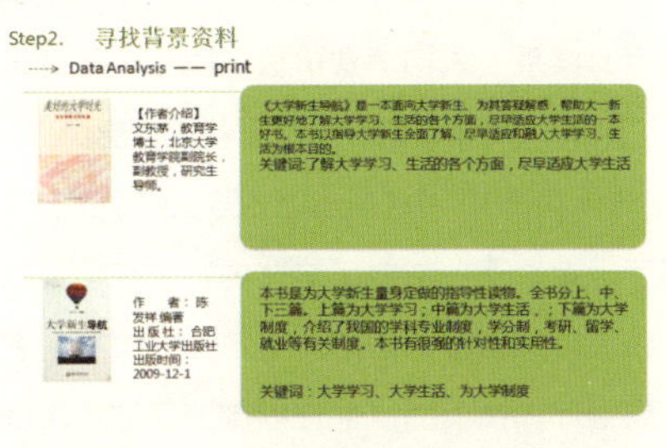

图2-27 从印刷品搜集间接资料

图2-28 从互联网搜集间接资料

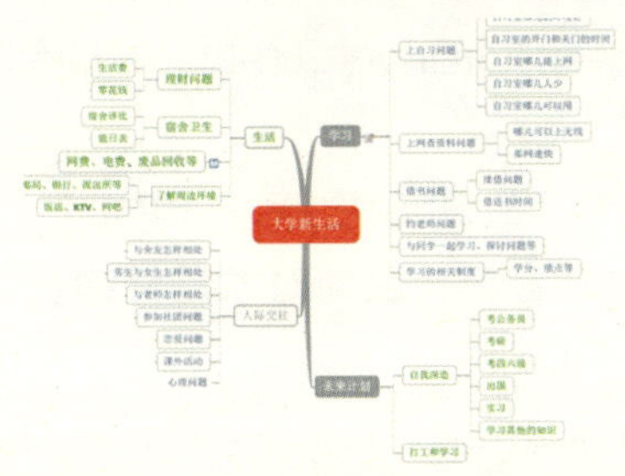

图2-29 使用卡片法分析间接资料

② 问卷调研。问卷调研采取在学校内寻找适合用户进行街头调查的方式，如图2-30所示。

调研地点:
北京信息科技大学校内
调研方法：
CLT面访（在人流密集处街头拦访适合甄别条件的被访者参与访问）
样本量：N=10
甄别条件：
北京信息科技大学新报到的大一新生，男女不限，专业不限。
其中，男女比例接近1：1.
调研目的：
确定我组研究的方向是否可行，寻找更多的关于教室问题。

图2-30 在校园内进行问卷调研

2.2 任务分析

在以任务为中心的设计方法中，设计师会专注于对任务的定义与分析，但这并不意味着以用户为中心的设计方法就可以忽视对任务的分析。实际上，任何用户的动机、需求都需要转化为任务才可以实现。

在以用户为中心的设计方法中，用户研究过程得到的是用户的需求列表和故事板。设计师需要在需求列表中选择有价值的用户需求进行进一步的设计。用户需求只是一些虚幻的概念，如何将这些概念转化为设计对象是本次课主要讨论的内容。在将概念转化为设计对象的过程中，任务分析这一过程起到了非常重要的作用。任务分析是将用户的需求转化为目标，再将目标转化为结构化任务，并分析任务之间相互关系的一种方法。

结构化的任务往往会被表达成为一个流程图，流程图中包含了用户实现一个目标所需要的每个任务、任务的顺序以及任务之间的交互。在大多数情况下，流程图中的每个任务都对应着交互界面中的一个或者一组页面，根据流程图里包含的每个任务，设计师便可以开展进一步的页面设计。图2-31所示为简单的网站功能流程图。

2.2.1 任务分析的方法

任务分析的方法来源于对生活的体验，包括设计师自己的生活体验以及对日常生活中其他人的观察。人们在日常生活中的很多行为都包含着任务与流程。例如下厨房炒菜，包含着准备原材料、热锅、放油、炝锅、炒菜等若干

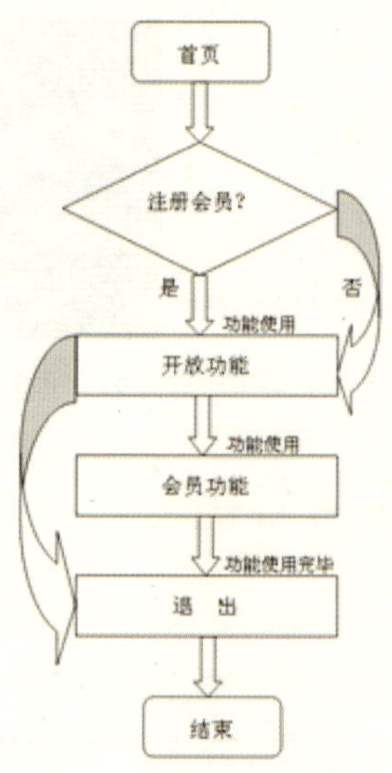

图2-31 网站功能流程图

任务，同时这些任务必须按照流程来完成，否则炒菜这一目标就难以完成。把这种对日常生活中人们行为的研究应用到界面设计过程中，用以达到让用户尽可能自然、直接的完成界面的使用。在分析任务的过程中，经常会用的方法有任务的分解以及任务的层级分析等。

(1) 任务的分解

任务的分解是将用户的需求概念转变为明确任务的过程。在界面设计中，用户的需求有时比较简单，例如分享一些信息；有时则比较复杂，例如寻找一家合适的餐馆并在现实生活中找到它。不论用户的需求是简单还是复杂，都可以从以下几个方面去分解它。

- 目标。为什么要有这样一个需求？用户要达成的效果是什么？使用目标可以明确的定义出用户使用这个界面的目的。
- 方法。方法是实现目标的手段与路径。如果只是在界面设计领域，方法大多为对界面的操控当然也包含一些外部设备的辅助，例如使用打印机打印等。
- 任务。目标往往综合而且复杂，而任务则是明确的步骤与行为。

分解用户的需求可以从故事板开始。在故事板中，设计师可以通过分析和编故事的方法把用户需求转化为目标，并进一步分解为任务。下面分析一个文字格式的故事板。这个故事板的内容是关于一个传统的美食搜索网站的餐厅搜索功能。

今天下午，老李想去看望他的一个来北京出差的朋友。而且老李想在朋友住的酒店附近找个餐厅同朋友一起吃晚饭。由于老李对那附近的餐馆不熟，他想出发之前应该先在网上找一个合适的餐厅。

坐在电脑面前，老李打开了一个原来收藏过的专门介绍餐厅的网站。网页很快打开了，老李心目中合适的餐馆有这样几条标准：

① 地点就在朋友住地附近；

② 最好是川菜（他和朋友都爱吃）；

③ 环境要安静，适合交谈；

④ 价格不要太贵。

进入网站之后，老李在首页的餐厅查询栏目里选择了：地点、菜系、人均消费价格区间三个关键选项，然后按下“查询”按键，这时出现了餐馆信息页面。

在这个页面里，共列出了20几家符合老李查询标准的餐厅。老李逐一浏览了这些内容，在里面选择了三家比较感兴趣的餐厅。老李点击第一个餐厅的名称，网站跳转到餐厅详情页面。他仔细浏览了这个页面里的内容，包括餐厅价位，特色菜，餐厅图片，餐厅评论，优惠活动等等。之后他又返回到上一层页面，逐一打开了其他两个餐厅的详情页面并浏览比较。

三家餐厅的情况相差不多，但有一家推出了吃满100酒水免费的活动，老李对此优惠比较满意，心里就选定了这家。他重新打开这家餐馆的详情页面，按下打印键，把这家餐厅的电话，位置地图等信息打印出来，以便寻找。同时，他也把另外两家的详细信息打印了出来，作为备选。

老李拿着打印出的信息，心里想：网络确实给我的生活带来了方便！

对于这个故事版中的需求分解如下：

用户是老李，设计对象是介绍餐厅的网站，需求是更加快捷、丰富的寻找餐厅的体验。

- 目标定义为寻找符合标准的餐厅，标准如下：
  - 地点就在朋友住地附近；
  - 最好是川菜（他和朋友都爱吃）；
  - 环境要安静，适合交谈；
  - 价格不要太贵。

- 方法为使用有餐厅搜索功能的网站。
- 任务包括：登录、查询、浏览、比较、评论、打印等。把任务归纳一下，如图2-32所示。

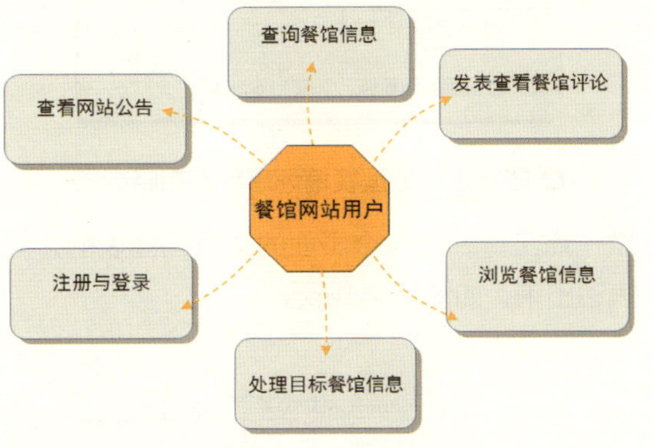

图2-32 任务分解

(2) 任务的层级分析——生成流程图

任务流程图的生成可以通过任务金字塔分析来完成。任务金字塔分析是对任务层级的分析，一个复杂的任务需要分解为若干子任务来完成。针对每一个任务按照从上往下的顺序分解为一个流程，直到这一流程中包含的每个行为都不能继续分解为止。在上面例子中，查询目标餐馆、浏览餐馆信息和处理餐馆信息的任务金字塔如图2-33所示。

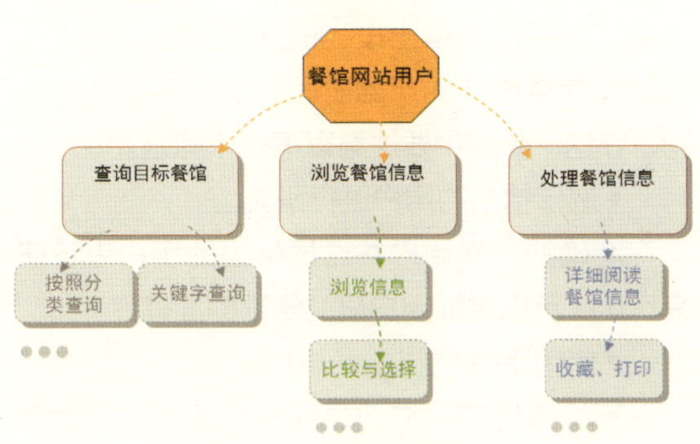

图2-33 任务金字塔

2.2.2 任务输出为抽象视图

流程图输出之后，设计师就可以把每一个子任务或者几个相关的子任务作为一个页面来处理。这个页面可以成为简略视图。页面定义好之后，需要做的就是确定每个页面里的视图元素，也就是每个页面中应当放置的元素。视图元素可以分成内容与行为两大类，如图2-34所示。

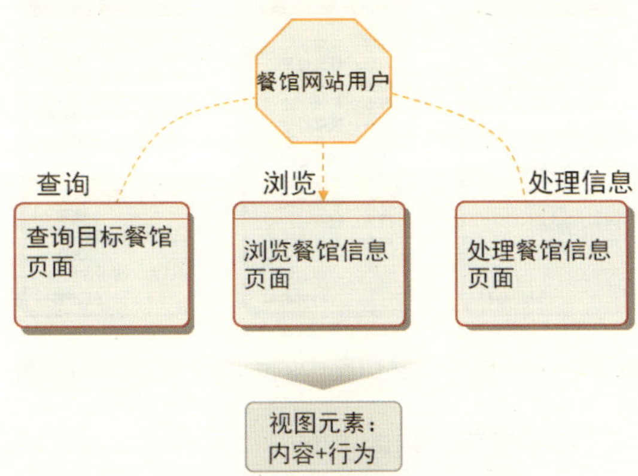

图2-34 将任务转化为简略视图

这里提到了视图元素的两个分类，内容元素与行为元素。内容可以理解为页面上展示出的各种文字、图片、视频等信息；而行为元素则是可以带来操作与交互的按钮、链接等。在图2-35所示网页中，右侧文字为内容元素，左侧的文字链接为行为元素。

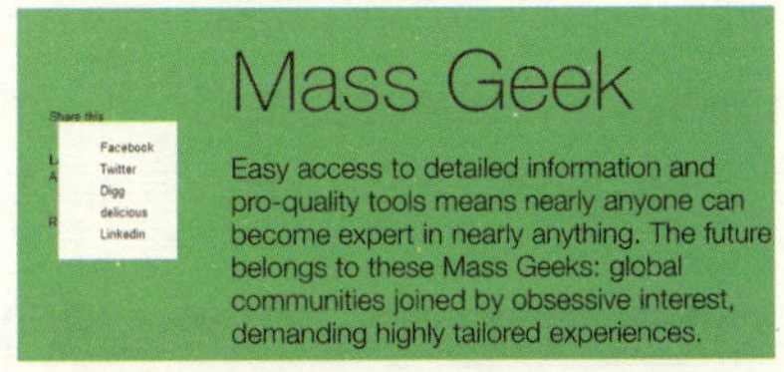

图2-35 包含内容元素与行为元素的网页

在图2-36中所示的ipad应用程序界面中，绘制出的图形是内容元素，而菜单里的命令都是行为元素。

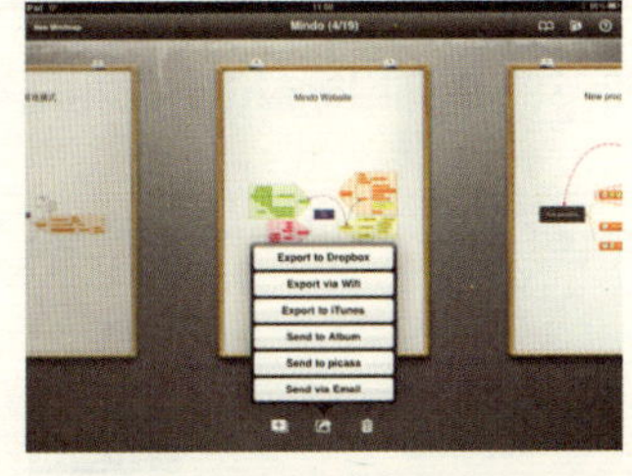

图2-36 包含内容元素与行为元素的应用界面

在设计过程中，设计师需要定义出每个任务所对应的页面中的内容元素与行为元素。在上面例子中，定义餐馆信息的查询、浏览以及处理页面就分别包含内容元素与行为元素，如图2-37所示。

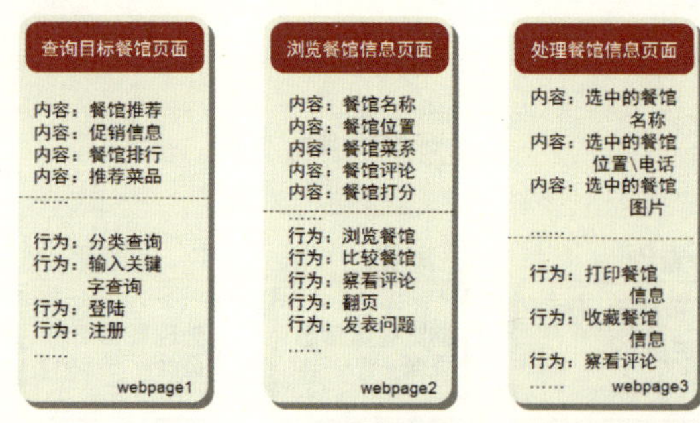

图2-37 餐馆网站页面中的内容元素与行为元素

定义好每个页面上的内容与行为，设计时就可以绘制页面的粗略视图。大多数情况下，粗略的草图是手绘在纸上，以便迅速修改以及和其他人沟通，有时也可以用简单的图形或者文字处理软件进行设计。图2-38所示为查询目标餐馆页面的粗略视图。在这个粗略视图中，图2-34里定义的内容和行为都放置在页面上，并进行了简单的分组。使用同样的方式，完成浏览餐馆界面和处理餐馆信息界面的粗略视图设计，如图2-39、图2-40所示。

当设计师设计出界面的粗略视图，也就明确了每个页面需要呈现的元素。下面可以再多

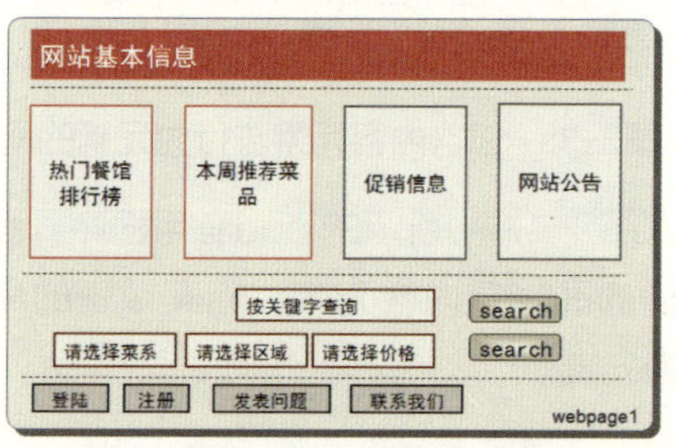

图2-38 查询目标餐馆界面粗略视图

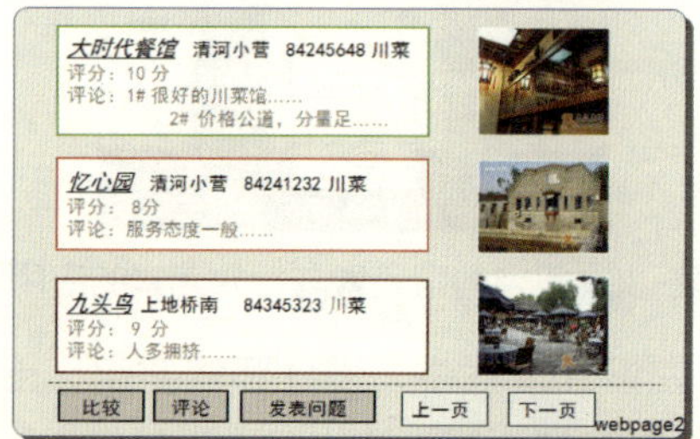

图2-39 浏览餐馆界面粗略视图

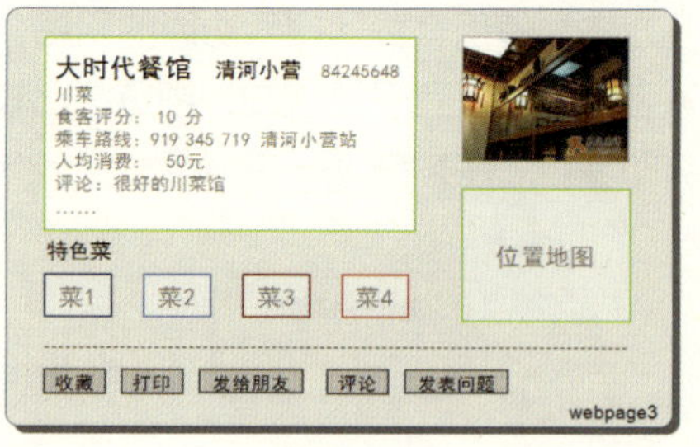

图2-40 处理餐馆信息界面粗略视图

做一点工作，把各个页面的关系用图表的方式表达出来，如图2-41所示。

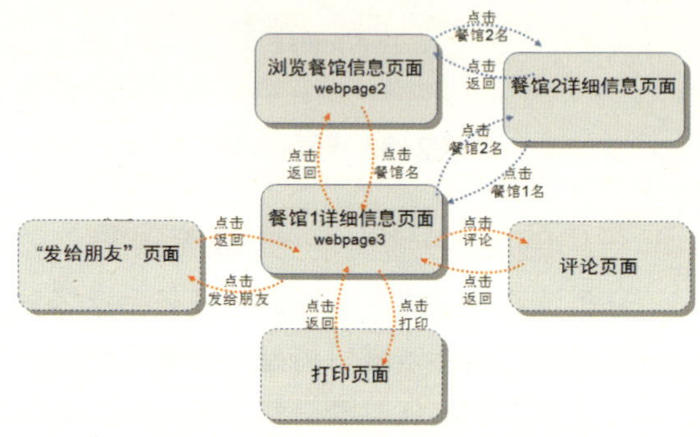

图2-41 各页面之间的关系视图

本章小结

本章主要讨论了交互设计流程中两个重要的问题，一是如何挖掘到用户的需求，二是如何分析需求并得出设计的原始素材。这两个步骤是交互设计的起始阶段，决定了设计的方向。在这一阶段中要注意以下几个问题。

- 选择恰当的用户进行研究。

准确的定义用户并选择恰当的用户进行研究，这样可以保证用户研究结论的准确性。

- 使用正确的方法。

不论是用户研究还是任务分析，都有大量的方法可以选择。要根据用户的特点选择正确的研究方法，这样既能保证研究结论的价值，也能提高设计过程的效率。很多时候，一些简便的非正式的研究方法也能够得到很好的效果。

- 保留原始文档。

用户研究的原始数据非常重要。有时设计进行到某个阶段时，要回顾最初的设计定位，这时原始的研究文档就可以提供相应的支持。

信息设计 第3章

上一章的内容是用户需求分析，在用户需求分析过程中，设计师获得了用户对于界面系统的需求，并且把需求转化为具体的任务；通过对任务的分析，设计师已经可以得到较为具体的设计对象，也就是带有内容和行为的界面缩略视图。

界面缩略视图让设计师清楚了应该在页面中呈现的内容，但对于设计师而言，这些内容如何呈现更加重要。这决定了设计出的界面产品是否真正好用，是否能够吸引用户不停的使用你的产品。

页面内容的呈现属于信息设计的范畴。信息设计是一个非常宽泛的领域，狭义的信息设计把信息作为设计对象，旨在使信息传递更加有效，并关注用户在使用信息过程中的体验。交互界面中信息的处理过程可以分为三个阶段，分别是感知信息、解释信息和整合信息。在不同的阶段，设计师需要掌握相应的设计理论与方法。传统界面设计中的信息类型主要是视觉信息，针对信息处理的三个阶段，本章主要从信息的视觉化、视觉信息的意义和视觉信息的整合三个角度来阐述视觉信息设计的理论与方法。

3.1 信息的视觉表达

信息视觉化的过程是设计师将信息以文字、图形、表格、动画等形式表达出来的过程。这是将交互界面的页面进行细化的第一步，需要将页面中的内容与行为元素经过信息视觉化的表达让用户感知。如图3-1所示，文字和图形都可以准确的让用户感知到要传达的信息。这样的视觉信息就如同有人在告知你瓶内物品有毒。

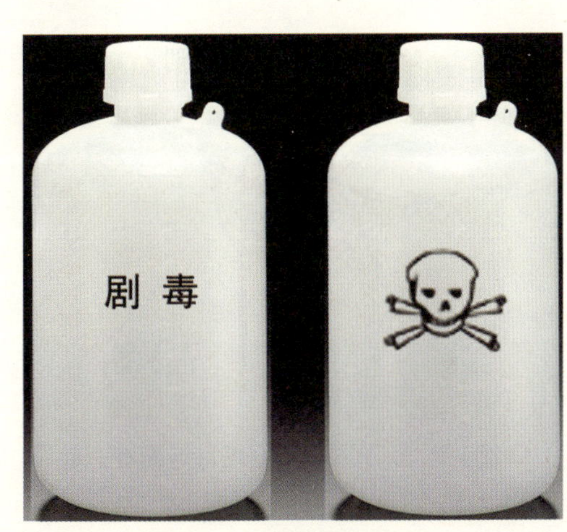

图3-1 信息的视觉传达

在信息视觉化的过程中，设计师需要进行的工作包括选择恰当的视觉形式来表达信息以及规划合理的视觉信息结构。这些工作所遵循的原则很多都来自于视觉心理理论。

3.1.1 视觉心理

视觉心理是信息视觉化的基础与依据，设计师需要了解视觉心理对于用户进行视觉浏览时的影响。视觉心理中的格式塔视觉原理对于界面视觉设计的影响是比较大的。格式塔

（gestalt）心理学即完形心理学，是西方重要的心理学流派。格式塔视觉原理中表明了单个的视觉元素之间的关系，视觉元素与背景之间的关系等。这些原理为界面设计也提供了很多基础性的规律。

(1) 接近性

位置靠近的元素会被认为是属于同一组。图3-2中所示的位置靠近的元素会被用户视觉认为是属于同一组。这一原理应用在界面设计中就是将同类的信息元素贴近在一起，便于用户明确信息的归类，如图3-3。页面中的菜单栏，导航菜单的归类也是应用了这一原则。

图3-2 接近性原则

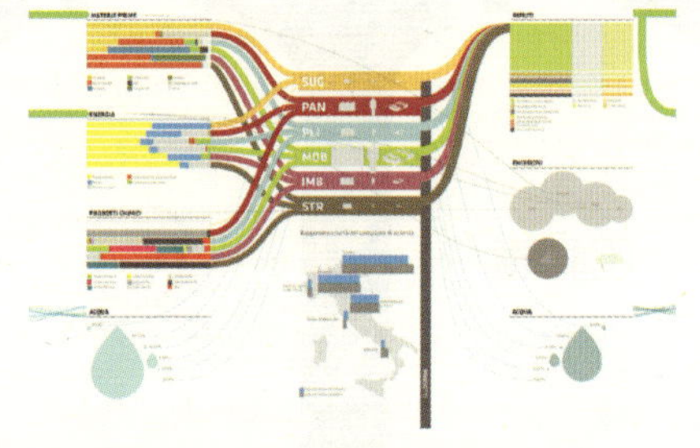

图3-3 标示同类数据图形汇聚在一起

(2) 相似性

拥有相同视觉特征的元素会被认为是一组，这些视觉特征包括形状、色彩、拥有同样的部分等，在图标设计中相似性原则应用最多。图3-4中一些图标有着同样的外轮廓形状，会被认为属于同一类。

图3-4 拥有同样轮廓形状的图标

(3) 闭合性

这是指把一个局部元素认知为一个整体的闭合的图形的趋势。图3-5中，如果单独观察左侧的图形，很难确定它的涵义，而把它放在右侧图形中，就可以很容易的认出它是“art”中的“t”。人们的视觉会把只显示了一半的art完整地辨认出来。图3-6是闭合性在设计中的应用，图形已经非常简单，但用户仍能够分辨出头像的涵义。

图3-5 闭合性

图3-6 帽子广告设计

(4) 区域联想

人们的视觉会把一个区域内的元素联想为一个合理的相近的图形。图3-7中所示的元素组合在一起，每个区域都单独形成一个文字图形。

图3-7 区域联想

(5) 连续性

视觉心理会让人们倾向于把元素组成连续轮廓的或者重复的图形。页面中对齐的文本，组成网格的页面内容都是连续性的例子。图3-8中的页面元素组成了整齐的网格，在视觉上用户会非常适应这种连续的重复元素，从而带来舒适的视觉体验。

图3-8 连续性

格式塔心理学提供的视觉原则不止以上几项，像图底关系，对称性原则等也很常用，这些基本原则影响着设计师对视觉元素的呈现。

3.1.2 选择恰当的视觉形式

视觉形式的类型包括文字、表格、图形、动画、图像等，不同视觉元素的信息传达效果也不同。

- 文字可以把信息传达的非常准确，但比较繁琐，同时也受到不同语言类别的限制；
- 图形信息表达方式简洁，但图形设计失误容易造成误解，或者让用户不知所云；
- 动画适合表达有时间逻辑的信息；
- 图像信息含量丰富，但可能会产生干扰信息。

选择合适的视觉元素对于信息视觉化是非常重要的。表达复杂的信息往往要使用文字的方式，例如这样一条信息：

如果交互设计这门课程人数选满，请同学们选择信息设计这门课。

使用图形或者其他的方式是很难准确地表达这一信息的。当然文字信息也会有产生歧义的情况，如图3-9所示，如果没有图形辅助，有人会理解为“be care to slide”而不是“caution wet floor”。而图3-10所示的安装图则非常适合用动画的方式表达。

图3-9 文字歧义

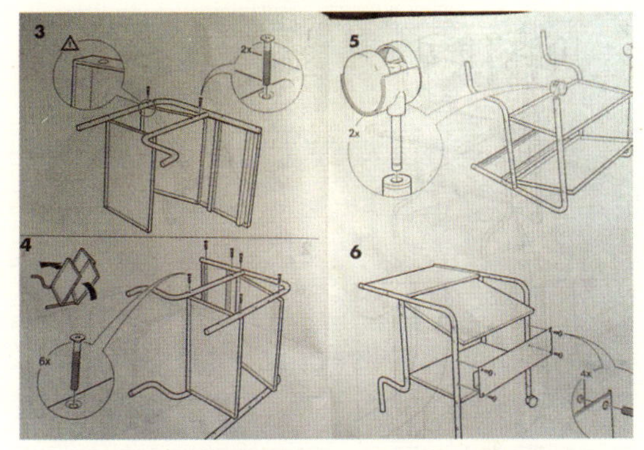

图3-10 适合动画表达的安装信息

在一般情况下，很多信息会综合多种视觉元素来表达，在保证传达效率的基础上，避免信息传达的错误发生，同时也会给用户更多的选择。图3-11中所示的地图路线查询信息页面，左边列出了路线的文字信息，右侧则使用图形标示路线，两种信息视觉元素相互参照，可以更加清晰地传达信息。

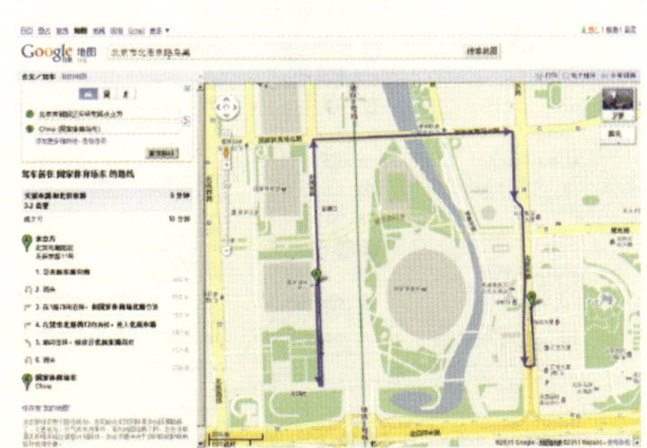

图3-11 地图路线查询信息同时提供图形与文字两种方式

3.1.3 规划视觉信息结构

在一个页面上会存在多个视觉元素，用户的眼睛会有一个自然的观看顺序。设计师当然希望重要的内容要先被看到，同时有关的视觉信息也需要在观察路线上有所关联。通过眼动仪可以发现用户在页面上进行视觉浏览的顺序，如图3-12，如何设计这一视觉浏览路线也是信息视觉化的重要工作。

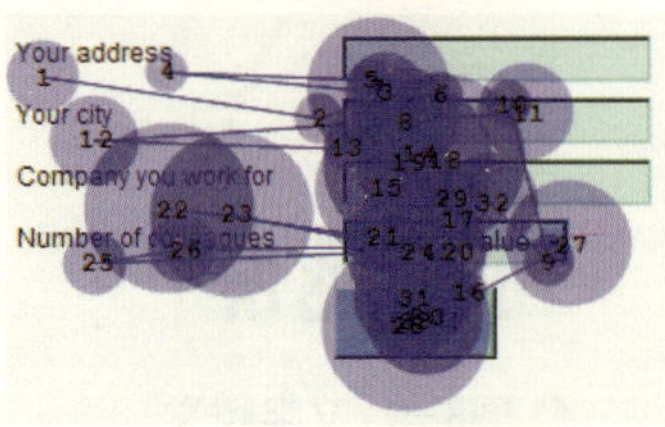

图3-12　眼动仪获取的用户视觉浏览路线

(1) 视觉信息的数量

在页面中显示大量的信息，可以让页面功能更加详细，但当页面呈现在用户眼前时，用户的视觉系统会接收到页面上的每一个视觉元素，因此过多的视觉信息会使用户感到迷惑和烦躁。如图3-13中的遥控器，过多的按钮会让用户感到迷惑，试想一下，如果在看球赛的关键时刻不小心调了台，用户能够迅速的找回原来的频道吗?

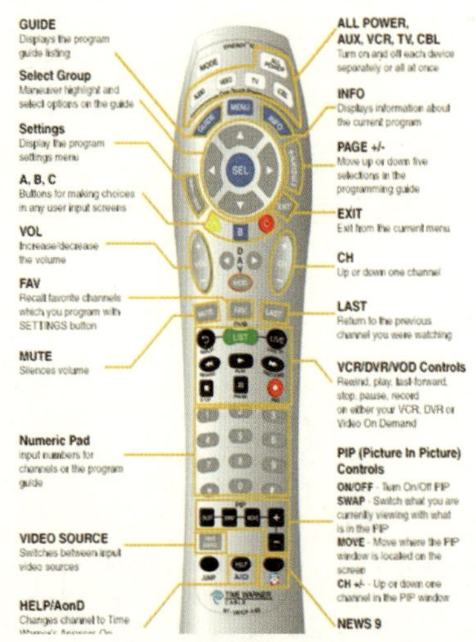

图3-13　过多的信息容易造成迷惑

控制页面中的视觉信息数量可以让用户更明确和更容易的捕捉到核心的信息。减少视觉信息数量的办法除了删掉不必要的信息之外，将信息转移到下一级页面也是常用的方法。使用链接可以将大量的信息放置在下一级的页面中，使用弹出窗口可以将操作信息或者少量的介绍信息转移出来。图3-14为使用了弹出窗口的网页。

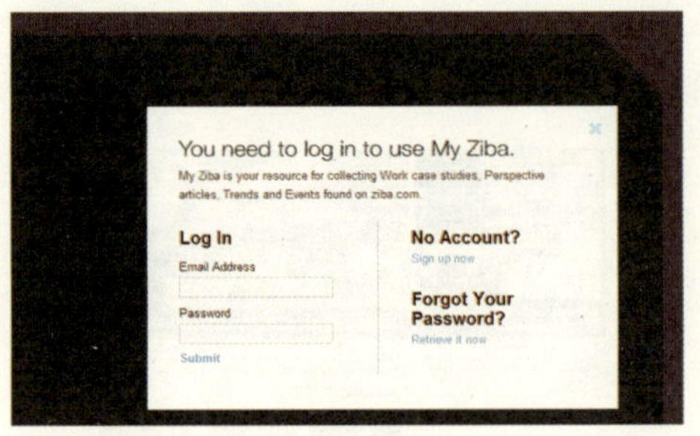

图3-14　使用了弹出窗口的网页

(2) 视觉信息的次序

确定好页面上显示信息的数量后，下一步工作是如何通过设计让重要的信息先被看到。换句话说，如何让重要的信息更加醒目。图3-15中显示了两组相同的数据，在上面这组中找出大于1的数字是比较困难的，可能会需要几秒的时间；而在下面这组数据中找同样的大于1的数字就迅速多了。

0.564	0.644	0.372	1.843	0.157
0.671	0.563	0.464	0.579	0.562
0.165	0.978	1.963	0.066	0.263
1.863	0.461	0.571	0.968	0.360

0.564	0.644	0.372	1.843	0.157
0.671	0.563	0.464	0.579	0.562
0.165	0.978	1.963	0.066	0.263
1.863	0.461	0.571	0.968	0.360

图3-15　醒目的数字

从这个例子可以看出，如果想让某些信息迅速的跳出来，就应该让它和其他信息有所区别。图3-16中显示了几种不同的区别信息的方法。

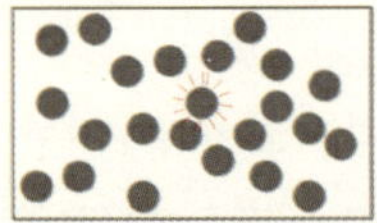

图3-16　使用不同的清晰度，增加阴影，增加标示的方法突出信息

如果只是在若干信息中突出一个或者一种信息，单独的一种突出方式可以起到明显的作用，但界面中需要突出的信息往往不只是一

种，这就需要对信息进行不同的处理。如图3-17所示，如果使用同样的方式突出信息，那这些信息会被认为属于同一级别，没有突出的效果。在这种情况下，需要给需要突出的几种信息使用不同的方式进行突出，图3-18中，具有阴影和具有边框的信息都很容易被找到，而同时具有两种突出方式的信息会更加醒目。

图3-17 信息不突出

图3-18 使用两种方式突出不同信息

但对于不同信息种类的突出方式也不能太多，否则又会陷入到混乱和无序的状态。如果只有两种突出方式，将会是非常清晰的。图3-19使用色彩蓝色和添加背景的方式突出了“ziba”，“my ziba”以及“revive”等文字信息，最突出的还是字体较大、有蓝色背景的“revive”。于是大多数用户的视觉顺序应该是：

“revive”—“ziba”—“my ziba”—字体大的文字—粗体文字—浅灰色小字

图3-19 ziba网站页面

(3) 视觉信息的分组

在界面中，单个文字、图片或者图标被视为基本元素，同时这些元素会组成一定的群组，形成更高一层次的群组。组成群组的方式一般会遵循格式塔视觉原则，接近的元素被视为一组，连续或者对齐的元素被视为一组，相似的元素被视为一组。图3-20为CNN网站的标题（banner），网站的导航文字组成导航条，这些文字字体与色彩相同，位置连续，背景色相似，会被自然的视为同一组元素。在导航条的左侧，home、video与news pulse三个导航键又具有相同的背景图案，而这个背景图案与其他导航键是不同的，因此这三个元素又构成了子级别的导航组，而另外的十三个导航键为另一组。通过视觉设计，信息的结构会被明显的呈现出来。

图3-20 CNN网站标题

除了使用相似性、接近性以及连续性的方式对元素进行分组之外，使用边界对元素进行分组也是常用的设计方法。边界的方式有很多，背景色，框线都可以起到确认边界的效果，图3-21中所示的三个内容组非常明确，边框和背景阴影的使用起到了分组的作用。

图3-21 信息分组

栅格化设计是实现页面信息分组的有力工具。栅格化设计是指将页面分割成为若干等份的列或者行，将视觉信息对齐排布在栅格中的设计方法，如图3-22。

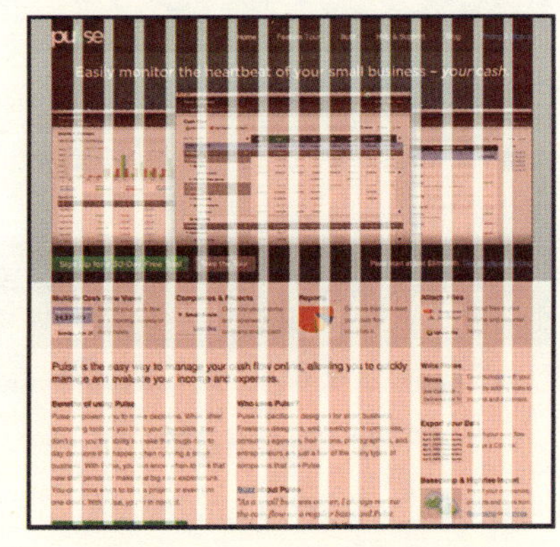

图3-22 页面的栅格化设计

案例分析3-1

不论信息的分组还是信息的突出，目的都是一个，那就是规划用户在页面上的视觉流程，从而达到最佳的视觉信息传达效果。

在图3- 23所示网页中，信息流程的规划简洁而且合理。从视觉信息分组的角度来看，整个页面被分成三个组，上面的导航区域，中间的标题区域以及下面的主推内容。

图3-23 信息流程清晰的网页

在导航区域中，较高层级的导航“work”、“perspectives”、“trends”排列在一起，使用同样的较粗较大的字体，与另一组较低层次的导航区分开为两组。较低层次的导航字体较细、较小，颜色也要更浅一些。主推内容的分组更加明确，使用接近原则，较近的三组图片与文字形成三个分开的信息组，如图3- 24所示。

图3-24 网页信息的分组

从视觉元素突出的角度来看这个页面，最突出的无疑是“revive”这个单词，它具有以下几种醒目的属性：

- 位置居中；
- 字体最大；
- 蓝色底色。

这个主题是这个页面的重点信息，也就是介绍ziba公司有关模拟电子时代的元素复兴的设计。同时下面的重点信息里也有关于此设计的介绍，而且这段介绍也具有两种醒目的属性：

- 位置居中；
- 图片中有人像。

这两个醒目的信息相互联系，把整个页面中最重要的信息明确地突出出来，如图3- 25所示。

图3-25 网页信息的突出

3.2 视觉信息的涵义

上一节关注的是如何把信息以恰当的顺序，合理的样式呈现给用户，但是，用户能否准确的理解视觉信息的涵义呢？对于设计师而言，如何让用户准确的理解视觉信息的涵义也是设计的重要内容。

在很多情况下，用户需要一个学习过程来理解界面元素，但对于用户而言，这个学习的过程越短越好，最好是不需要。学习过程的长短依赖用户的经验，对于一个有着丰富计算机使用经验的用户而言，学习一个新软件的速度会很快，因为他看到很多相似的信息结构，相似的视觉元素；而对于一个缺乏相关经验的用户而言（例如老人），学会使用QQ这种聊天工具也是很费力的。但抛开使用计算机的经验不谈，大多数的用户都有丰富的生活经验，也就是使用各种工具或者玩具的经验，如果能够在界面设计中把这些积累的生活经验和界面视觉元素对应或者连接起来，就会大大缩短用户的学习过程。

3.2.1 对应

对应是最直接的视觉元素设计模式，对应常用的方式就是模拟。界面上的一个按钮元素如果看起来像一个真正的按钮，大多数用户都会去点击它。随着计算机显示技术的发展以及越来越多的直接操控设备的出现，使用模拟的方式设计一个界面变得越来越容易，也越来越流行。图3- 26中的ipad应用数字罗盘看起来和一个真正的指南针没有区别，用户只要有使用指南针的经验就可以轻松的理解这一视觉元素。

图3-26 数字罗盘

除了视觉形象上的对应，操作方式上的对应更加重要。模拟实际的操作方式设计可以让用户自然的学会如何使用界面，如图3- 27所示的电子书界面，模拟翻书的设计可以很快让用户理解如何操作，并且给读者熟悉的阅读体验。

另外的一种直观的对应就是使用文字。在很多情况下使用文字是最直接的与用户沟通的

图3-27 电子书界面

方式。尤其是让用户迅速做出决定时，文字传达的速度要比图形等其他视觉元素快，也更加准确。在一些警告类的信息指示中，文字的作用是不可替代的，如图3- 28。在表达短信这一信息时，使用信封图形是一个常用的方式，但如果界面中还有邮件功能时，信封图形就会产生歧义，因此使用文字成为消除歧义的最佳办法。还有一种情况，当信息无法准确的用图形或者其他形式来表达，文字就成为第一选择，如图3- 29。

图3-28 文字警示信息

图3-29 文字图标

在文字的选择问题上，要注意的一点是用词的明确。明确即指用词要容易理解并且避免误解。尽量使用约定俗成的词语表达信息，例如“搜索”要比“查找”更加明确，“加载”比“置入”更加容易理解。文字的选择稍有不谨慎，就会让用户产生误解与迷惑，在图3-30的例子中，用户可以输入词语，了解更详细的内容，但“进入词条”和“搜索词条”两个按钮会让用户有一些迷惑，这两个按钮的功能分别是什么？哪个才是我想要的？经过尝试之后，用户应该可以清楚这两个按钮的差别，一个是直接进入与输入匹配的词条，另一个是列出包含输入内容的相关词条。“搜索词条”改为“相关词条”可能更加符合用户的理解习惯。

进入词条 搜索词条

图3-30 文字的使用

使用对应的方式设计信息可以让用户迅速的理解信息的涵义，但是这种方法也有不可避免的局限，用户熟悉的形象局限了设计的多样性。以图3-26的罗盘为例，模拟真实罗盘的设计是用户迅速理解信息，但设计无论如何变化，也无法脱离真实罗盘的痕迹。但如果突破了这种设计模式，又有可能给用户带来迷惑。图3-31是脱离真实感指南针样式的设计，用户需要花一点时间理解。设计师需要把握创新的信息设计和用户理解之间的平衡。

图3-31 脱离真实感的指南针样式

对应方式的另一个局限性是过于直白，尤其是使用文字。在商业设计中，设计师需要吸引用户来使用界面，过于直白的信息设计虽然清晰，但容易使用户感到平淡与厌倦，丧失使用界面的兴趣。

3.2.2 象征

象征的手法在设计行业里应用广泛。相对于模拟的设计方式，象征更加抽象。当视觉信息需要传达一个抽象或者复杂的概念时，象征就派上用场了。象征往往带有强烈的文化因素，是人类文化发展过程中，产生的约定俗成的意义映射。例如鸽子象征和平，骷髅象征死亡等。在设计中，设计师往往习惯性的使用一些象征的手法来表达信息，例如图3-32中使用箭头表示前进，房子的形象表达回到主界面等。

图3-32 火狐浏览器图标

使用象征手法设计视觉信息就如同使用一个巨大的数据库，设计所表达的信息的涵义必须在用户的数据库中存储。如果使用了用户数据库中没有的象征涵义，用户就无法理解信息。为了避免这种情况的发生，很多使用了象征的图标设计会附有文字解释，以便用户理解，如图3-33。

图3-33 火狐魔镜图标

图3-33中的图形大多数使用了象征的设计方式，放大镜象征搜索，音符象征音乐；也有的图形使用了对应的方式，电视图形对应电视功能等。同时又使用文字对图形进行了解释，这样能够保证用户准确的理解信息，但有些繁琐。如果舍弃文字说明又担心用户误解，可以使用提示的方式进行解释，当光标经过时，弹出解释文字，如图3-34。图标的形态为普通“对号”，涵义不明，用户光标经过这个图标时，会弹出解释文字。

图3-34 图标解释

3.3 视觉信息的整合

当用户读取了视觉信息，理解了每个视觉元素的涵义，他会将这些零散的内容按照一定的模式整合，明确整个界面设计的功能以及意义。这种视觉信息的整合是整个信息设计过程的最后一个步骤。设计师要做的是帮助用户准确快速的整合界面的视觉信息。这个过程就如同用户见到了锤子、钉子以及六块木板，用户理解后会做成一个盒子。视觉信息整合的过程中，信息的组织架构（主要是导航与层级）非常重要，它可以帮助用户掌握整个界面的内容以及相互之间的联系；设计信息隐喻也是非常重要的手段，他可以帮助用户迅速的理解整个界面产品的功能与内涵。

3.3.1 信息结构模式

试想一下用户读报纸或者杂志的过程。一份报纸通常分为若干版面，用户的阅读习惯并不相同，大致分为两种，一种是按照顺序从头读到尾；另一种是根据自己的喜好跳跃阅读。转换到界面设计的模式，第一种可以看做沿时间轴进行界面浏览；第二种则是依赖导航或者搜索功能进行自定义的阅读，这是两种不同的信息结构。信息结构是组织信息的模式，单独的信息通过不同的结构发生联系，组成能够完成某一功能的界面。

信息结构对应着上一课中的需求分析，需求分析决定了功能界面的基本结构。信息结构有多种不同的结构模式，如线性模式、层级模式、网状模式、地图模式等。

(1) 线性模式

线性模式即沿着时间轴进行的模式。信息的组织按照先后顺序进行。线性结构往往不会独立存在，线性结构大多数情况下是网状或者层级结构的组成部分。微博包含着典型的线性结构，一个话题提出后，回复的内容会按照时间先后组织起来，如果回复内容较多，想找到某个特定的信息是很困难的。

微博的线性结构信息会通过转发等方式与其他的信息关联，最终形成网状结构模式。

(2) 层级模式

层级模式是交互界面中最常见的信息组织方式。在需求分析的讲解中曾提到过金字塔结构就是层级模式的形象比喻。在这个结构中，不同层级的信息通过导航进行组织，用户可以在整个结构中进行跳转，获取想要的信息。

大多数的商业网站都是采用层级模式，打开网站自带的网站地图页面就可以看到清晰的网站层级。图3-35所示为苹果公司网站地图（部分），可以清晰地看到整个网站的层级结构。

Apple.com Site Map

Apple Info

News and Events
Hot News
RSS Feeds
Apple Events
Seminars and Events
User Groups

About Apple
Contact Us
Support and Service
Website Feedback
Public Relations
Investors
Working at Apple
Environment
Recycling
Working with Apple
Procurement
Supplier Responsibility
Legal Information
Choose your country or region

Where to Buy
Where can I buy Apple products?
Apple Online Store
Apple Store for Business
Apple Store for Education
Apple Online Store Country Selector
Apple Retail
Find a Reseller
Apple Financial Services
Apple Rebates

Mac

Considering a Mac
Why you'll love a Mac
Compare all Macs
FAQs
Try a Mac

Find out how
Mac Basics
Photos

Servers
Servers Overview
Xsan
Mac OS X Server

MobileMe
Learn More
Log In

Developer
Apple Developer Connection
WWDC
WebObjects
Reference Library
Contact ADC
Mac Developer Program
iPhone Developer Program

图3-35 苹果公司网站地图
（图片来自http://www.apple.com./sitemap/）

还有一种信息的组织方式也属于层级模式，那就是依靠标签索引对信息的分类，这类信息可以依靠搜索获得，类似于图书馆组织图书的方式。图3- 36所示为Google music的音乐分类界面，提供了轻快、优美等随机选取的不同的标签来组织音乐。

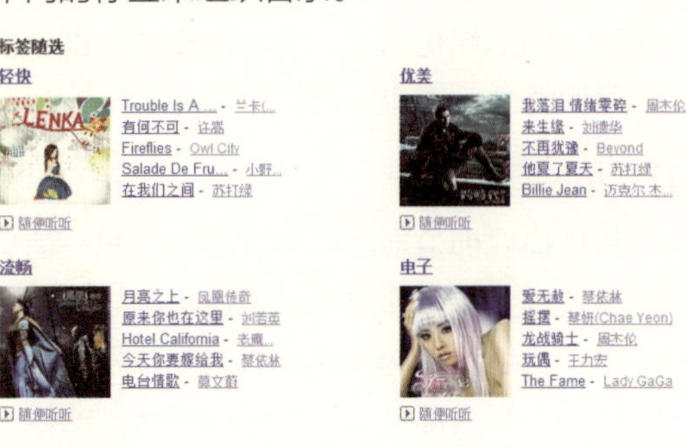

图3-36　Google music的音乐分类
（图片来自http://www.google.cn/music/musicclassificationdir）

Google music的音乐分类标签也存在着层级模式，在情绪、乐器、场景等多个标签之下设置了多个不同的标签子分类，如图3- 37所示。

音乐标签

情绪：

压抑 平静 快乐 放松
忧伤 宣泄 细腻 发泄
感动 寂寞 温暖 失落

乐器：

二胡 琵琶 口哨 小提琴
古筝 钢琴 民乐 吉他

节奏旋律：

明快 优美 流畅 婉转
悠扬 简单 轻盈 动感
轻快 舒缓

场景：

汽车 夏天 旅行 阳光
雨天 春天 冬天 午后
夜晚 独自 工作

更多»

图3-37　Google music的标签的层级
（图片来自http://www.google.cn/music/musicclassificationdir）

(3) 网状模式

网状模式不同于层级模式，层级模式中的信息不与其他分类中的信息发生直接关联，而网状模式中信息之间相互关联，层级比较模糊，类似一个扁平的结构。层级模式往往是一种封闭的信息结构，而网状模式则更加开放，每一个信息都有可能拓展出新的网状结构。图3- 38所示为人物关系之间的网状结构，其中的每一个单独人物也能够拓展出新的人物关系结构。社交网站的组织模型具有网状的特征，信息在好友之间传递时会沿着一个个网状结构迅速传播，类似于爆炸时的状态。

图3-38　网状模式
（图片来自http://tag.soso.com）

(4) 地图模式

地图模式是信息与地理位置之间的结合。在今天移动设备功能越来越强大，GPS定位应用也越来越广泛，移动位置服务产生了大量的交互界面。这些界面中主要的信息组织都依赖于用户的位置，用户也会通过定位的方式让信息与真实世界相关联。这种地图模式也成为重要的信息组织模式。最著名的地图模式界面应当是Google earth，如图3- 39。

图3-39　Google earth界面

Google earth界面基于卫星地图，提供道路、位置图片、气象、景观等多种信息。这些信息的组织完全依赖地图，依靠位置相互区别与联系。

有些网站也利用地图模式将信息重新分组，可以使用户通过地理位置来搜索信息，例如著名图片网站Flikr，将用户上传的图片按照地理位置进行分类并提供搜索，如图3- 40所示。

图3-40 Flikr地图界面
（图片来自http://www.flickr.com/map/）

当用户选中某个图片进行预览时，地图上会显示对应的位置信息；同样的，当用户选中地图上某个位置点时，相应的图片也会弹出，如图3- 41所示。

图3-41 图片与地理位置的对应
（图片来自http://tag.soso.com）

(5) 导航与搜索

在各种信息结构中游走离不开两种工具，导航与搜索。信息结构当然是越简单越好，但如果有大量的信息需要组织，信息结构肯定会比较复杂，这是导航与搜索就可以保证用户在界面使用过程中不会迷路。

① 全局导航。用户能够通过全局导航到达整个交互系统的每个核心页面。全局导航往往会位于交互界面的顶端或者左侧，如图3- 42。

图3-42 网页顶端的导航
（图片来自http://edition.cnn.com/）

有一些大型的购物或者查询类网站甚至需要多组全局导航，一般放在页面的顶端以及左侧，如图3- 43。

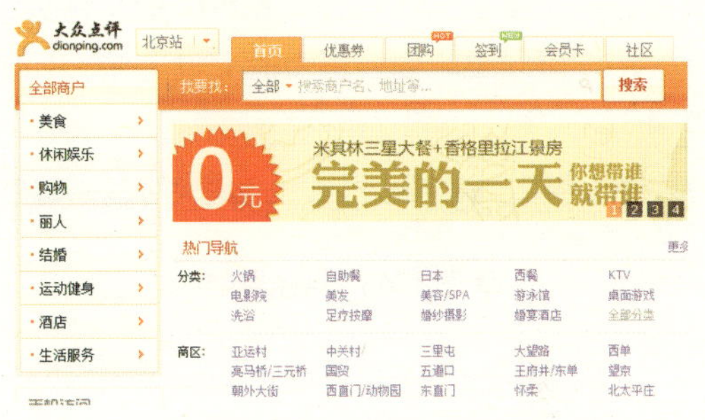

图3-43 网页顶端与左侧都有导航
（图片来自http://www.dianping.com/）

全局导航设计要出现在交互系统的每个页面中，而且要保持一致性，以保证用户不会迷路。全局导航的第一个项目往往是“首页”，这可以保证用户在不知道去哪里的情况下可以回到最初的这一页面。

② 分级导航。对于复杂的交互系统而言，全局导航担负着总揽整个交互系统的任务，而深入到交互系统内部的页面需要更细致的导航进行指引，这时需要在全局导航的基础上设置分级导航，如图3- 44。

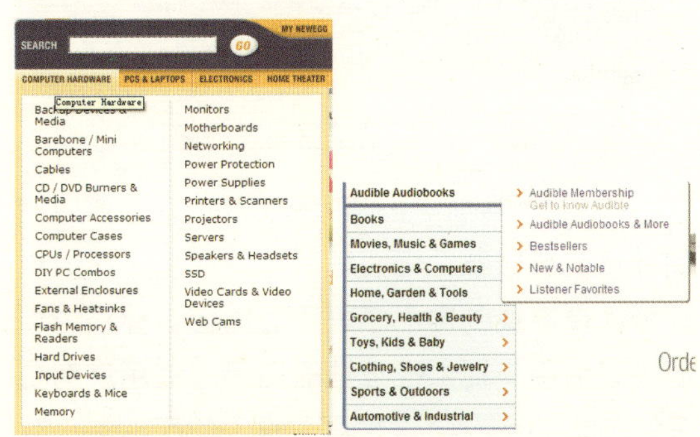

图3-44 分级导航
（图片来自http://www.newegg.com/与http://www.amazon.com/）

③ 路径导航。路径导航又叫面包屑导航，名字来源于大家熟知的童话故事：兄妹俩想用撒在森林路中的面包屑作为导航，沿着进入时的路径回家，可惜面包屑被森林中的动物吃掉，兄妹俩还是迷失在森林中。界面上的面包屑导航不会被动物吃掉，用户可以沿着这类导航一步一步地回到出发点。这类导航指出了当前页面在整个交互结构中的位置与层级关系，并且可以跳转到相关的上层级别中。最典型的路径导航当属windows操作系统中的文件夹结构，用户可以跳转到各层级的文件夹中，如图3-45。

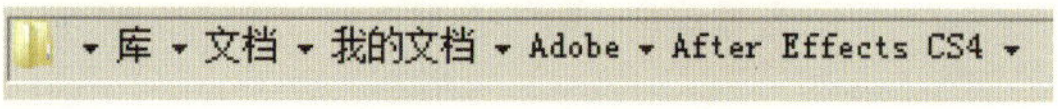

库 ▸ 文档 ▸ 我的文档 ▸ Adobe ▸ After Effects CS4 ▸

图3-45 路径导航

上面提到的例子是按照页面层级进行路径导航，另外一种路径导航是按照浏览页面的先后顺序进行排列，即使用“前进”与“后退”按钮。在操作系统和任何浏览器中都能找到前进与后退按钮，它可以让用户按照时间顺序退回刚刚到过的界面位置。这种按照浏览次序进行的导航只是在采用单窗口深入的界面中才能应用，有的界面采用每次深入层级都打开新页面的方式就不存在前进与后退。与层级路径导航类似，顺序路径也可以通过调出浏览历史的方式实现不同次序页面的跳转。图3-46所示为火狐浏览器的后退按钮，以及调出的后退路径。

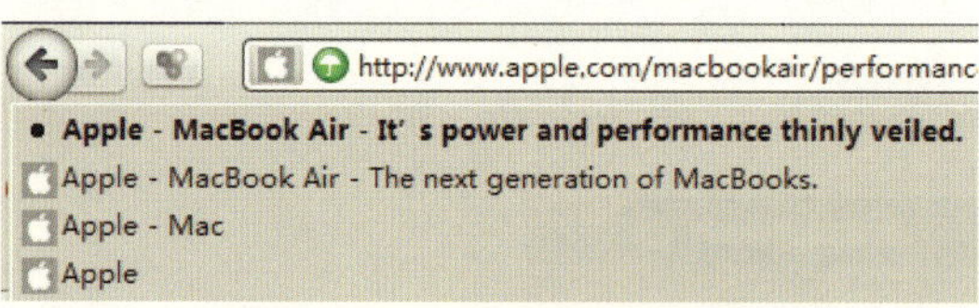

图3-46 后退按钮与后退路径

④ 标签导航。按照标签组织的信息可以使用标签进行导航，标签导航可以让用户不经过层级而直接找到自己感兴趣的内容。标签导航还可以给用户提供推荐性的指示，让用户有更多的选择。标签导航的例子如图3-36与图3-37所示。

⑤ 搜索。搜索功能是非常重要的导航辅助，就像用户在森林里迷路，突然捡到一个GPS导航仪，只要输入自己想去的地方，就可以立刻到达。当然界面的搜索功能一般只在内容或者层级非常复杂的系统中才有用武之地。用户不希望每次搜索的结果都是“对不起，没有符合要求的结果”。

大多数的搜索视觉元素由文本输入框以及搜索图标组成，还有一些增加搜索分类已达到更加精确的目标，搜索框这一视觉元素已经成为一种预设用途（Affordances）。大多数情况下搜索会设计在临近导航元素的位置，以明确两者之间的相互辅助的作用，如图3-47。

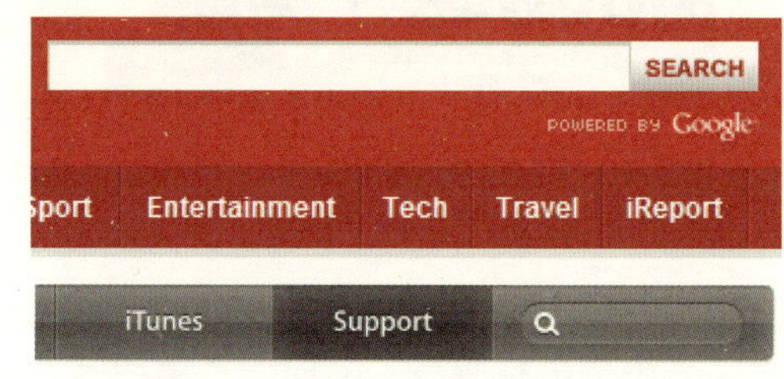

图3-47 cnn与苹果网站的搜索框

复杂的高级搜索往往需要一个页面来呈现，大多数情况下用户需要进行一些类别选择，最终指向搜索的目标。也有的搜索通过视觉化的界面呈现，模糊的控制搜索条件，直观的反应搜索的结果，就像图3-48所示的Google music的挑歌界面，用户不需要特别精确地搜索，只是凭借感觉来选取自己想听的歌曲，这种搜索可以称为情景式搜索。

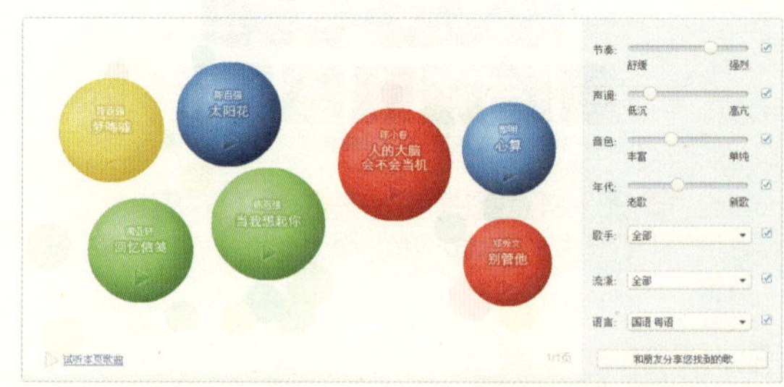

图3-48 Google music的挑歌界面
（图片来自http://www.google.cn/music/songscreener）

案例分析3-2

一个复杂的交互界面系统，往往会使用多种导航方式来带领用户使用界面。图3-49是苹果公司的iTunes软件中App Store的导航部分。

图3-49 App Store的导航

这个简洁的导航条包含了全局导航、分级导航以及路径导航三种导航方式。主页图标、App Store、博客与iTunes U组成了整个App Store的全局导航，点开每个图标，会显示出各自的分级导航菜单，如图3-50所示。

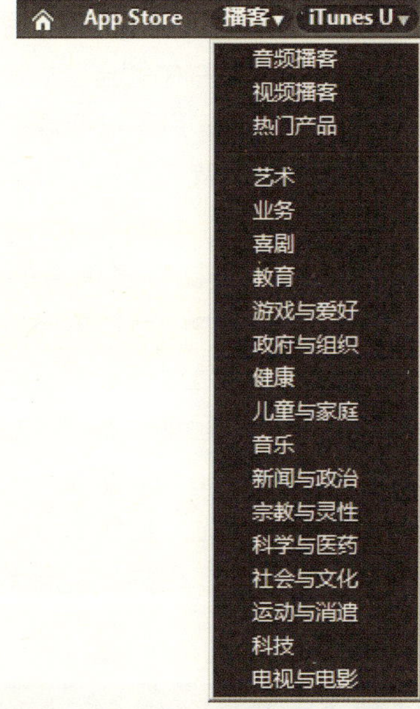

图3-50 App Store的分级导航

导航条左侧的前进、后退按键是App Store的路径导航，用户可以通过长按箭头按钮的方式打开详细路径，如图3-51所示。

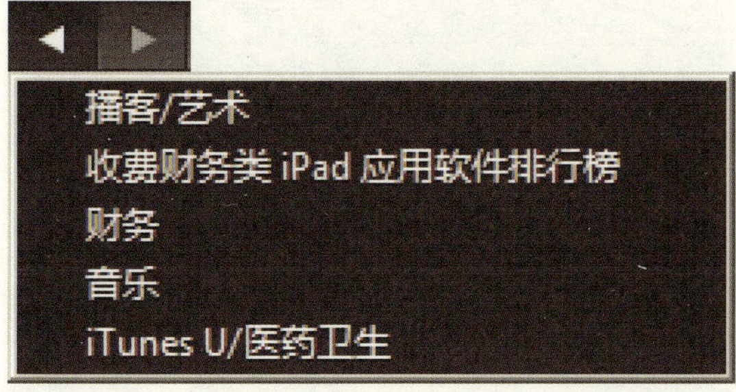

图3-51 App Store的路径导航

这个功能全面的导航条所占的空间并不多，不会影响到整个界面的设计布局；它又处在整个界面的顶端居中的位置，足够醒目，使用也很方便，如图3-52。

图3-52 App Store的导航设计

3.3.2 信息整合的隐喻

通过合理的信息结构组织界面内容可以帮助用户更好地理解和使用整个系统，而使用隐喻的方式整合信息可以让用户迅速的认识界面。

在计算机领域，桌面这一概念是最著名的隐喻，它起源于一张画在餐巾纸上的草图。今天的用户已经熟悉的使用桌面来组织计算机里的内容，同时这种组织也延伸到了移动设备中。用户在桌面上寻找内容，排列文档，删除垃圾，非常自然的使用着这一界面。而这一隐喻是从人们的日常办公环境中而来。用户看到桌面图标垃圾桶，会联想到自己使用办公室里垃圾桶的行为，自然会把像删除的内容拖拽到垃圾桶内。这种通过隐喻的信息的组织方式可以让用户几乎不经过学习就可以适应，如图3-53。

图3-53 Windows7桌面

随着显示技术的发展，新的桌面设计出现了3D视角以及直接触控，让用户更加熟悉，bumptop公司推出的3D界面，让用户的计算机界面与实际的工作桌面更加相似，如图3-54。但这个隐喻也带来了一些新的问题，那就是用户真实桌面的缺陷也被带入到了这个隐喻的桌面中，杂乱、容易丢失东西、给工作带来的烦躁感成为这一界面不可避免的败笔。

图3-54 bumptop桌面

标签式导航是另外一个常用的信息隐喻。贴纸标签是整理文件夹常用的方式，这一隐喻也转化到了界面设计领域。使用标签式导航可以让界面用户迅速地建立起分类与导航的概念，几乎不用学习，如图3-55。

图3-55 标签式导航

3.4 听觉与触觉信息设计

前面重点讲解了视觉信息的呈现、解释与理解，但交互界面中除了视觉信息之外，还存在其他类别的信息，例如听觉与触觉信息。

(1) 听觉信息

声音一直是交互界面中非常重要的信息表达方式，尤其是警告与提醒。用户已经习惯了使用Windows系统时犯错的警告音。音乐的使用也是传达信息的手段，只不过不像视觉信息如此强烈，一首恰当的背景音乐可以让信息的隐喻更加丰富。

声音信息的解读要比视觉信息的解读更加容易些，主要依靠用户的直觉感受与生活经验。例如警告音，往往是对现实生活中警告的模拟。图3-56所示的画面来源于网站http://www.listentothetiger.com/，这是一个把声音作为主要设计对象的网站，信息的传递很大一部分依赖于声音，传达了保护野生虎类动物的紧迫形势。

图3-56 以声音为设计对象的网站

声音信息与视觉信息的配合也是常用的信息传达的模式，在某些情境中，只有声音信息或者只有视觉信息都无法表达出准确的信息涵义，两者的配合是非常重要的，图3- 57的画面来源于网站http://www.chinese-soul.com/，这是一个推广爵士音乐CD的网站，在这里设计师把音乐和视觉图形结合在一起，增强了信息传达的力量。

(2) 触觉信息

触觉信息是一些交互设计机构一直研究的方向，尤其是在游戏设计领域。目前触觉信息使用最广泛的是力反馈系统。触屏界面在模拟现实产品时，最大的难题是难以获得现实产品中的反馈感，例如键盘的弹回。力反馈系统可以让用户在使用触屏界面时得到点击或者其他操作的反馈，这种力反馈产生的就是触觉信息。而反馈这一行为会在下一课中进行讨论。

本章小结

- 信息的视觉表达。如何让用户准确的获得信息，并让用户按照设定的先后次序接收到视觉信息。
- 视觉信息的涵义。如何让用户在获得信息之后准确的理解信息。
- 视觉信息的整合。如何让用户在理解信息的基础上明确整个交互系统的功能或者要传达的意义。
- 听觉信息和触觉信息的简单介绍。

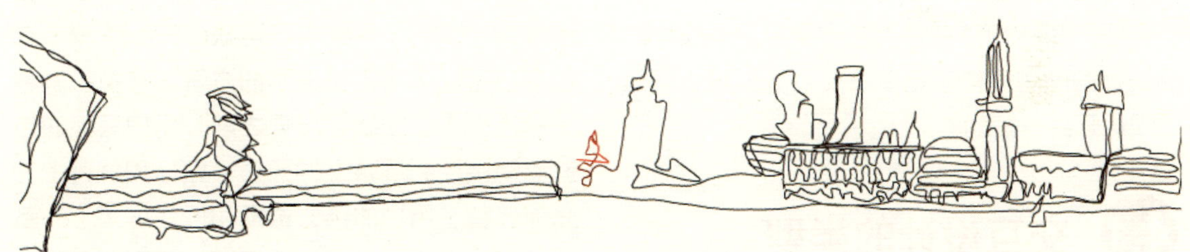

图3-57 音乐与图形信息的结合

第4章 交互设计

交互设计是一个有着宽泛涵义的术语，本章中讲解的内容是狭义上的交互设计，及用户面对界面系统时对信息进行的各种操作以及系统对用户的反馈。如果说信息设计是为了让用户快速准确地理解界面系统，交互设计就是让用户顺利愉悦地使用系统。

回到现实世界，用户使用一个现实中的实物系统会遇到的问题在交互界面系统中同样存在。看到门把手不清楚是推门还是拉门才能打开门？看到一个圆形的按钮却旋转不动，最后发现它是向外拉的？过马路时按下人行横道的灯按钮，却不知道它是否起作用？这些实物产品设计的问题同样考验着在交互界面设计领域的设计师。

4.1 交互设计的类型

交互设计是一个复杂的综合过程，用户在这一过程中不停地和交互界面进行各种交流与沟通，同时也产生着各种复杂的情绪变化。分析这一个过程不是简单的事情，设计师可以从以下几个角度去体会和理解交互设计的不同类型。

4.1.1 直接操控与间接操控

(1) 直接操控

直接操控这一概念是在20世纪80年代出现的，指的是用户按照现实生活中操作真实物体的方式来选择和操作数字对象。最典型的直接控制如点击屏幕上的按钮播放一段音乐，就如同用户在现实生活中按下一个按钮让卡带开始转动一样，如图4-1。

图4-1 数字世界里的播放按键

① 使用鼠标。

鼠标的出现是一件划时代的事件，它是图形界面（GUI）系统中不可缺少的一部分。它让用户可以采用直接控制的方法在计算机屏幕上进行操作。在鼠标出现之前，用户只能通过键盘间接控制屏幕上的元素。鼠标和屏幕上的光标代替了用户的手去选择和操作屏幕上的各种元素去操作。鼠标的使用有一系列约定俗成的操作习惯，大多数习惯使用鼠标的人可能已经忘记了第一次使用鼠标时的感觉，但用户肯定是经过一段时间才习惯了鼠标的这些操作。移动鼠标对应着屏幕上的光标运动；鼠标经过某个按钮时，它会打个招呼；单击鼠标表示选中某个元素，就像用手抓起一件东西；双击鼠标代表着进一步的操作，可能是打开一个文件，也可能是表示确认某个操作；右击鼠标可以给用户带来更多的选择等。

因此设计师在设计一个基于鼠标操作的界面时，应当考虑到如何将用户对界面的操控分配给鼠标动作。例如文本的选择，在大多数浏览器或者文字处理软件都有对于选择文本的鼠标操作定义，即单击鼠标选定文本位置，双击鼠标选中当前位置的单词，连续三次点击鼠标选中当前段落。下面是几种典型的鼠标交互设计方式。

- 鼠标悬停效果。鼠标悬停是一个常见的交互设计方式，目的是提示用户该元素可以选取或者点击，有时也会激活说明提示文字。图4-2所示的是界面上按钮的状态，左侧为原始状态，右侧为鼠标经过状态。

图4-2 鼠标经过效果
（图片来自http://www.faw-mazda.com）

也可以使用更加复杂的设计让鼠标的经过变得有趣，如图4-3，左侧为原始状态，右侧为鼠标经过状态。

图4-3 鼠标经过效果

- 光标替代。在使用鼠标的过程中，鼠标的移动对应着屏幕上光标的移动，而光标的样式的替换可以给交互增加新的涵义，而不再是代替手的动作。图4-4中的网站是一个自由涂鸦网站（http://wall-of-fame.com/），滑动鼠标会发现光标变成了一支笔，可以在页面上随意绘图。
- 鼠标手势。鼠标手势是一种特殊的鼠标行为，出现在Opera、Firefox、IE等浏览器中。用户可以使用鼠标在界面空白处滑动，不同的

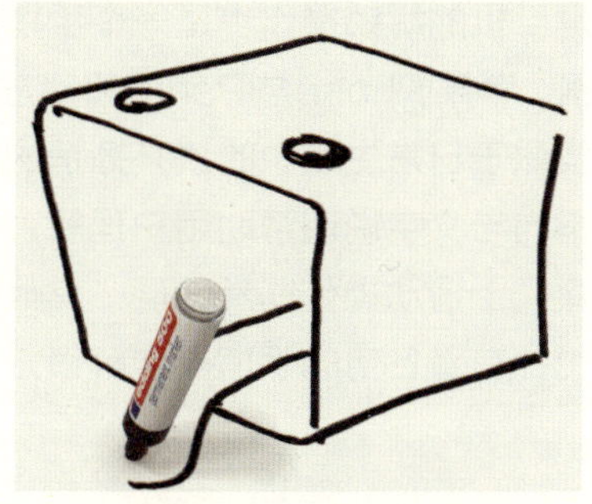

图4-4 光标替代效果

滑动轨迹代表着前进、后退、新建窗口等多种操作，可以提高用户使用浏览器的效率。

与鼠标类似的界面操控工具还包括数位笔、轨迹球等，它们产生的交互效果与鼠标类似。

② 使用手指。

随着触屏手机与平板电脑的流行，使用手指与界面进行交互越来越普遍。使用手指当然要比使用鼠标更加直接，一个没有鼠标使用经验的老人或者孩子可以很自然的使用手指操作界面。这种直观的操作指示性是手指操作的优势。但如果用户已经熟悉了鼠标的应用，那么从操作准确性和速度来看，手指并不占上风。用户如果使用手指去操作一个基于鼠标操作的界面，那效率就会非常的低。

手指操作也有着约定俗成的习惯，手指的点击动作是继承了鼠标的操作；滑动手指可以进行拖拽；再多点触控的界面上用两个手指方法或者缩小界面；点击三个手指可以打开菜单等。

图4-5中所示为Sketch book软件的iPad版本使用说明节选，这个界面可以是用两根手指进行缩放操作；使用三个手指点击打开主界面；三个手指同时像不同方向滑动可以进行不同的操作。

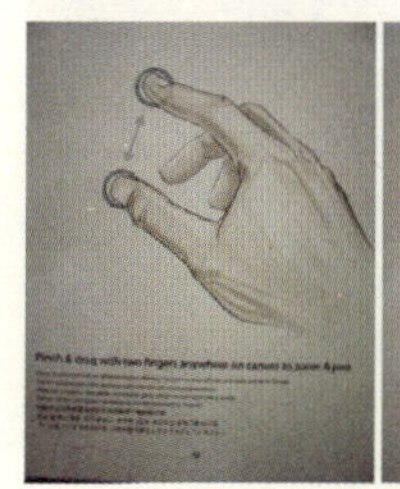
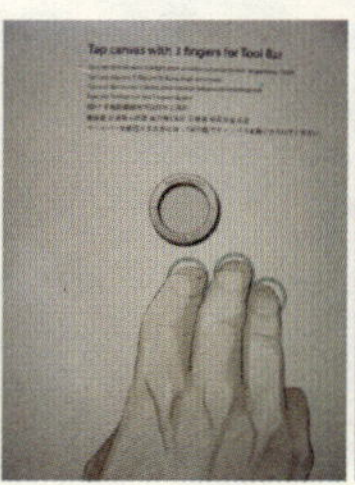
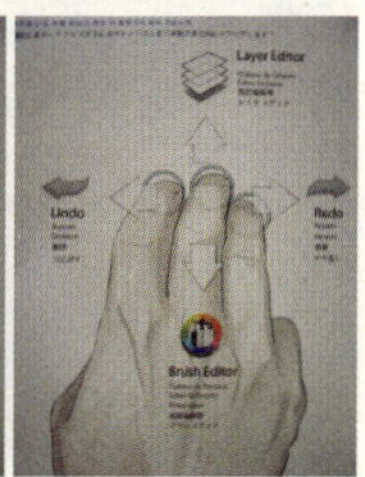

图4-5 手指操作说明

触屏手机的解锁操作也是一个手指操作的典型案例。苹果iPhone与iPad的解锁方式非常直观，类似于日常生活中的拨开插销的动作，箭头的指向与文字说明帮助用户理解，而且用手指在直线上滑动操作非常简便。其他不同手机系统也都有着各自的手指操作解锁方式，如图4-6。

图4-6 不同手机的解锁界面

③ 使用TUI（实体界面）。

TUI全称Tangible User Interface，是指基于实体环境的用户界面系统，这一概念最早由MIT媒体实验室提出。TUI可以让用户彻底摆脱GUI（图像界面）的学习过程，直接对实物进行操控，达到使用交互系统的目标。

中国的传统计算工具算盘是一个典型的实物操控系统的例子，算盘的输入数字的方式是拨动算珠，进行加减乘除运算的方式仍然是拨动算珠，用户在操控实物的过程中直接得到反馈与信息的输出。目前的TUI往往和GUI（图像界面）相结合，像苹果iPad的旋转屏幕的方式也是一种对实物的直接操控。TUI与GUI结合的例子还有微软推出的Surface系统，如图4-7。通过实物手机、杯子、银行卡等与带有图形界面的屏幕相结合，改变了交互系统的使用方式，更加直观和有效率。

图4-7 Surface系统与iPad等设备交互

(2) 间接操控

间接操控是指不接触操控的对象对其进行操控的方式。GUI（图像界面）时代之前的命令行（Command Line）以及文本界面(Text based interface)时代的计算机操作大多是间接操控。使用键盘是间接操控的主要方式，例如使用快捷键"Ctrl+C"复制，用"Ctrl+V"粘贴以及直接使用键盘上的"Delete"键删除对象等。使用键盘进行操作的流程要比直接操控简单，因为这一流程省略了在空间中准确定位选取对象的过程。回忆一下没有鼠标时，用键盘上的"Tab"键、方向键以及一些快捷键组合操作Windows系统的经验，完全是间接操控的方式。

设计师喜欢使用快捷键操作像Photoshop、3dsMax这类的设计软件，这种操作方式比拿起鼠标在菜单栏里沿着层级寻找按钮要有效率的多。但如果想熟练掌握这种间接操控则需要较长时间的学习与记忆。

在游戏领域，间接操控的使用更加广泛。从最早的掌上游戏机到今天的大型网游，使用键盘进行间接操控都是常用的方式。最早的掌上游戏机都是通过按键控制着屏幕上的人物或者汽车左右移动，发射子弹等，这种操控模式需要较长的练习才能熟练掌握，在玩游戏的关键时刻经常会忘记每个按键的功能，如图4-8。

图4-8 古老的掌机设备
（图片来自http://www.pica-pic.com）

这种间接操控经常会用在一些模拟游戏场景的网站设计中，设计师把浏览网站的模式设计成为游戏模式，吸引用户在网页上浏览与探索，图4-9所示为大众Polo的体验网站http://follownoone.com.au，用户需要用方向键控制屏幕上的小汽车，在一个类似地图的界面进行各种信息的浏览，如图4-9。

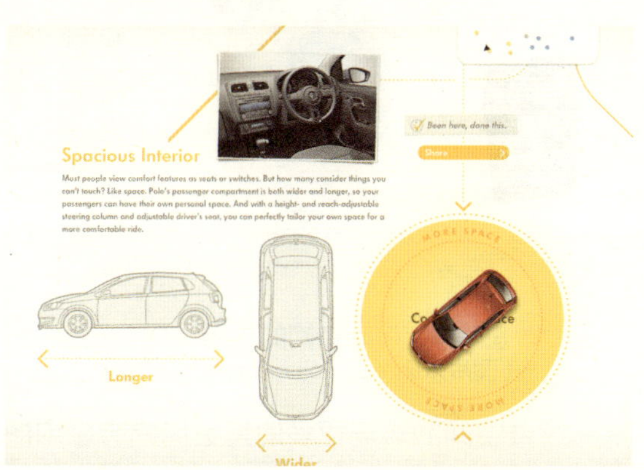

图4-9 用方向键控制汽车进行网页浏览

直接操控和间接操控往往是结合进行，相互辅助。如果只是单一的操控方式，很可能会招来用户的抱怨。平板电脑iPad提供了虚拟键盘供用户输入信息，但这个内置的虚拟键盘并没有设置方向键，在编辑文本时若想控制光标的准确位置，只能使用放大镜工具，因此效率较低。设计师在设计一个交互系统时要考虑到用户在直接操控和间接操控这两方面的需求。

4.1.2 状态转化与行为序列

上一节讨论了关于用户如何操控界面，类似向界面发号施令，而交互系统对于用户操控的回应也是设计师需要关注的问题。界面的回应方式有状态的转化、产生行为序列等。

(1) 状态转化

最常见的状态转化是页面的跳转。大多数界面是由多个页面构成，每个页面上承载着功能的实现和信息的传达。典型的页面跳转是网站中的网页浏览，这种交互的方式来源于阅读传统的报纸与杂志。

弹出式页面是另一种常见的状态转化类型。当页面中信息量较大需要新的空间承载，同时又不希望用户离开这个页面时，弹出式页面是最佳选择，如图4-10。弹出式页面要具有关闭按钮，以便用户随时关闭，不推荐使用主动弹出的页面，以免让用户感到打扰。

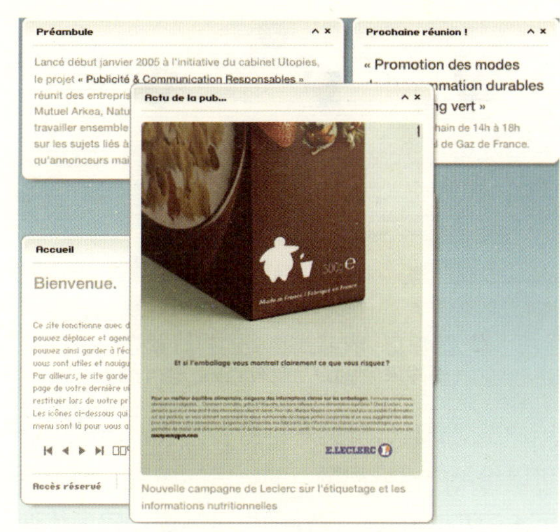

图4-10 弹出式页面

折叠式面板可以把不需要随时展示的内容收起，需要时再打开。一般使用上下箭头或左右箭头作为操控按钮。图4-10中的弹出页面也可以折叠，只需要点击上下箭头按钮，如图4-11所示。

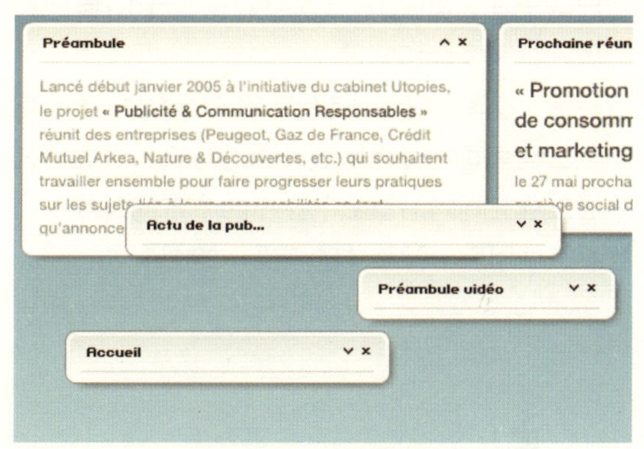

图4-11 折叠式面板

收缩式面板与折叠式面板的作用类似，用户可以随时打开和收回面板。操控收缩式面板的元素一般设计成标签或者把手的形态，以便让用户理解，如图4-12、图4-13。

图4-12 收缩式面板的收缩状态

(2) 转场设计

所谓的转场设计，是指的状态转化的过程与方式设计，通常是动画的形式。这是提供给

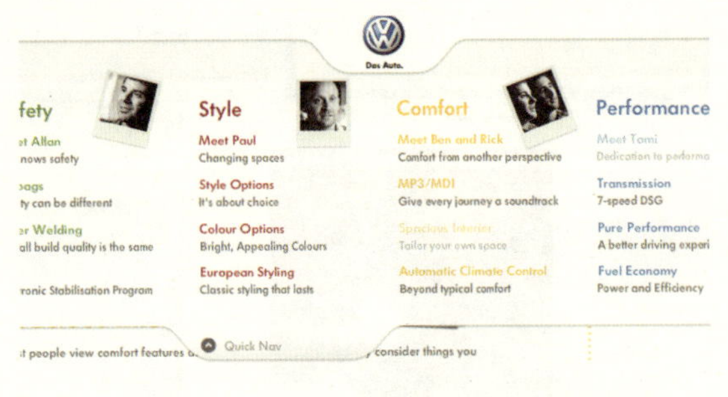

图4-13 收缩式面板的打开状态（图片来自http://follownoone.com.au）

用户不同交互体验的一种主要方式。转场设计可以给用户提供视觉上的舒适的感受，而不会产生突兀的感觉。设计师也可以通过转场体现整个交互系统的风格。但需要明确的是，转场只是为了提高用户的使用体验，转场本身不能成为焦点。

① 淡入淡出是转场的基本方式，在视觉设计和声音处理中经常被用到。这种方式提供了一种平滑的转换感受，而且并不会过多地吸引用户的关注，如果这一效果做得过于明显，会让用户觉得多余和繁琐。

② 空间变换。空间转换转场的方式非常多，二维空间的转化是最普遍的方式。页面会在平面二维空间内沿着上下左右四个方向延伸，交互系统给用户一种整体的感受，如图4-14。

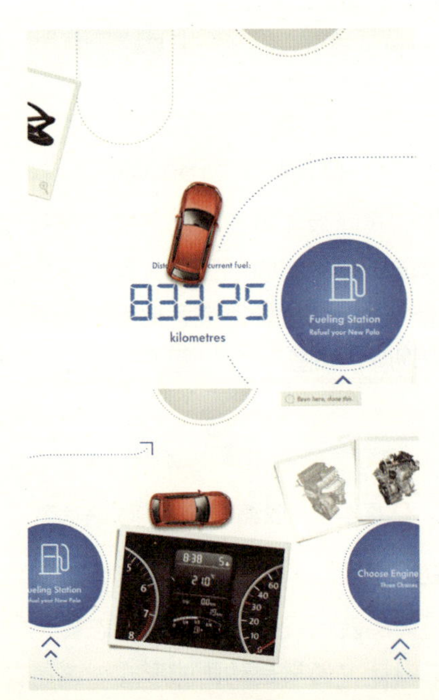

图4-14 平面空间的转场（图片来自http://follownoone.com.au）

三维空间的转场更多的是给用户带来绚丽的视觉体验，有时也会提示页面在三维空间内的结构方式。图4-15所示界面通过拉近和推远的方式进行分页面的浏览。

图4-15 三维空间的转场

图4-16中的界面则通过真实三维场景映射了内容页面所处的真实位置。

③ 隐喻式转场。最典型的隐喻式转场是翻页，用户通过翻页的方式打开新的页面，隐喻了现实中的阅读场景。隐喻式转场可以通过交互的过程表达设计师对这一界面设计的理念，也可以给用户的交互过程带来有趣的体验。图

图4-16　三维空间的转场
（图片来自http://www.visite.culture.gouv.fr）

4-17所示的界面采用了燃烧式的转场，给用户新的交互体验，也体现了设计的设计理念。

图4-17　隐喻式转场

(3) 行为序列

行为序列是一个特别的概念，是指用户在对界面进行操控之后，页面的某个元素或者整个页面产生的一系列行为回应。例如点击按钮后，某个面板消失，通过拉拽放大或者缩小窗口等。行为序列的目的是给用户的操控以明确的反馈，表明用户交互行为有了结果。典型的行为序列包括拖拽、关闭、位置与形态变化等。图4-18中，用户使用手指拖拽界面上的放大镜进行信息浏览。在拖拽过程中，界面上的元素跟随着光标的位置，按照用户的意愿移动。

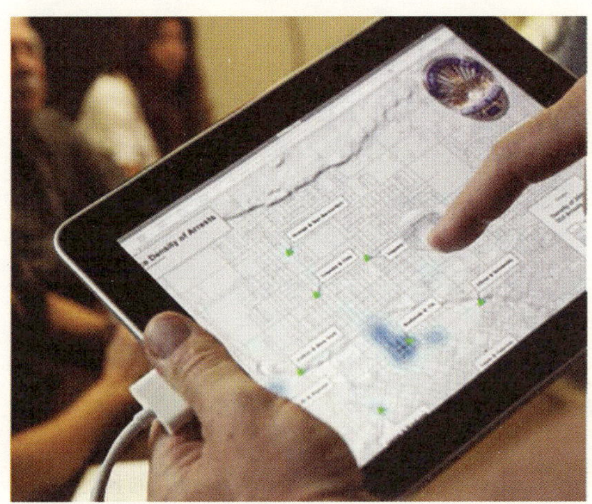

图4-18　拖拽行为
（图片来自http://www.apple.com.cn/ipad/）

在图4-19所示界面中，左右拖动鼠标，便可以旋转服装进行观察。

Windows的小工具中Cpu仪表盘具有形态

图4-19　拖动鼠标可以旋转观察

变化的行为交互，点击缩放按键，仪表盘会放大或者缩小，如图4-20。

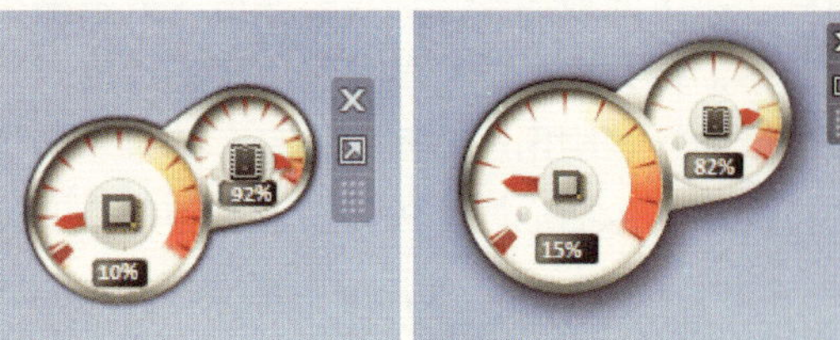

图4-20 缩放行为

4.2 交互设计的原则

同很多设计领域一样，交互设计也有一些基本原则，掌握这些原则可以让设计师的工作少走弯路，设计出用户满意的交互方式。当然，原则的使用要结合实际的情景，不能作为教条生搬硬套。

4.2.1 Affordances（预设用途）

Affordances一词翻译成中文为预设用途或者示能性。这是指物品被人们认为具有的性能以及实际上的性能。人们看到一个杯子就知道它是一个容器，可以盛水，因为它具有一个开口的空间；人们看到一支铅笔，就知道可以握着它书写；人们看到一个旋钮就知道可以扭动它。这些预设用途是用户从人类的生活经验和自身的生活经验学到的，有时也会由于环境的不同而产生偏差。图4-21是为just-mobile为iPad生产的电容笔，这支笔的外形给用户强烈的提示，这就是一支大铅笔，用户不用犹豫就会拿起它在屏幕上进行书写。

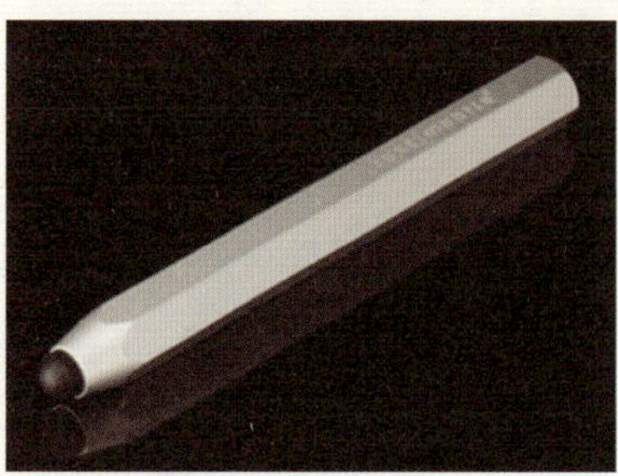

图4-21 电容笔
（图片来自http://www.just-mobile.eu/alupen.html）

在交互界面设计中，这一概念也非常重要。与直接模拟形象的设计方法不同，预设用途主要提供了一种使用界面的线索以及使用界面上某一元素的因果关系，而不只是形象上的相似。界面设计中最常见的预设用途为网页中的链接。蓝色的文字会告诉用户点击这个链接会有新的页面出现，鼠标经过时链接也会显示出下划线进行提示，这样的预设用途大多数用户都会知晓，如图4-22。如果设计师设计了一个蓝色文字而不是链接，会有很多用户在这里产生误解。

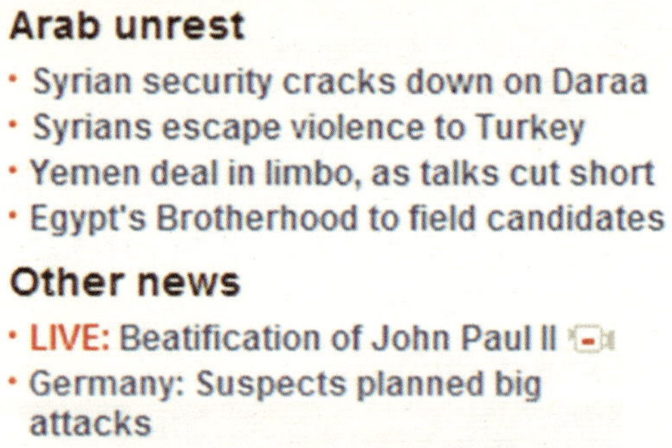

Arab unrest
- Syrian security cracks down on Daraa
- Syrians escape violence to Turkey
- Yemen deal in limbo, as talks cut short
- Egypt's Brotherhood to field candidates

Other news
- LIVE: Beatification of John Paul II
- Germany: Suspects planned big attacks

图4-22 蓝色的链接
（图片来自http://edition.cnn.com）

同样的预设用途还有很多，告诉用户点击就会关闭的“叉子”符号，提示用户输入内容的文本框等。

也有越来越多新的预设用途在界面交互领域出现，今天的用户看到一块屏幕在面前时，会不自主地伸出手指点击屏幕，因为触摸屏的预设用途已经深入人心。苹果公司的产品很多都带有多点触控的功能，用户可以用两个手指在触摸屏幕或者触摸板上做出放大或者缩小的滑动操作。当这种操作被越来越多的用户使用，成为一种风潮后，它也成为针对触屏的一种预设用途。用户见到触摸屏时，会增加一个动作，就是用两个手指头在屏幕上滑动。

4.2.2 控件

控件是预设用途最好的案例。在计算机出现之前的很多年，人类就开始使用一些有固定功能的设备完成特定的任务，这就是界面控件的原型，例如开关、旋钮、把手等，如图4-23。

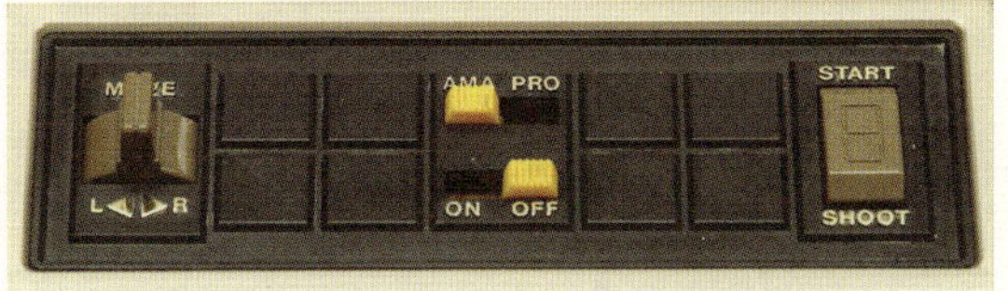

图4-23 控件的原型

控件的作用是完成设定好的操控，按键用来激活或者关闭某个功能；旋钮用来调整在一定范围内的变化；拨动开关用来在两种状态中进行切换。

交互界面中的控件是不可缺少的部分，是用户与系统进行交互的重要工具。几乎每个界面上都会存在各种各样的控件。使用控件的优点如下。

● 容易理解的预设用途。用户不必过多学习就可以直接使用。

● 易于标准化。使用标准控件可以让用户快速地把使用一种界面的经验转移到同类界面中。

● 让界面更简洁。控件可以保持界面的一致性从而从视觉上减轻用户的负担。

(1) 使用控件注意事项

在使用控件时，首先要注意不要在一个页面上放置过多的控件，以免给用户带来困惑，下面是使用控件时要注意的另外几个因素。

● 控制控件的尺寸。控件应该至少有16像素宽，16像素长。如果是使用在触摸设备上，尺寸应当更大，使用户能够方便的使用。控件的尺寸也不应过大，控件是辅助用户操作的元素，过大或者过于复杂的控件会影响整个界面的视觉层级。

● 将核心的控件突出。每个界面上都有核心功能的控件，调整这个控件的尺寸、位置等，让它处于最醒目的位置。图4-24为Picassa软件的界面控件，幻灯片播放与前后翻页是最重要的功能，所以这几个控件处于最醒目的位置。

图4-24 醒目的控件

● 将有关联的控件放在一起，无关联的控件分开，以免产生误解。图4-25中的单选框成为一组，与按钮组件拉开一定的距离，避免视觉上的误导，这种设计也遵循着格式塔视觉原理的接近性原则。

图4-25 控件分组

● 控件的摆放顺序。如果有多个控件出现在界面上，设计师要认真地考虑它们的摆放位置。如果控件来自于现实生活，要考虑到控件原型的摆放习惯，使控件与原型产生映射关系。图4-26中两种播放器UI的控件摆放顺序都参考了现实中的播放设备。

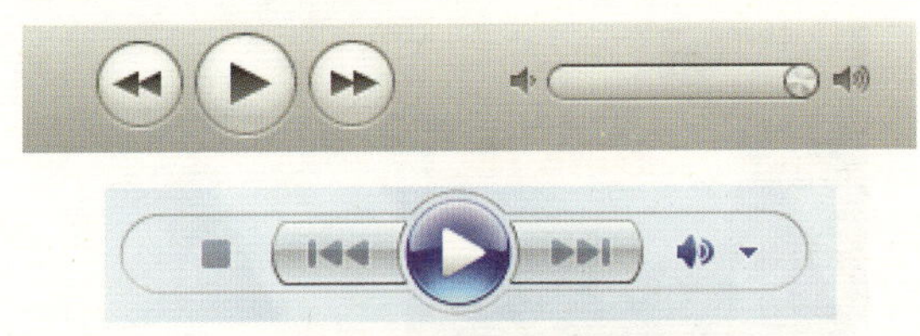

图4-26 播放器UI

如果没有参考实际生活中的原型，一般控件的摆放应当按照操作顺序从左至右，从上至下摆放，如图4-27。像确定、提交一类的按钮会放到流程的最后，避免用户产生误操作。

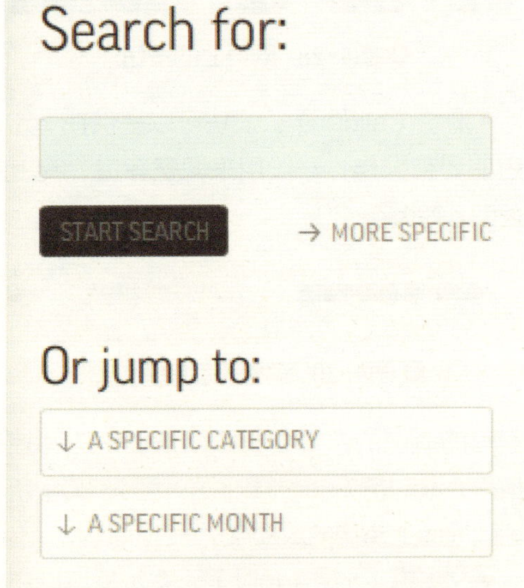

图4-27 按照流程自上而下摆放的控件

(2) 常用控件

控件最早是出现在软件工程领域的概念，控件库是软件设计必不可少的工具。推广至整个交互界面领域，可以把具有固定功能的界面元素都看作控件。

- 按钮（button）。按钮是交互界面中最常用的控件，一个界面上往往会存在几十个按钮。按钮可以完成控制页面状态的转换，也可以控制界面元素做各种动作。在标准化程度要求较高的界面中，例如软件界面和手机界面，按钮的样式较为固定。而在一些网页设计中，按钮的设计往往能够成为吸引眼球的亮点，如图4-28。

图4-28 网页上的按钮

- 滑块（slider）。滑块可以提供在一定范围内的调整操作，一般用来调整音量、亮度或者范围，如图4-29。

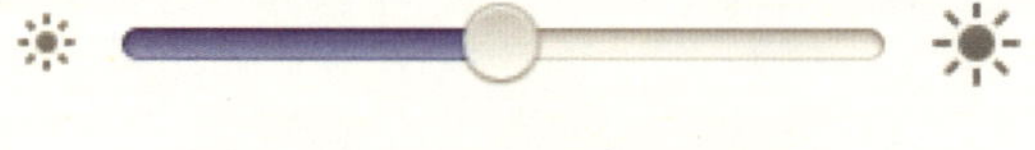

图4-29 调整亮度的滑块

有的滑块的两端会有微调按键，这种控件也被称为滚动条（scroll bar），图4-30中所示为地图界面上常用的滚动条。

- 文本框（text input）。文本框可以提供输入文本的空间，这种控件往往会包含在搜索框或者各种表单中。

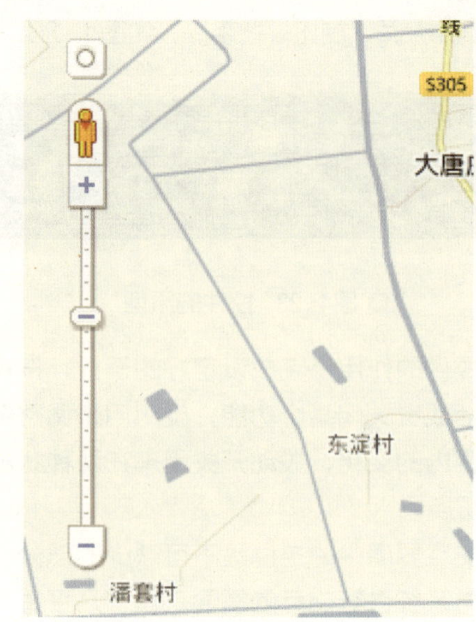

图4-30 地图界面中的滚动条

- 进度条（process bar）。进度条用来表示一个复杂进程进行的程度。图4-31是iPhone使用的标准进度条。进度条也可以做成丰富的图形动画，在下一节中会详细讲解。

图4-31 iPhone中的进度条

其他常用的控件还有下拉菜单、单选框、复选框、搜索框等。

4.2.3 反馈

前文中提到的行人过马路时反复按坏的绿灯按钮是一个反馈不及时的典型案例。反馈是指用户进行操作后交互系统给予的某种提示。如果系统对用户的操控没有反馈或者反馈较慢，可能会招致用户的重复操控动作，整个交互过程就会出现问题，用户的任务会以失败而告终。因此，恰当的反馈是设计师需要用心设计的部分。

(1) 反馈的要点

- 及时性。反馈必须要及时，哪怕耽搁一秒钟也会带来用户的疑惑与不满。试想一下在饭店里招呼服务员的场景，没有服务员理会的感觉是很糟糕的。当顾客有需求时，服务员如果不能立刻服务客户，也要及时地反馈给顾客已经收到了他的请求。这种情景和界面设计里的反馈是一样的。当用户按下一个按钮时，界面上要立刻有所反应，如果这个反应过程时间较长，系统要提供一个进度指示表明系统正在做出反应，如图4-32。

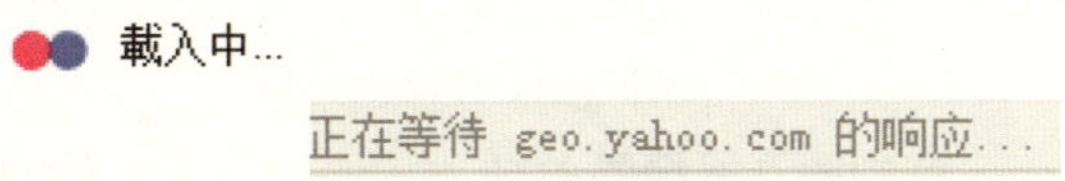

载入中...

正在等待 geo.yahoo.com 的响应...

图4-32　系统的反馈

● 明确性。系统的反馈也必须明确。当系统正在为用户的操控进行处理时，可以提供类似“载入中”，“请稍后”这样的提示；更明确的方式是提供进度条。但当系统中断或者异常终止时，系统必须明确地告诉用户系统已经终止操作或者退出。否则用户会在等待中失去耐心，做出更多错误的操作，如图4-33。

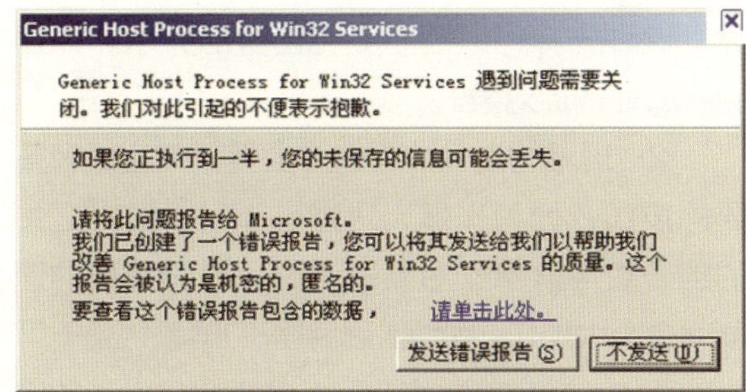

图4-33　进程退出的反馈

(2) 反馈的类型

反馈在整个交互过程中无处不在。没有反馈，用户就无法和交互系统继续交流，不同类型的反馈又都有着各自的特点。

● 悬停反馈。悬停反馈能够指示出光标目前的位置，并能告知光标经过的位置上是否有特别的元素等待进一步操控。在界面中按钮必须设置悬停反馈，否则用户会感觉不到按钮从而失去操控的工具。图4-34是基本的按钮悬停效果。复杂的悬停效果可以给界面增加亮点，提升用户的交互体验。

图4-34　鼠标悬停效果

● 单击反馈。单击反馈是指界面元素在被单击后产生的反应，表明此元素已经被单击，如图4-35。单击反馈在触屏系统中更加重要，因为触屏系统中没有悬停反馈效果。

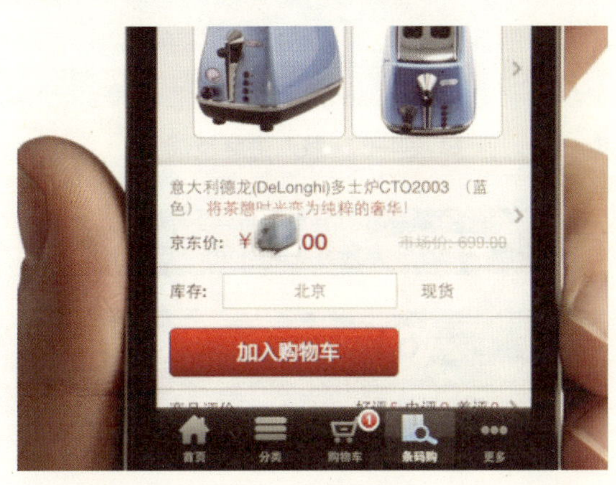

图4-35　单击加入购物车后的动画反馈

● 选中反馈。当元素被选中后，显示出与未选中状态的区别。提示用户已经选中可以进行下一步操控，如图4-36。

图4-36　选中的图片加上边框并升高

● 进度反馈。进度反馈分为确定性反馈与非确定性反馈两种。确定性反馈可以告知用户进程大致的完成的比例。非确定性反馈如上文中图4-32所示。确定性反馈也经常在网页设计的载入显示中使用，如图4-37所示，这个载入动画显示出网页载入的百分比。

● 激活反馈。有些元素特别是控件不应占据页面的重要位置，给这些元素设置动态反馈可以区分它们的激活与非激活状态，在非激活状态下元素尽量消隐在页面中，需要它们时在将其突出。图4-38是苹果网站的搜索栏的非激活与激活状态。

图4-37 载入进度反馈

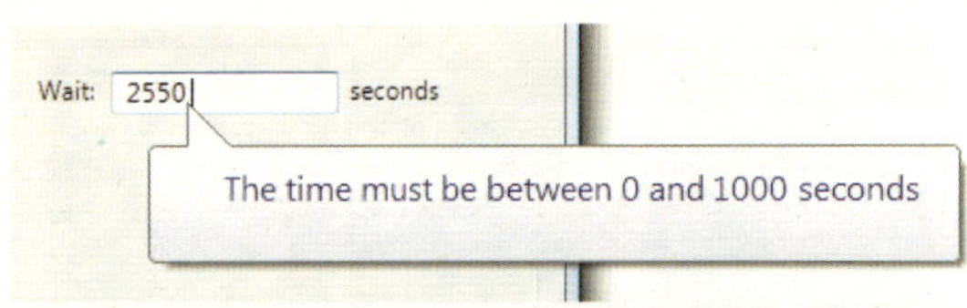

图4-38 激活反馈

4.2.4 错误

错误是交互系统设计中尽量要避免的。在用户进行了错误操作时，系统需要提供错误信息，往往也会伴随着提示音，如图4-39所示。

Wait: 2550 seconds

The time must be between 0 and 1000 seconds

图4-39 提示用户出错

用户可以撤销操作也是需要考虑的，这样用户出错后还有弥补的机会。

用户出错后的错误报告页面也是设计师要考虑的问题，在页面中要提供尽可能准确的信息，并且也可以提供一些有趣的设计缓解用户的焦躁情绪，如图4-40。

图4-40 错误报告页面

4.2.5 费茨定律

费茨定律是保罗·费茨在1954年提出的。该定律指的是：使用指示点击设备到达一个目标的时间同以下两个因素有关：

① 设备当前位置和目标位置的距离（D），距离越长，所用时间越长；

② 目标的大小（S），目标越大，所用时间越短。

该定律可用以下公式表示：

$$t = a + b \log2 (D / S + 1)$$

其中a、b是经验参数，它们依赖于具体的指示点击设备的物理特性，以及操作人员和环境等因素。

费茨定律对界面交互的影响很大，可以从下面几个角度来应用。

① 需要点击的对象要有恰当的大小，例如按钮。从费茨定律可以看出，按钮面积越大，用户越容易点中。因此按钮的面积不能过小，但界面的空间有限，不可能把按钮设计的很大。动态泡泡光标就是基于此难点而产生的概念。这种光标可以动态变化自身的大小，以便更容易地捕捉对象。

② 屏幕的边角非常适合放置菜单栏或者重要的按钮。因为光标无法越过边界，边界之外的部分也应该算作对象的面积，这样捕捉的速度就会大大加快。苹果Mac系统的菜单栏处于屏幕的顶端，非常容易点击到。使用同样设计的还有Google的Chrome浏览器，如图4-41所示。

图4-41 位于顶端的对象容易被捕捉到

图4-42所示的手机界面将可以设置四种常用功能的快捷按键，分别放置在屏幕的四个角，根据费茨定律分析，用户可以很快速地点击到这四个快捷按键。

③ 距离光标点越近的按钮越容易被点击到。以目前的菜单设计为例，右击鼠标弹出的菜单要比到菜单栏中寻找菜单快得多。但目前

图4-42 位于四个角的按键容易被捕捉到

的右键菜单模式也有一些问题，排成列的按钮与光标的距离有远有近，如何设定每个命令的位置是个难题，如图4-43所示。

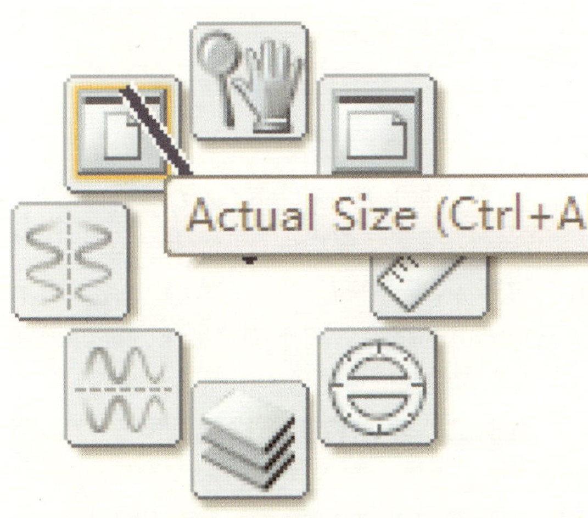

图4-43 软件sketch book中的Pie menu

Pie menu就是解决这一问题的一种菜单设计模式。当用户点击鼠标右键时，右键菜单以分割好的圆形显示，类似切好的馅饼。根据费茨定律分析，光标距离每个命令的距离都是一样的，用户点击每个命令使用的时间也应该是一样的，不会产生次序问题，如图4-44。

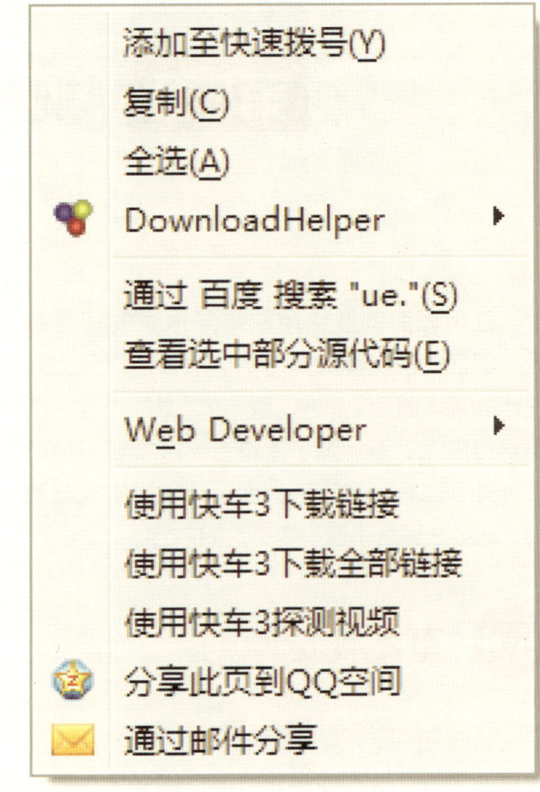

图4-44 右键菜单命令的次序

本章小结

本课内容关注交互界面的交互设计，涉及以下几个方面。

- 交互设计的类型，讲解了用户对界面的操控包括直接操控与间接操控；界面对用户的回应包括状态转化与行为序列等内容。
- 交互设计的原则，讲解了交互中的预设用途，控件的使用，界面的反馈设计，用户出错的情况以及费茨定律在界面中的应用等内容。

第5章 视觉设计

任何界面都要给用户带来愉悦的视觉享受。界面的视觉体现要遵循信息设计以及交互设计的基本原则，即第3章与第4章的内容。在美学原则上，设计除了要符合一般视觉设计的法则外，也有很多交互界面设计独有的视觉法则。这些法则是本课主要讨论的内容。

5.1 基本视觉原则

这部分的视觉原则包括对齐、80/20法则、容易使用等，这些原则可以保证视觉信息传达的准确性与有效性。

5.1.1 对齐

文本内容的位置，可以让其边缘按照普通的行或列对齐，或者让其主体按照一个中心点排列。视觉元素应该以一个或者多个要点对齐，这样能创造出一致性与相符性，增加设计的整体美感，使人觉得清晰舒适。“对齐”也可以带领人去认识一项设计的强大工具。

在分段落的文本中，相对于中间对齐的文本格式，左对齐和右对齐的格式有更强烈的对齐暗示。比起其他对齐方式，左对齐和右对齐的文本格式，能够创作出无形的列，呈现出一种清晰的视觉暗示。相反，中间对齐的文本格式，视觉上的对齐暗示就很模糊，各个要点之间的并列关系不够清楚。

“对齐”能够创造更整齐的版式，让信息传达更加快捷。

案例一：自然引导用户的浏览（图5-1）

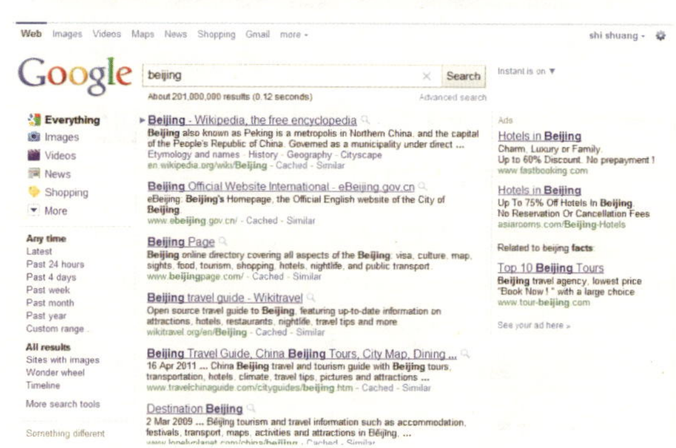

图5-1 google页面的对齐法则

谷歌的搜索结果页面在信息排布上非常讲究“对齐”。左中右三列，分别左对齐，暗示了三条浏览的路径。对于浏览者来说能够跟随这种暗示完成对信息的检索，而不会迷路。

案例二：多内容页面排版（图5-2、图5-3）

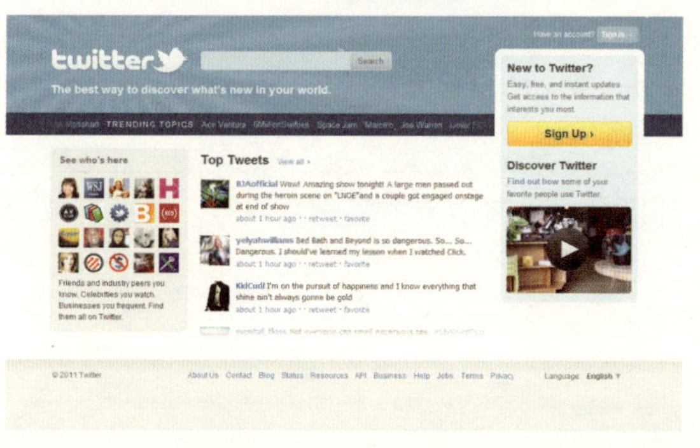

图5-2 Twitter首页

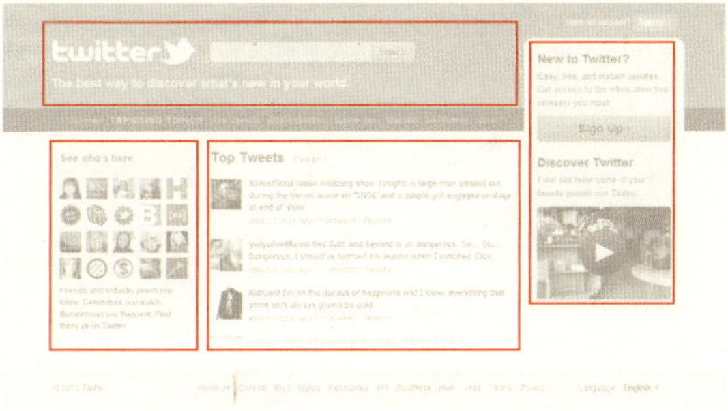

图5-3 Twitter首页的对齐

Twitter首页相对于谷歌的页面来说信息更加复杂，但是用户会感受到信息有次序、有区块地呈现。

四个区域的信息分别采用左对齐，形成了信息分隔，同时页面信息都遵循从左到右的浏览顺序，让浏览者自然过渡到各个区块的阅读。

案例三：注册表单（图5-4）

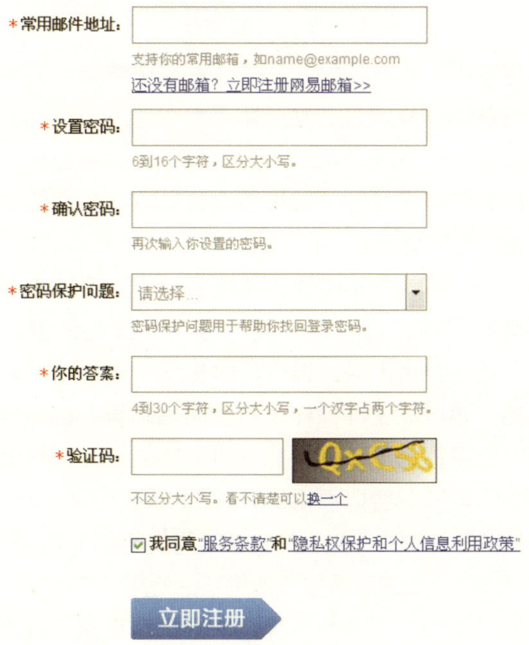

*常用邮件地址：
支持你的常用邮箱，如name@example.com
还没有邮箱？立即注册网易邮箱>>
*设置密码：
6到16个字符，区分大小写。
*确认密码：
再次输入你设置的密码。
*密码保护问题：
请选择...
密码保护问题用于帮助你找回登录密码。
*你的答案：
4到30个字符，区分大小写，一个汉字占两个字符。
*验证码：
不区分大小写。看不清楚可以换一个
我同意"服务条款"和"隐私权保护和个人信息利用政策"
立即注册

图5-4 表单的对齐

初学者经常将填写项名称（常用邮箱地址、设置密码……）右对齐，而在现实中，用户的光标一直在输入框中移动，所以正确的做法是将填写项名称右对齐，输入框左对齐。这样的做法就形成了一条视觉暗示的线，暗示用户从上到下完成表单填写。

5.1.2 80/20法则

在一切大系统中，大约80%的效果是由20%的变量造成的。一切的大系统，包括经济、管理、用户界面、品质监控和工程。例如：

80%的产品，只使用20%的功能；

80%的受益，来自于20%的产品；

80%的进步，来自于20%的努力……

80/20法则，对集中资源有很大的帮助。它可以提高设计的效率。比如，一个产品，设计师用的是它关键的20%的功能，那么设计师就应该把80%的时间、设计和测试资源都用在这些功能上面。设计中的元素是有主次之分的。设计师可以利用80/20法则来评估系统元素之间的价值，并做出更加优化的决策。

案例一：线框图对视觉设计的重要性

产品UI界面设计不是灵感突现，而是理性雕琢。在设计师开展华丽的视觉设计之前，界面的线框图对整个设计尤为重要。不论是网页设计还是客户端设计，线框图将界面中的各个元素进行了规范，对信息的主次程度进行了区分，对界面的主次区域进行了划分。

图5-5（a）是一款播放器的线框图，应该说是高保真线框图。它将UI界面的功能区域、各个元素的大小及相对位置都进行了描述。在色彩和质感上采用灰度，不做任何情感雕琢。在线框图阶段，着重对交互设计进行评估和迭代。

1. WIREFRAME - Drawer Closed
Movie Subtitles
NOTES HERE
SAVE

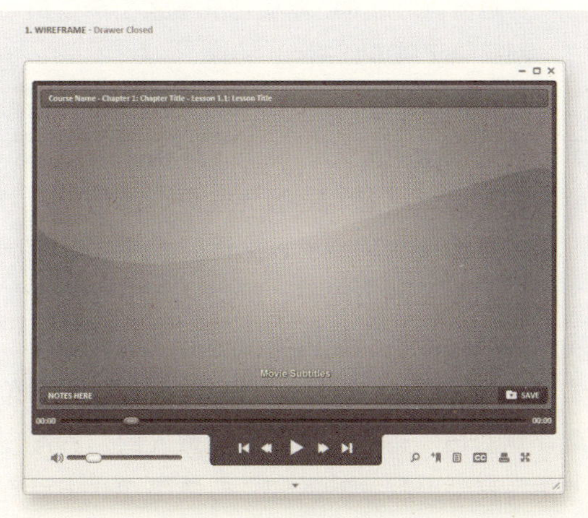

图5-5（a） 播放器线框设计图

图5-5（b）是这款播放器的默认界面视觉设计。整体窗口采用深黑色，45°光源，中间视频待机界面为紫色，整体配色方案将媒体播放器的科技感和娱乐感烘托了出来，赋予了线框图很强的生命力和品牌感。

图5-5（b） 播放器视觉设计图

值得一提的是，很多设计师在做界面设计的时候，都是从头画到尾，没有全局观念，画到哪里算哪里，造成界面元素没有逻辑，也使得最终的UI设计方案沦为皮肤设计方案，失去了产品设计的价值。在这个案例中，线框图扮演了20%的决定因素，它的详细程度，决定了整个产品设计的成败。

案例二：突出常用和主要功能

谷歌chrome浏览器和它的搜索引擎首页一样，都采用了80/20法则。

在功能设计上，chrome针对浏览行为进行了分析，在UI界面的设计上，保留了浏览网页常用的前进、后退、刷新、主页、设置以及地址栏（兼备搜索功能），这让整个界面非常简洁易用。对于高级用户，可以选择设置，添加插件。谷歌搜索引擎首页，经历了这么多年，依旧是将搜索框放置在页面中间最重要的位置。框的右侧有高级搜索的设置入口。界面左上角有其他产品线的入口。总体来说，设计通过强调20%的元素达到强调搜索的目的，如图5-6。

图5-6 Google首页

5.1.3 容易使用

设计出的东西和环境应该无需改变就能使用，并且能给越多人使用越好。

“容易使用”法则——设计应该不需要特别的适应或改变，就可以给不同能力的人使用。这种设计有四个特点：感官性、操作性、简易性和回旋性。

① 所谓感官性，就是要每个人，不管他具有怎样的感官能力，都能理解这个设计。提高感官性的基本方法是：用重复编码的方式给出信息；使其他感官技术与之兼容，提供协助；控制板与信息的位置设置要让站立、坐着的人都容易使用。

② 所谓操作性，就是每个人，不论身体状况如何，都可以使用。提高操作性的基本方法：最大限度地减少重复操作，减少体力消耗；通过把正确操作设置得明白易懂、把错误操作设置为无效，使控制更加容易；使与其他操作方式兼容以便协助；控制板与信息的位置设置要让站立、坐着的人都容易使用。

③ 所谓简易性，就是不论使用者的经验、读写能力、注意力怎样，使用都很容易。提高简易性的基本方法是：去掉复杂的操作；采用清晰、一致的代码、标示控制、操作模式；用“渐进展开”的方式提供相关的信息和控制；为所有操作步骤提供清晰的提示和反馈；确保文字简单易懂，适合不同文化程度。

④ 所谓回旋性，就是使错误及其导致的后果最小化。提高回旋性的基本方法是：把正确操作设置得明白易懂，把错误操作设置为无

效，以防止错误发生；设置确认和警告来减少错误的发生；增加可撤销功能和安全网，以使错误造成的后果最小化。

案例一：多种输入途径

在产品的输入环节提供多种输入途径，能够让更广泛的人群来使用产品。搜索引擎百度的首页，提供了手写输入，旨在方便那些不会使用键盘输入的人们也能够使用搜索引擎，如图5-7。

图5-7 多种输入途径

案例二：错误提示

这里再次提到了错误提示。基于PHP技术的错误提示，能够在用户输入完毕离开输入框的时候进行纠错提醒，让用户及时修改当前输入的信息，而不至于在整个表单输入完之后才发现错了很多，如图5-8。

邮箱 此邮箱已注册过了，直接登录吧！

blueui@vip.qq.com

密码 请填写密码

图5-8 错误提示

在设计填写表单的时候，要注意给提示信息留下显示的空间。以下是另外一种设计的方案。错误提示信息显示在输入框的右侧，并以气泡的方式箭头指向。而输入提示信息则显示在输入框下方，在用户输入的时候就可以看到，用来预防出错，如图5-9。

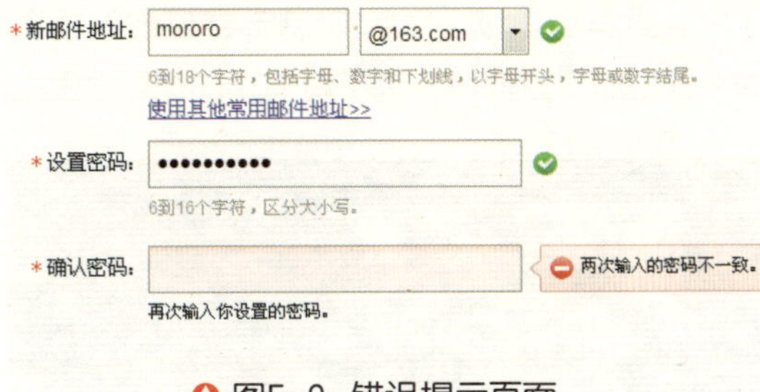

图5-9 错误提示页面

5.1.4 美观实用效应

美观实用效应描述了这样一个现象：人们会认为美观的设计更实用。许多实验都证实了这个效应，这对于设计的接受、使用和表现具有重要的启示。

好用但不美观的设计，接受度往往不高，也就谈不到是否实用了。这些偏见及其带来的一系列后续反应是很难改变的。

美学在设计使用上起到了重要作用。美观的设计更能促进正面态度的形成，而且人们会更愿意容忍美观设计的缺陷。

设计师要永远追求美观的设计。人们认为美观的设计更实用，所以更容易接受，美观的设计也就更常用到。美观的设计能够激发创意、解决问题、促进人与设计建立正面关系，使人更能容忍设计的缺陷。

案例一：品质对人们心理的影响

随着互联网技术的高速发展，信息文件大小传输不再影响效率。以前在进行网页设计的时候，必须对图片的品质进行压缩，有时候为了减少文件大小，不惜让视觉品质降低。而今，视觉品质已经成为用户体验的一部分，尤其是在视频图片网站。百度旗下的高清视频网站奇艺，专注高品质的视频播放业务，为新时期的视频服务带来了良好的口碑。在网站设计上，顶部大图更能有效传达高品质优秀画质的服务特征，如图5-10。

不仅仅在视觉上，听觉上的品质也能影响用户对服务的感受。在音频下载服务中，提供无损音质的文件已经成为视听网站必备的服务，如图5-11。

同样，设计师对于视觉品质高的广告更加

信任，更有点击欲望。对视觉丰富且设计精美的专题更加愿意停留，甚至传播，如图5-12。

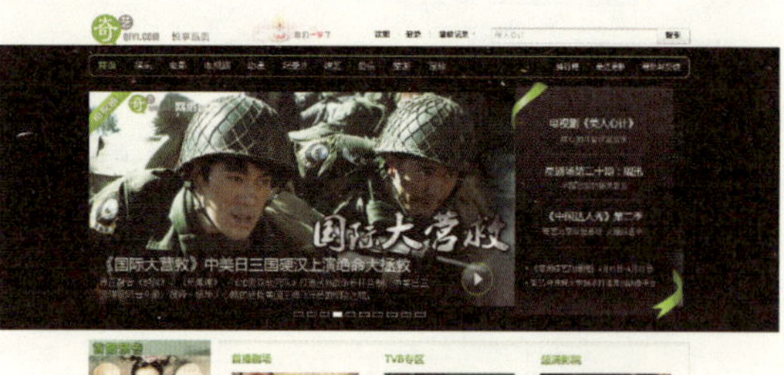

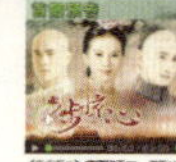

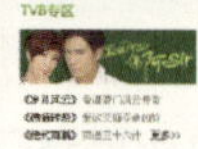

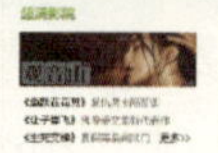

图5-10 奇艺网首页

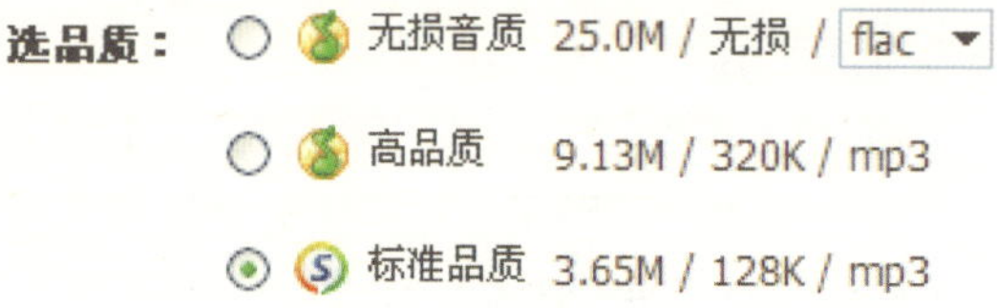

选品质：
无损音质 25.0M / 无损 / flac
高品质 9.13M / 320K / mp3
标准品质 3.65M / 128K / mp3

图5-11 声音品质选项

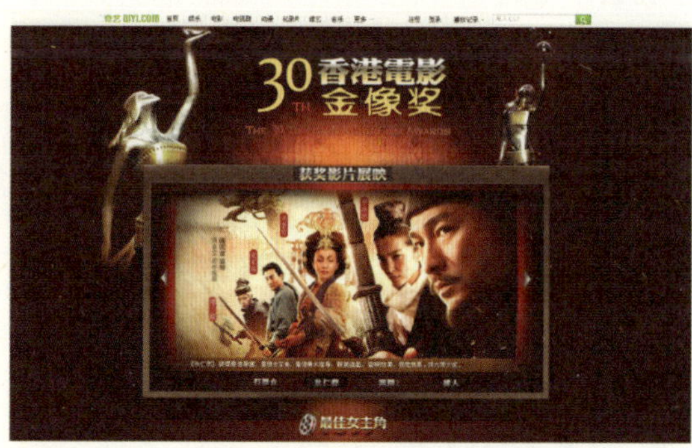

图5-12 精美的页面

案例二：苹果和它的粉丝们

苹果公司每次新的硬件发布都会修复之前版本的不足，同时增强性能。而这些升级恰恰是之前版本的不足，但是粉丝早已被精良的产品设计以及产品运营所迷惑，他们为产品欢呼，容忍了所有的缺陷。

苹果的成功不仅仅在于它的实力，也有对美观实用效应法则的运用。所以当设计师在做设计方案、哪怕是设计草案的时候，都需要注意每一个细节，它们会带给受众对用户的评价。做好每一次设计，比做大量设计更重要，如图5-13。

iPhone 4
This changes everything. Again.

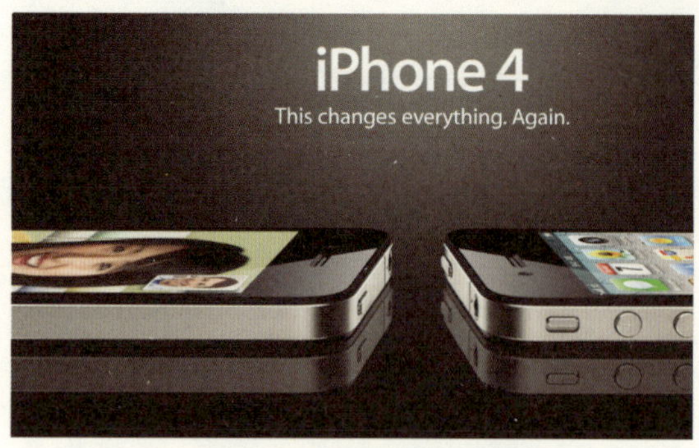

图5-13 苹果iPhone4页面

5.1.5 功能可见性

这一原则是预设用途在视觉设计中的体现。物品或环境的某些功能比其他功能更具有可见性。比如圆的轮子比方的更容易滚动，因此滚动体现了圆形轮子的功能可见性。

普通常见的物件用在界面设计当中，可以暗示与现实一样的操作。例如凸起立体的按钮暗示人们可以点击，这与设计师印象中实际的按钮是一致的。电脑操作系统以及一些硬件系统中经常使用现实中常见的物件来完成对概念的传达，如图5-14。

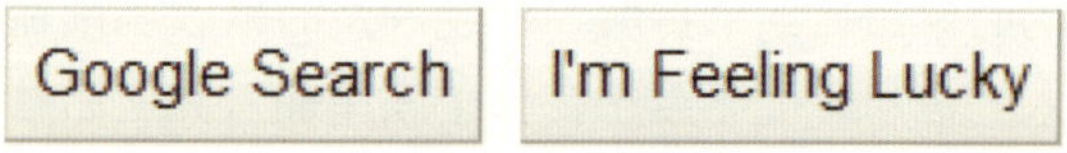

Google Search
I'm Feeling Lucky

图5-14 按钮

设置图标，借用了机械内部的齿轮，来表明对产品内部的管理；文件夹，借用了现实中的文件夹；垃圾桶更加写实；扫描热点，表明能够通过该功能发现网络接入；时间借用了钟表的外观；电量借用了电池。上面的图标都更多的借鉴了现实中物体的功能，从而很好地传达了系统中的功能，如图5-15。

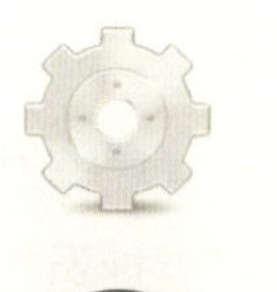

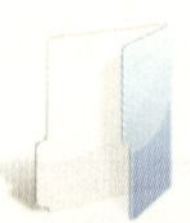

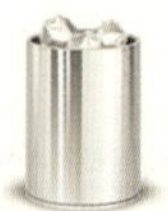

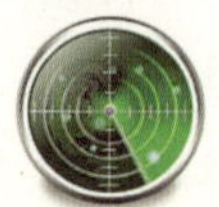

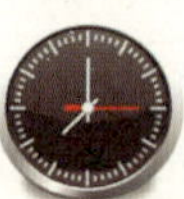

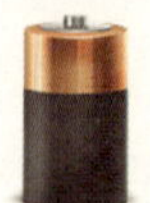

图5-15 图标设计

设计软件的工具栏图标设计也使用了“功能可见性”原则。字体、橡皮擦、拖拽、吸管、放大、修补……大部分工具表意非常直接，即便是初学者也能马上理解和使用，如图5-16。

图5-16 功能图标

在移动APP的启动图标设计中，表意也非常重要。用户需要通过启动图标第一时间传达出应用服务，当然有些公司是用启动图标来传达品牌（其品牌已经代表了他们提供的服务）。图5-17的启动图标好像一个记事簿，传达出了应用在现实生活中扮演的角色，很容易让用户联想到纸质的记事本。图5-18一看就知道与报纸有关。这是一款报纸阅读客户端。

图5-17 记事簿图标 图5-18 报纸应用图标

5.1.6 条件反射

把某一刺激和某种身体或者情感的反应联系起来的一种技巧。

条件反射是行为心理学家首先要学的内容。工作人员发现，他们一进实验室，实验室的狗就会流口水。因为实验室的工作人员经常喂狗，于是他们的出现就与食物联系起来。因此，工作人员会诱发与食物一样的反应。条件反射经常用于训练动物，但是也可以用来营销与广告。在产品的界面设计上使用条件反射原则，例如把产品或服务与吸引人的影响或者味道联系起来。图5-19所示的饮料设计采用了味道对应的果实，色彩与外形共同诱发人们的味蕾。图5-20所示的饮料包装设计利用了罐体渗透出的果汁的色彩作为背景，手绘的水果作为插画，将用户的口水全盘诱出。

图5-19 诱人的包装设计

图5-20 手绘插画包装设计

在专题网站设计中，利用素材来营造氛围也非常重要。例如中国年到来的时候，红色象征着年味，促销专题就都会往红色上靠拢。有时候还会增加红灯笼和烟花爆竹，如图5-21。

图5-21 专题网页设计

最近流行的拟物化设计也是利用条件反射的原则，营造出显示中的真实场景，拉近了用户和应用程序的距离，延续用户在现实中的感受。图5- 22是iBook的应用界面，主界面是书架，阅读模式下翻页的效果都跟真实的书籍一样。使用过程中用户可以感受到与现实中读书相同的味道。

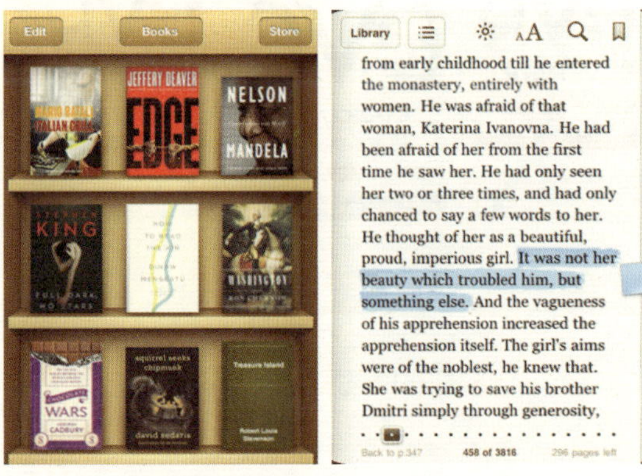

图5-22 iBook界面设计

图5- 23是garageband的iPad版本截屏，利用了吉他的真实效果来做界面的基础。方便

图5-23 音乐软件界面设计

人们与真实的设备进行呼应。此时用户与iPad更加融合，因为用户更像是在使用一台更高级的吉他。

5.1.7 颜色

在设计上，颜色用来吸引注意、集合元素、表达涵义以及增加美感。

颜色能赋予设计更多的视觉乐趣和美感，并且可以加强设计元素的组织和意义。如果用得不好，颜色也会严重损害设计的外形和功能。下面是使用颜色的一些常用指导原则。

(1) 颜色的数目

使用颜色的数目要尽可能的少。一个设计作品，一眼扫过去，所能接受的颜色数目要尽可能的少。因为大多数人的颜色视觉是有限的，不要把颜色当作信息表达的唯一途径。

图5- 24 百度知道的网页设计。绿色作为导航色，将整个页面的品牌色传达出来，但并不是需要将页面各个地方都设计成绿色。相反，在信息传达上，页面内容区更加注重对问题、分类等信息的传达，95%的链接色都是蓝色，很好的将可点击文字链接进行了呈现。在网页设计中，链接的色相应该以一个色相为主，其他色相为辅，最多不超过三个。

图5-24 百度知道网页设计

(2) 颜色的组合

为使颜色的组合达到美观，可以利用色环上的色彩（相似色）、色环上相反的颜色（辅色）、色环中对称多边形角上的颜色（三角形和正方形）和大自然中的色彩组合。作为设计

师，用户的身边一定要时刻有如图5-25这样的一个色盘，甚至比这个更加丰富的色谱。方便用户从中选取适当的颜色。

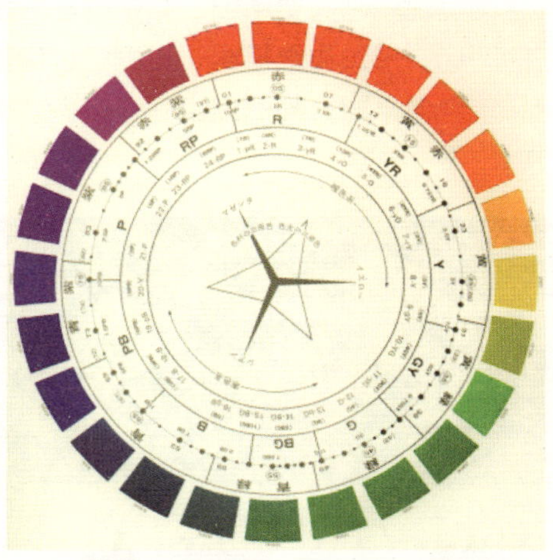

图5-25 色盘

图5-26所示的网站，利用暗红色的高雅配上黄色、橙黄、紫色作为辅助色，将音乐录制比赛的盛典推向高潮。

图5-26 网页配色
（图片来自http://www.karaoke-club.ru/）

(3) 彩度

如果色彩的主要目的是吸引注意力，可以利用饱和色（纯色）；如果效果和效率是主要目的，则利用去饱和度的色彩。

通常，运用去饱和度、明亮的色彩，会使人感觉友善，而专业。

去饱和度、暗沉的色彩，会使人感觉严肃而又专业。

饱和色会使人感觉有趣味、有活力。

需要注意的是，饱和色在视觉上会互相冲突，增加眼睛疲劳感。

图5-27采用了饱和色橙色和黄色，着重强调趣味感、有活力。为了缓解视觉疲劳，在整个页面的设计上，背景色采用了做旧的色彩与质感。

图5-27 彩度的选择

色彩在应用上还有很多学问，要想将色彩应用自如，必须多观察多练习。互联网上也提供了很多选择以及配色练习的网站，例如adobe推出的kuler、colorschemedesigner等。图5-28是colorschemedesigner网站截图，该网站提供了单色、同类色、对比色、三色及四色等不同的配色工具，还设置有配色预览功能。

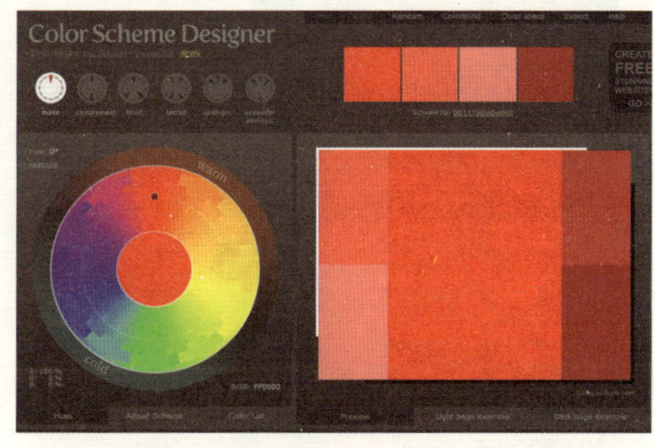

图5-28 配色网站
（图片来自colorschemedesigner.com）

5.1.8 像素

“像素”（Pixel）是由 Picture（图像）和 Element（元素）这两个单词的字母所组成的，是用来计算数码影像的一种单位，如同摄影的相片一样，数码影像也具有连续性的浓淡阶调，设计师若把影像放大数倍，会发现这些连续色调其实是由许多色彩相近的小方点所组成，这些小方点就是构成影像的最小单位“像素”（Pixel）。这种最小的图形的单元能在屏幕上显示通常是单个的染色点。越高位的像素，其拥有的色板也就越丰富，越能表达颜色的真实感。像素化设计广泛应用在网页设计和界面设计。用来衡量设计的品质。图5-29是iOS系统的控件在界面中的展现。下边沿的白色高光和上边沿的内阴影，让按钮看起来凹凸有秩，非常有层次的界面设计。同样在图5-30的日历应用中，方块的边缘被像素处理后边缘清晰，效果图显示光源是从右上方打过来的。

图5-29 iOS界面中的像素

图5-30 iOS应用程序界面中的像素

图标设计是应用像素设计最多的地方：清晰锐利的图标边缘可以让图标在UI界面中更加清晰的展现给用户。图5-31图标尺寸的越小对与信息的呈现就越需要精细。图中的左侧是未修正的图标，形象边缘模糊。右侧经过像素修正后，形象各个部分都清晰锐利，视觉感受品质极高。

图5-31 图标设计

以像素为单位的视觉设计，还体现在内容的横纵向间距、比例尺寸、对齐关系等等，做界面设计就好像做建筑物，分毫不能差，否则页面就会出现不平衡的感觉。

5.2 视觉关系原则

本书中所涉及的视觉设计原则着重关注视觉元素之间的关系，研究视觉元素呈现中的内在逻辑以帮助用户更好地理解信息。

5.2.1 图形-背景关系

“图形-背景关系”是格式塔感知原理中的一项。这项法则认为，人类的感知系统会把刺激分为“图形元素”和“背景元素”。图形元素就是焦点物，背景元素就是其余没有明确特征的背景。

设计中要把图形和背景区分清楚，以便让焦点集中、尽量避免认知混乱。使用上面列出的视觉暗示，确保设计中稳定的图形-背景关系。把作品中的重要元素作为图形，以此增加人们回想起的可能性。

什么是图形，什么是背景呢？

- 图形有明确的形状，而背景没有；
- 背景在图形后面延续；
- 图形似乎离设计师较近，在空间中有明确的位置；背景似乎离设计师较远，在空间中没有明确的位置；
- 在地平线以下的被视为图形，在地平线以上的被视为背景；
- 靠下面区域的一般被看作图形；靠近上面区域的一般被视为背景。

图5-32中所展示的一辆车，给车增加一个深远的背景，增加了车与环境的互动，同时让车更加拥有生命感。在这个广告中车被强调，而背景给予了车的生命。

图5-32　汽车广告中的图底关系

图5-33产品的吉祥物成为了宣传的主角。接近补色的搭配让角色更加突出，同时背景热闹的人群将信赖感深入表达出来。

图5-33　网站banner中的图底关系（一）

图5-34中的banner展现了丰富的图标设计服务。图形蔓延到背景中去，背景烘托出了图形的科技感与神秘感。

图5-35 iOS设备例如iPhone的首屏的UI设计很好地处理了应用程序和背景的关系。突出了应用程序，而且满足了用户的个性化。在UI界面设计中，图形-背景的关系非常重要，避免UI界面没有主次。

图5-34　网站banner中的图底关系（二）

图5-35　iOS界面中的图底关系

5.2.2 一致性

相似的部分用相似的方法来表现，系统会更好用。

对于用户体验来说，在一个系统中，相似的部分使用相似的方法是对用户使用习惯的尊重和再利用，能够让用户更好的学习，减少用户学习的成本。“一致性”可以让人高效地把知识转到新背景，更快的学习新事物，并且关注到工作的相关方面。一致性分为四种：美观、功能、内部和外部。设计师更应重视其中的美观的一致性。

美观的一致性指的是风格、外观的统一。如公司的标识使用一致的字体、颜色和图案。美观一致性会加强辨识度，强化统一性，增强品牌影响力，建立情感上的期待。图5-36以奔

图5-36　奔驰汽车的标准前脸

驰汽车为例，该公司一直把奔驰的标识醒目的放置在车头。这个标识变得与品质与身份地位有关，长此以往传达给人们崇拜与欣赏。

图5- 37显示的苹果iPod系列产品，在产品外观的设计中，圆角矩形和圆控制面板的应用组合，衍生了四款产品。从低端到高端，外观上的继承也是对用户使用习惯的继承。

iPod shuffle

iPod nano

iPod classic

iPod touch

图5-37 四种不同的iPod

图5- 38苹果广告字体Myriad Pro在所有的广告页面场合出现，其优雅的细节、亲和力的圆角、粗体与细体的排版结合成为苹果广告画面的一个重要基因。同时苹果的这几个产品宣传banner在留白和构图技巧上也有高度的一致，这也让广告的品位保持了绝对的一致。

图5-38 苹果首页广告

很多大公司的网站由于子产品非常丰富，他们需要统一这些产品线。每家公司的策略大体是一致的。在网页产品中大部分的做法是一级框架的高度一致（页面头部，甚至导航的位置）图5- 39是百度公司子产品页面顶部的设计，除了少数产品的链接蓝色稍有不同，其他基本一致。这样人们在百度的产品页面跳转中时刻知道所处的位置。细心的同学可以尝试研究内容门户网站在一致性设计中的策略。例如新浪、搜狐、腾讯他们在门户一致性上是如何做到的。

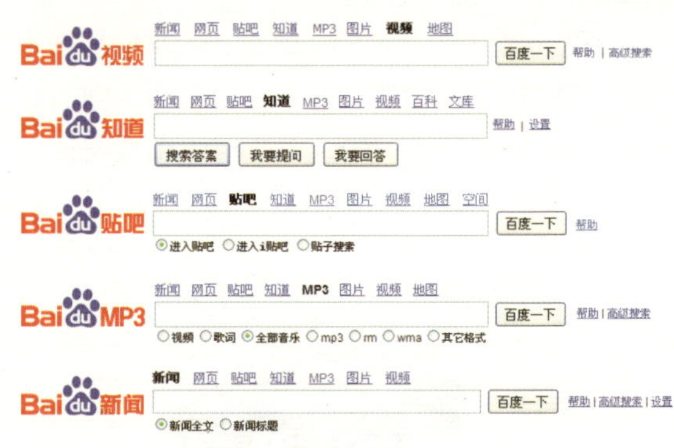

图5-39 百度栏目的一致性

5.2.3 强调

把注意力带到一个文字或图像区域的许技巧。通常设计师需要使用这个手段来把用户的注意力带到设计师希望用户看到的信息上。但是如果使用不当，“强调”就会失去作用，使得相应的区域造成负面影响。

强调是相对而言的，如果整个区域的许多元素都需要强调，那就不适用于强调原则了。

强调的做法是与大部分保持差异。也就是整个设计的少数地方做了差异化设计，使得要强调的元素与其他或者背景都不一样。图5- 40标题需要突出强调，所以使用了大字号同时加粗的字体样式。这种样式相对于大面积的段落文字样式就是一种高度的强调。

图5- 41为了强调一个名人的观点，将该区域做了框和底纹。对于阅读而言，用户会将这段话作为整体来加深印象。

Desktop Wallpaper Calendar: May 2011

We always try our best to challenge your artistic abilities and produce some interesting, beautiful and creative artwork. And as designers we usually turn to different sources of inspiration. As a matter of fact, we've discovered the best one — desktop wallpapers that are a little more distinctive than the usual crowd. This creativity mission has been going on for almost two years now, and we are very thankful to all designers who have contributed and are still diligently contributing each month.

图5-40 文字强调

I want to close out with this quote from Google, the company that invented the original auto-suggest design pattern, which clearly inspired my tap-ahead design:

"At Google, we often think that speed is the forgotten 'killer application' — the ingredient that can differentiate winners from the rest. We know that the faster we deliver results, the more useful people find our service."

— Matt Brittin, Managing Director, UK & Ireland Operations, Google

I hope that you find the Tap-Ahead design pattern useful in improving the speed and responsiveness of your own auto-suggest mobile interface and that Tap-Ahead contributes to further experimentation and evolution of search design patterns. For more mobile search design ideas, check out my book, "Designing Search: UX Strategies for Ecommerce Success" currently available for pre-order from Wiley and Amazon.com.

图5-41 段落强调

颜色是强调的常用手段。但切忌不要滥用，否则用户的作品就会五颜六色，用户根本不知道看哪个地方。图5-42中的导航列表，顶部标题采用了图标强调，同时标题的字号很大并且加粗。在子项列表中，三个条目通过色彩的不同被强调。试想，如果这个子项列表用了五种或者六种颜色会如何呢?

Interact

About

Contact

Regular Authors

Become an Author

Publishing Policy

Smashing Newsletter

Follow us on Twitter

Subscribe to RSS-Feed

Join us on Facebook

Noupe Design Blog

Design Informer

图5-42 使用颜色强调

有时候动态的元素是被强调的。人们对动态的东西会产生更加强烈的关注度。如果在一个页面中，放置动态的广告banner，那么人们会下意识的关注。让元素在两种状态中来回闪烁，是吸引注意力的强有力方法。使用这种方法的技巧是，闪烁限制在重要的信息。图5-43掌上百度的gif动态广告，通过切换热门新闻词与广告语，希望用户能在两者之间产生联系。强调产品特点，也同时希望关注新闻的用户能够使用掌上百度。

图5-43 动态强调

5.2.4 图像符号

图像符号是利用图像，来诠释展现要表达的行为、物体和概念，使之更容易发现、辨认、学习和记忆。设计师日常生活中到处都可以看到图像符号的设计，公司的标识、商场指示牌、操作系统工具条……图像符号帮助降低设计效能负载、节省显示区域与控制区域、让标识与控制在各文化中都能容易理解。总的来说，图像符号包括四种：相似、举例、象征和强制。

(1) 相似符号

利用视觉上相似的图像，指出行为、物体或者概念。这种图像表示的方法最为有效。如果遇到复杂程度增加，这种做法就不合适了。而且这种做法也无法表达抽象的概念，例如减速。图5-44中的棒球、轮滑、滑板、垃圾桶都使用了相似的行为来代表需要表达的内容。奥运会体育项目的图标更多采用的是相似符号。相思符号更具有广泛的认知和传播性，在创意方面，注重符号线条的创新，而非动作上的重构。

(2) 举例符号

用经常与行为、物体或者概念相关的实物图像为例。这种手法可以表现复杂的行为、物体或者概念。

图5-44 相似符号

例如图5-45中设计师可以使用一个飞机的图形来表达机场这种复杂的建筑群，设计师也可以用刀叉来表达餐饮场所，一个行李箱象征行李寄存地，一个灭火器来表达消防器材所在地。

图5-45 举例符号

图5-46中的照相机图标表示的拍照功能，而非照相机。照相机图形与拍照有着直接的关系，所以用它来表示拍照功能非常恰当。

(3) 象征符号

象征符号是用图像代表抽象的行为、物体或者概念。如果行为、物体或概念与常见的、容易辨认的物体有关，采用象征符号最为有效。象征符号与举例符号的区别在于，前者

图5-46 作为举例符号的相机图标

不会在操作中用到，后者的图形是在实际中出现、并被用到的。图5-47中右侧的漏斗图标，表示的操作功能是筛选、过滤。通过这个功能可以对结果进行筛选呈现。这种抽象的功能，正好跟现实生活中的漏斗有相似的作用。

图5-47 象征符号——漏斗

图5-48在UI界面中，齿轮可以表示“设置”。设置本身无法用形表示，所以可以找一个象征物来代为表示，而不是在操作中真有齿轮。

图5-48 象征符号——齿轮

(4) 强制符号

强制符号就是用与行为、物体或概念无关的图像来表达，必须通过学习才能了解。一般来说，强制符号只能用在跨文化交流或长期使用的行业标准上。图5-49展现了医疗、回收、停车场、停机场的图标。它们在各个国家都是通用的。例如几乎所有的人都知道红色十字符号代表医院。

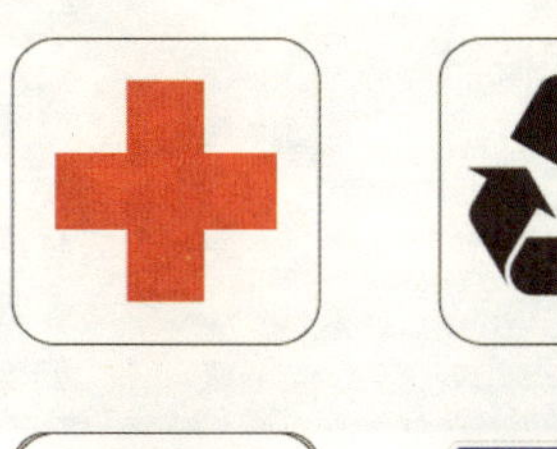

图5-49 几种强制符号

图像符号在UI界面设计当中尤为重要，它可以让界面留出更多的空间给信息，让界面容纳更多的操作。图5-50是一个twitter客户端，界面中使用了大量的图标，针对单个联系人的回复、转发、收藏、设置、查看，针对全局的信息、关注、私信、收藏、搜索。这些功能和内容都能容纳在一个界面而不拥挤，且传达准确，都是图标的作用。

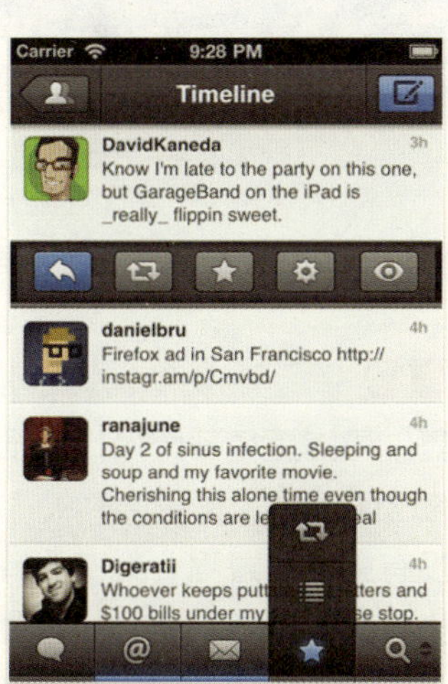

图5-50 界面上的符号

5.2.5 干扰效应

干扰效应是指大脑同时处理多个问题的时候，会出现思考放慢且不准确或者错误的现象。当两种或者两种以上的感官或认知过程发生冲突的时候，就会产生干扰效应。

设计过程中要预防干扰，避免让思维冲突。举一个例子，中国市场的财经图，绿色代表股指跌，红色代表股指涨。而在美国则恰恰相反，红色代表股指跌，绿色代表股指涨。谷歌迎合了地域文化，让人们避免造成错误解读。图5-51是谷歌财经中国区和国际区的界面截图，同是上涨的股票，采用了不同的颜色。如果用户是中国用户，访问com版的财经，经常会因为色彩而弄不清楚涨跌情况。

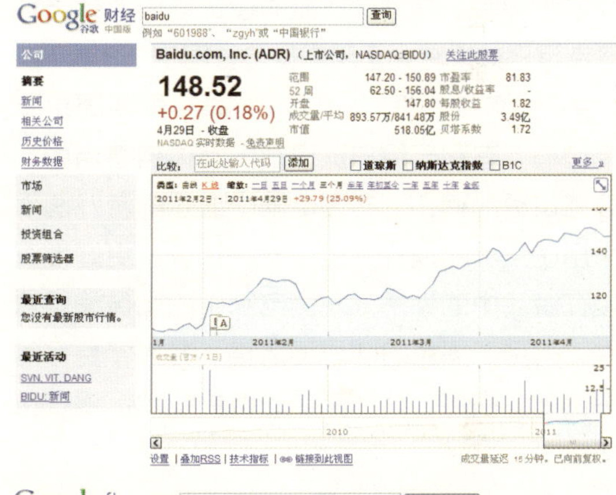

图5-51 Google使用的不同色彩

如果文案内容与本身表意相差太远，也会让人的认识犯错，甚至怀疑所看到的。图5-52红色使用的蓝色，而绿色使用的是橙色，用户看到这样的信息会感觉很不舒服。在页面设计中，如果需要信息提示，一定要注意色彩和样式的选择，警示类提示要醒目而且要有足够的警示，一般采用红色，而提示类的信息不要那么警示，选用浅橙色、浅绿色或者浅灰色等等。

红色　绿色

图5-52　色彩干扰

5.2.6 沉浸

沉浸就是一种极度的专注，甚至丧失对周围真实世界的感受，这种情况通常由喜悦或满足感引起。沉浸的情况发生在很多场合，比如工作中、游戏中、作画中、看书中、电影院播放电影等等。在某些产品的设计当中，适当地营造沉浸效果有利于用户体验。图5- 53展示的苹果MAC台式机，这款电脑的屏幕四周是黑色边框，有利于用户沉浸在多媒体信息当中，忽略设备的存在。右侧电脑中显示的游戏画面采用了全屏的模式，也是一种让玩家更好地沉浸在游戏中的做法。左侧电脑中的图像编辑软件，采用了黑色的UI界面风格，是为了更好的突出图像内容，让图片处理者更好地沉浸在工作当中。

图5-53　配有黑框的苹果电脑

图5- 54是在展览展示的设计中，聚光灯能够营造很好的沉浸氛围，突出产品，让人们专心欣赏产品，下次参加展览的时候，可以注意观察下。

图5-54　展台的沉浸感

图5-55　舞台的沉浸感

图5- 55中的舞台设计是沉浸原则的绝对应用。灯光大都聚焦在舞台上，看台上几乎黑成一片，这时候全场的焦点都是舞台上的明星，人们沉浸其中，直到活动结束。

图5- 56是奇艺网的视频播放页面。视频的横向区域做了深色背景，同时还提供全屏播放功能。这是对沉浸需求的不同满足。而今视频网站大都是这样的做法，这与用户享受视频服务的特殊性有很大的关系。

图5-56　奇艺网视频播放页面

5.2.7 重复

“重复”是指重复一个操作直至达到特定结果为止的过程。

如果没有重复的过程，就不会有条理分明的复杂结构。在设计上，渐进的重复探索、测试、调整设计，才能创造出复杂的结构。对于用户来说，重复一个操作来完成复杂的任务，能够让他们感到简单可控。系统并不是越复杂越高级，而是越体贴人的认知才叫高级体验。图5- 57是为了适用于移动环境，iPhone上的邮箱应用程序在界面设计上所遵循重复的要点。

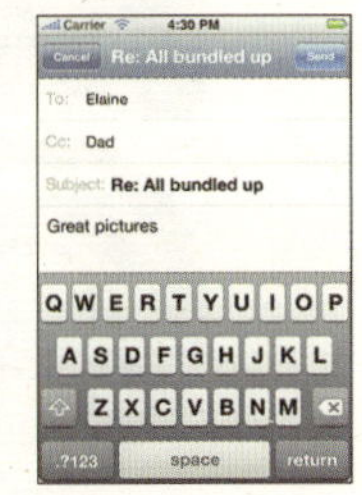

图5-57 iPhone邮箱界面

简单、可预测的导航。每一个屏幕只需要点击一下，人们就可以从上级目录进入到内容深处。每一个屏幕显示一个标题告诉人们用户在哪里，提供一个返回按钮让用户很容易返回上一步。这种界面层级的组织关系非常容易理解，方便用户明确其位置。

图5- 58为应用游戏愤怒的小鸟，游戏操作很简单就是弹射小鸟。简单的操作完成多关的任务，这让它的受众群横跨幼儿到老年。重复原则降低了产品的使用和传播门槛。

图5-58 愤怒的小鸟界面

重复有时候也是一种精雕细琢的工作态度。设计师在进行设计项目的时候，需要对设计方案反复修改，直到满足客户或者用户。重复是一种让产品越来越好的手段。新设计师通常不喜欢重复设计一个案例，而达·芬奇画鸡蛋的故事告诉每个设计师，如果没有重复的手段，设计师无法深入了解事物，也无法真正创造出想要的东西。

5.2.8 容易识别

在多媒体、网络出版发展迅速的今天，设计师对于信息的识别要求日益增高，要尽量避免混浊的视觉表达，要将信息传达清晰可辨。

在印刷上，9～12号字体一般是最理想的。如果文字再小，则无法辨识清晰。对于老年人的产品设计，需要采用更加大的字体，这是针对特殊人群的特殊设计。图5- 59是百度老年搜索的首页，这个产品不仅仅在字号上做了放大调整，同时提供了手写输入，也提供了常用网站的链接。所有的举动都是为了方便老年人使用互联网。容易识别、容易操作是用户体验一直遵循的目标。

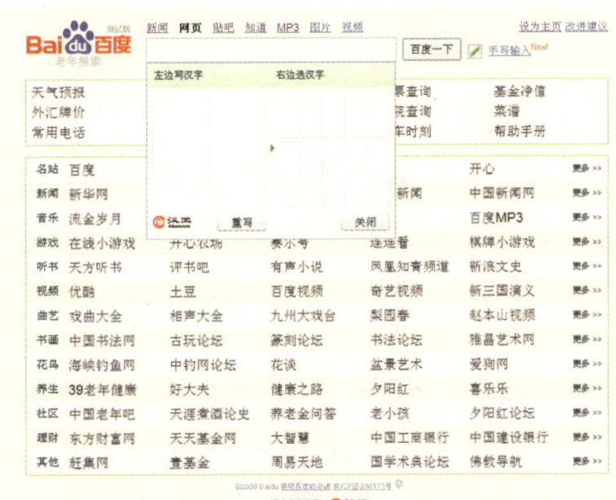

图5-59 百度老年搜索

在文字色彩上，浅色的背景要使用深色的字，深色的背景上使用浅色的字，这样的效果最好。只要遵循这个原则，一般不会影响到信息的辨识度，如图5- 60。

看清 看清 看清

图5-60 文字的色彩

图5- 60中白色的字在深色背景上清晰可见，而在浅色背景上比较难辨识清楚。

互联网上投放的广告设计尤其需要注意信息的识别。由于受到尺寸、文件大小等因素的影响，设计师需要将要表达的信息分出主次，将主要信息着重表达和突出。图5- 61所显示的四个广告在广告文字信息的表达上都很好的做到了容易识别。文字有对齐关系的信息更容易识别，这在四个广告中也有体现。对齐可以让人们找到浏览的主线，是增强识别的重要途径。

图5-61 互联网广告

5.2.9 映射

映射反映了两者之间的联系和关系。如果能够很好地建立两者的关系，则将有利于用户的操作和使用。好的映射主要是设计、行为、意义中的相似性功能。例如，炉台上的控制系统与炉子的设计相对应，这是设计相似性；方向盘控制车的左右转属于行为相似性；紧急按钮或者开关用红色，这是意义相似性。因为相似的控制与效果和人的预期一致，则很容易使用。常见的映射案例如图5- 62所示的整体灶台，上面一共有三个可以做饭的地方。在控制面板上，用户可以很清晰看到三个控制器，用户也一定知道它们三个分别对应哪个炉灶进行控制。这就是映射，通过位置的设计，用户可以知道谁与谁建立了控制关系。

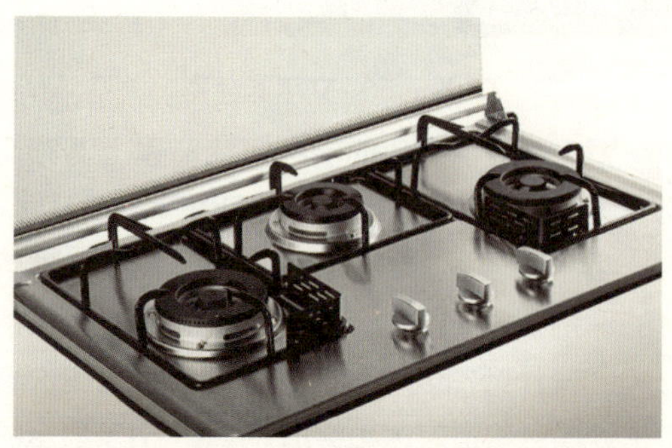

图5-62 整体灶台的映射

图5- 63 Convertbot应用程序是一个单位兑换应用程序。圆盘映射了切换的方式，通过拨动圆盘用户可以切换兑换类型以及单位等等。

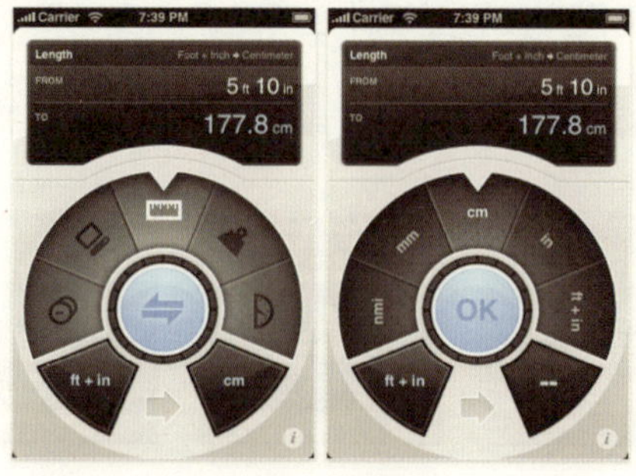

图5-63 圆盘的映射

图5- 64是一个体重观察应用程序。界面下方的横向标尺界面效果，映射了水平滑动切换的操作方式。用户不需要学习就知道如何对应用程序进行使用了。映射让产品与用户走得更近。

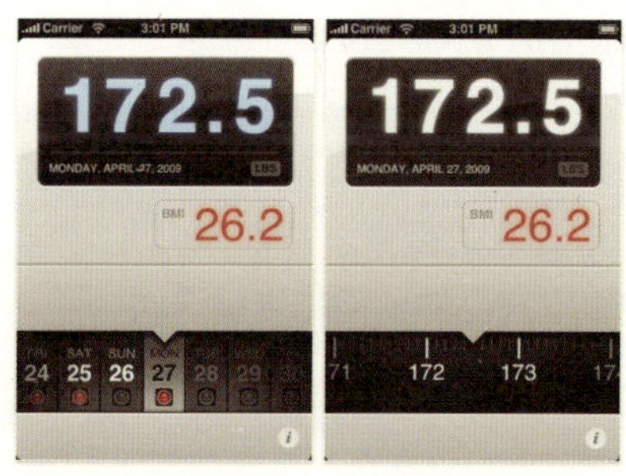

图5-64 标尺的映射

IT产品中，硬件设备的按钮对屏幕中操作系统的控制就使用了映射原理。图5- 65所示的诺基亚E5手机，屏幕下方的左右软键对应屏幕中的功能表和名片夹。用户可以通过这两个按键直达功能表和名片夹。

图5-65 按键的映射

5.3 视觉设计综合原则

本节的内容关注视觉设计的综合应用原则，目的是让复杂的视觉界面有章法可循。在用户理解界面信息的基础之上让界面更加吸引用户。

5.3.1 模拟

模仿熟悉的物体、生物或者环境的特性，利用这些特性所具有的优势，所以模拟是一种设计的方法，可以通过模拟来达到某种目的。

设计中的模拟有三种形式：表面模拟、行为模拟和功能模拟。

视觉设计谈到的模拟，更多是说表面模拟。这与现在流行的拟物化设计比较类似，就是让设计看起来像别的东西。通过设计利用熟悉的外表暗示其功能或者用法。图5-66所示的是iPhone里的计算器和记事本App的主界面。在视觉上模拟了现实生活中的计算器和记事本的质感，让用户没有距离感，而且很快就能知道这个应用的用法，以及对用户的意义。

图5-66 界面的模拟

图5-67是webQQ的主界面。在设计上模拟了系统级的桌面效果，继承了用户在操作系统上的操作，这也在一定程度上让用户更容易接受该产品，没有学习门槛就可以享用webQQ上的应用程序。

图5-68提到的是系统图标设计，为了让功能可见，它们也都采用了模拟。设置图标，借

图5-67 对操作系统的映射

图5-68 使用模拟设计的图标

用了机械内部的齿轮，来表明对产品内部的管理；文件夹，借用了现实中的文件夹；垃圾桶更加写实；扫描热点，表明能够通过该功能发现网络接入；时间借用了钟表的外观；电量借用了电池。

为了让设计取得重大进步，模拟可能是最古老且最有效的方法了。许多网页专题页面的设计，大量的使用模拟，让专题耳目一新达到吸引用户的目的。图5-69就是很有情境的专题设计。模拟了战争的防御墙，让游戏氛围更浓厚。

图5-69 使用模拟设计的页面（一）

图5- 70是一封来自官方的圣诞节问候，模拟了信封和信的效果。让这个界面更加温馨。同时很好的将游戏运营的信息收录其中。

图5-70 使用模拟设计的页面（二）

5.3.2 奥卡姆剃刀

奥卡姆剃刀定律，是由14世纪逻辑学家奥卡姆提出。这个原理称为“如无必要，勿增实体”，即“简单有效原理”。他在《箴言书注》2卷15题说“切勿浪费较多东西去做用较少的东西同样可以做好的事情”。如果要从功能相同的设计中做出选择，那么选择最简单的设计。奥卡姆剃刀原则认为，简单的设计比复杂的设计好，不必要的元素会降低设计的效率，并会增加无法预期的后果。不管在物理上、视觉上还是认知上，带来的负担都会降低设计的使用效果。多余的设计元素会导致设计失败等其他问题。图5- 71谷歌搜索引擎一直保持其首页的简洁风格，这与其他公司在首页上放置广告的做法完全不一样。这就保证了首页对于用户操作和认知更加专注与搜索。

图5-71 Google简洁的页面

图5- 72是apple的iPod shuffle设计。小巧的外形是对音乐播放设备精简设计的结果，同时结合圆形的控制面板，即便在如此小的体积上，也能对音乐播放操作自如。

图5-72 iPod shuffle

评价设计里的每一个元素，在不牺牲功能的情况下，尽可能去除多于元素。最后在不影响功能的情况下，让剩下的元素简化。

5.3.3 图片优势

俗话说一张照片胜过千言万语。图片比文字更具有吸引力和记忆力。

在经过了许多案例和可用性测试后，设计师发现用户对图文混排的页面更容易回忆起图片而不是文字，同时发现用户在浏览网页的时候在图片上的停留时间明显高于文字。人们在时间有限的时候，对于图片信息的接收效果明显。所以恰当地使用图片优势来做广告宣传非常重要。图5- 73的广告banner的设计，直接将文字写在图片上，也就是整个广告做成一个图片。这种做法非常有利于在纷繁的网页中形成视觉焦点。

图5-73 图片广告

在一些视频的门户网站中，焦点大图能够体现网站的特色，同时也能引起人们多与影视剧的关注。图5- 74是奇艺网的首页，焦点大图更像是影片的海报，将人们的观影兴趣激发出来。

图5-74 视频网站首页

不只是媒体网站喜欢用大图片，苹果公司的首页就是使用产品的照片来做宣传，每当一个产品更新，那个产品就成为首页的焦点。这种设计方法把消费者的购买欲望激发到顶点。所以在广告活动中加入有意义的图片，如图5-75。

图5-75 苹果首页的图片

当然需要注意的是，图片优势不能泛滥使用，如果一个网站的所有信息都用图片来表达，就会造成没有主次，没有突出，没有强调。信息传达是需要层次的，图片优势法则应该与强调法则搭配使用。

5.3.4 大草原偏爱

研究表明，人们倾向于偏爱大草原般的环境，这种环境的特点是：开阔的空间、散布的树木，绿绿的草坪。同样是开阔的空间，人们不喜欢沙漠、稠密的森林。世界上到处的公园、度假村、高尔夫球场都跟草原相似，这绝不是偶然。

在景观设计，广告设计以及其他需要创造或描述自然环境的设计中，可以考虑使用大草原原则。图5- 76 Windows XP操作系统的桌面。还记得这个经典的界面吧，全球XP用户最熟知的桌面，即便是可以更换壁纸，用户会发现身边还有很多人使用默认的大草原壁纸。

图5-76 大草原壁纸

图5- 77伊利的牛奶广告。干脆就以大草原为背景，天然健康的信息传达得十足。并且将这种大草原的感觉延续到了平面广告中如图5- 78。

图5-77 伊利电视广告

图5-78 伊利平面广告

其实大草原原则不仅仅告诉设计师人们喜欢大草原，还说明了空间感强、透气的构图更能让人们喜欢。如果自己的设计与自然天然不能挂钩，但也希望人们喜欢，可以尝试做出有空间感且透气的画面。图5-79介绍手机的站点，整个画面的构图以一本敞开的书为中心，充满童话般的世界在灰色渐变的背景下极具空间感和透气性，这种轻松愉悦的氛围更容易获得消费者的喜爱。

图5-79 手机站点

5.3.5 由上而下光源偏见

人们倾向于认为物体是由上方的单一光源照射的。由上而下的光源照射物体，暗色或者阴影区域被视为距离光源远的地方，而浅色区域则被视为靠近光源的地方。所以，人们觉得颜色上浅下深的物体是凸的，而上深下浅的物体是凹的。图5-80的按钮就是一个组合案例。整个导航栏是凸起的，按钮则嵌入在导航栏中，所以顶部有凹陷的内阴影。这种设计的细节标明了光源的垂直性，同时体现了设计的细节。在iOS设备中，光源是从顶部照射的，这与人们跟设备的使用是一致的（图5-81）。

图5-80 按钮设计

图5-81 iOS界面

在操作系统的界面设计中，用户不会看到其他光源的设计案例。顶光能够营造出绝对的安全与稳定感。且顶光对UI的阴影影响最小，其他测光会产生较大的阴影而影响UI界面的视觉效果。几乎所有的网站都采用的是顶部光源，有少部分采用45°光源。图5-82新浪网门户的垂直渐变表明他的页面设计是顶光。

图5-83苹果官网的设计也是遵循了顶部光源，就连明星照片都是顶部光源，在这个页面

图5-82　网站设计中的顶光源

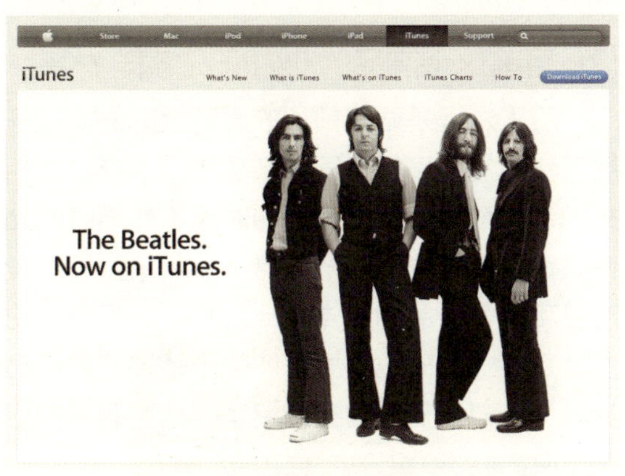

图5-83　苹果网站的顶光源

的设计中得到了很好的统一。

其实纵观本章节提到的所有案例，都是由上而下的光源。可以看出，人们是多么偏爱顶部光源，也许这就是太阳给设计师的启示吧。

本章小结

本课讨论了若干交互界面视觉设计的原则，原则并不意味着教条，如何使用这些原则，是否要遵守这些原则要到实际的设计中考虑。这些视觉设计的原则包括三大类别。

① 视觉基本原则。包括对齐、80/20法则、容易使用、美观实用效应、功能可见性、条件反射、颜色、像素。

② 视觉关系原则。包括图形-背景关系、一致性、强调、图像符号、干扰效应、沉浸、重复、容易识别、映射、

③ 视觉综合原则。包括模拟、奥卡姆剃刀、图片优势、大草原偏爱、由上而下光源偏见。

第6章 视觉设计案例

第5章视觉设计讲解了若干视觉原则，但如何应用这些原则需要设计案例来讲解。贯穿本章的是一个简单的虚拟设计项目——爱团购应用。摩根斯坦利的报告显示未来五年，移动互联网会飞速增长，这里选择了移动互联网应用的设计项目，能够第一时间体验到新产品研发的设计工作。其中也会穿插对传统互联网产品的设计工作的介绍。

6.1 视觉设计前期准备

6.1.1 思考：如何开始？打开Photoshop?

在实际项目中，视觉设计的工作不是简单的打开Photoshop等设计软件，需要首先了解项目相关的很多信息，它们能够帮助获得事半功倍的效果。试着了解如下的问题。

(1) 这个项目的背景是什么，为什么要组这个项目？

需要知道，任何一个设计项目都是有它的背景，项目的背景往往是凝聚人心的地方，诸如占领某个领域的多少市场份额，进军某个领域，或是保持绝对优势等等，同时也包括了这个产品的基本定位——为谁设计？满足什么需求？搜集、了解这些知识，会更容易开展设计工作，并有效控制设计风格的方向，进而快而高质地推进设计工作。

(2) 目前这个产品的业内概况怎样？

后人永远是站在前人的肩膀上前进。在开展工作前需要了解，同类产品和竞争产品的相关知识。最好利用两三天的时间（如果时间允许，也可以两周甚至一个月），收集整理同类产品和竞争产品的视觉设计方案，分析他们的设计定位。同时也需要了解整个领域的设计趋势。（虚拟案例中着重介绍了移动互联网的相关知识。）

(3) 项目的预期目标和时间

了解项目预期目标和时间是专业工作的一种体现。需要知道产品经理乃至整个团队对产品的期望值，了解项目的时间安排。通过对工作量的分析，在开始视觉设计工作之前，给出一个时间计划表。这个时间计划，与整个项目的开发计划息息相关。通常到视觉设计工作开始的阶段，项目已经产出了至少两个文档——产品需求文档和交互设计师文档。

6.1.2 互联网产品开发流程简介

产品开发流程根据公司的不同会大相径庭，不能把每家公司的开发流程都罗列出来，更不能把大公司的开发流程直接拿给小公司使用。公司的资源不同，开发流程会有很大的不同。针对每个公司的特点，选择适当的工作方式比较实际，照搬大公司的工作方式会适得其反。

这里介绍的项目开发流程，是一个理想

状态下的基本流程，旨在说明视觉设计师在整个项目开发流程中的位置，以及应该注意的事项，让视觉设计师站在高处看自己。

一个完整的项目需要视觉设计师全程参与。

(1) 概念设计阶段

概念设计阶段，视觉设计师有足够的时间了解项目背景、竞争产品分析、视觉设计尝试。安排好这个阶段的设计工作，有利于在后面的工作中占据主动的地位，如表6-1。

(2) 《产品需求文档》细化-交互文档细化

交互文档细化阶段，产品操作逻辑更加清晰，同时典型界面相继确定，视觉设计师可以开始着手设计方案，并确定最终的视觉风格和设计规范，如表6-2。

(3) 视觉设计细化

视觉设计细化工作有时候是一个人完成，有时候是几个设计师共同完成。这时候需要首先由少数设计师完成典型界面，然后确定设计规范后，由其他设计师复制设计风格，完成其他界面。最后输出的视觉文档要配合开发来用，所以尺寸标注非常重要，如表6-3。

(4) 开发和提测阶段

产品进入开发后，视觉设计师主要跟进项目的整合工作。配合裁图以及跟进效果。通常会因为技术方案的变更或难度而进行设计调整。这时候要求设计具有良好的全局观，明确

表6-1 概念设计任务分配表

角色	概念设计阶段	文档输出	
PM	根据市场分析，撰写《产品需求文档》初稿与其他角色一起讨论沟通确定初步项目需求	《产品需求文档》	《产品需求文档》初稿评审（技术初步评审）
交互设计师	了解PM需求，参与方案设计与制定，完成关键框架设计、界面线框图或关键界面流程图	逻辑框架及重点界面线框图	
视觉设计师	了解项目需求背景，确定视觉工作目标 特殊情况下，视觉设计直接参与概念效果图制作	视觉风格尝试	
开发人员	参与初步的技术评估，进行技术调研和储备	技术评估报告	
需要注意	3设计师解读PM需求，了解项目背景，需要良好的沟通能力。很多项目需求，是沟通出来的，PM的表述不能代表其全部的想法。		

表6-2 交互文档细化任务分配表

角色	《产品需求文档》细化-交互文档细化	文档输出	
PM	PM与交互设计师确定交互流程，完善包括功能、操作层面的诸多需求细节	《产品需求文档》详细文档	《产品需求文档》评审 交互设计文档评审
交互设计师	完成交互细节设计	交互设计文档	
视觉设计师	针对确定的交互线框图及流程开展视觉设计工作	完成关键界面风格设计	
开发人员	技术调研和储备	技术评估文档	
需要注意	交互设计师与视觉设计师和技术密切沟通，确保交互对界面的尽量高保真体现和考虑；任何在该阶段的方向修改，需要所有角色到场，评估和敲定方案		

表6-3 视觉设计细化任务分配表

角色	视觉设计细化	文档输出	
PM	PM确定视觉设计师效果图		视觉文档评审
交互设计师	评审视觉设计师效果图		
视觉设计师	完成详细视觉效果图和界面整合尺寸标注	视觉文档（视觉效果图、标注）	
开发人员	准备进入开发阶段		
需要注意	视觉设计及时获得PM和交互的反馈，确定已完成 配合RD开展部分界面的标注和整合工作		

表6-4 开发和提测阶段任务分配表

角色	开发和提测阶段	文档输出	
PM	跟进项目需求完成情况，协调资源推进项目进度		提测版本发布
交互设计师	跟进RD提测版本，校对并确定符合 设计的部分；协调设计符合项目开发的方案	交互设计测试反馈文档	
视觉设计师	跟进RD提测版本，校对并确定符合 设计的部分；协调设计符合项目开发的方案	视觉设计测试反馈文档	
开发人员	开发阶段		
需要注意	技术变更带来的设计方案的修改，需要设计师能够快速反馈给予方案的支持		

哪些设计会触动其他界面，避免拆西墙补东墙，如表6-4。

上面就是一个基本的产品开发流程，以及几个主要角色在各个阶段的主要任务。明确一个职业在产品开发流程中的位置，从而更好地发挥主观能动性，发挥自己的价值。

现实：很多公司的设计是外包的，导致了外包设计师纯粹做视觉，按照印象和经验做设计方案，或者把世界知名的设计风格直接照搬，甩给企业三四个方案，全不在乎产品的开发背景。但是长久来看，一个催熟的或者是克隆的产品终究会在下个阶段被再设计，找不到自己的方向。

然而就算是外包设计，设计师也需要走到企业内部，了解公司产品研发的背景和远景规划，让设计从第一步起就能够给企业带来长远的价值。这也能够拉近和企业的距离，让设计合作更加密切，产出更加优良！

(5) 关于交互设计与视觉设计的分工

如果是一个新人，首先需要明确工作职责是什么。但从长远来看，作为一名优秀的用户体验设计师，必须对交互设计和视觉设计都了解，有时最好也了解点用户研究和数据分析。所以下面的第二部分，有一些是三个职业都需要了解的。

6.1.3 了解项目背景、竞争分析和调研

前面提到，做一个项目前需要了解产品的开发背景，本章的虚拟案例是移动互联网应用。

移动互联网不像所看到的那样——一个手机一个网络这么简单。移动系统非常庞大，包括设备、网络、服务、移动互联网等等，做移动应用的设计，就必须了解移动系统这个生态环境，把事关体验上的众多变数统统考虑到位，才能防止付出高额的代价。

6.1.3.1 了解搭载该移动应用的硬件平台——苹果iOS

iOS是由苹果公司为iPhone开发的操作系统。它主要是给iPhone、iPod touch以及iPad使用。就像其基于的Mac OS X操作系统一样，它也是以Darwin为基础的。原本这个系统名为iPhone OS，直到2010年6月7日WWDC大会上宣布改名为iOS。iOS的系统架构分为四个层次：核心操作系统层（the Core OS layer），核心服务层（the Core Services layer），媒体层（the Media layer），可轻触层（the Cocoa Touch layer）。系统操作占用大概240MB的存储器空间。

为了很好地学习了解iOS平台，拥有一台iPhone还有一台搭载MAC OS操作系统的电脑，方便使用其推荐的Interface Build开发软件，并在未来几个月的开发时间中一直使用。下面罗列几个主要的知识，方便快速进入状态，等真正接触相关开发的时候，务必详细阅读《iOS Human Interface Guidelines》。

(1) 手机操作系统间的差异

手机操作系统通常带有一套核心服务或工具，允许应用程序互相通信并共享数据或服务。如果没有操作系统，那么设备只能运行孤立的应用程序。

主流操作系统一览表如表6-5。

每一个平台都有它自己的操作特性，例如在中国广为使用的诺基亚手机，大部分机型是按键手机，用户通过五项键来移动热点，进行操作。S60 V5手机，是触屏手机，但是由于继承了大部分之前按键手机的部分框架，也不能说是完全应用了触屏操作特性的手机。

iPhone的诞生，把触屏时代正式点燃，在设计iPhone上的应用时，需要特别注意iOS平台的特性，避免设计不符合该平台的应用，挑战用户习惯。

为iPhone操作系统的设备设计软件需要一种思维方式，这种思维方式或许不是所习惯的。尤其是当大部分经验都来源于开发桌面应用程序，应该意识到设计移动平台软件和设计电脑软件的显著性差异。可参考《iOS Human Interface Guidelines》。

(2) 几个重要的特征，区别于传统的PC互联网产品

① 屏幕尺寸不大　小巧，高分辨率的屏幕使手持设备成为具有强大显示能力且适合用户装进口袋使用的设备。对于用户来说这是个优势，但是对于开发人员来说这是个很大的挑战。因为这意味着必须设计出一个不同于习惯设计的用户界面。iPhone目前有两种设计尺寸——480px × 320px和960px × 480px。有人说960 × 480是很大的一张图可以大显身手了。这里一定要注意，苹果增大了单位面积显示的像素点阵，但是物理屏的尺寸依旧是3.5英寸。搭载Android系统的手机硬件由于是不同手机厂商开发，所以目前拥有太多的尺寸，常见的有320 × 240、480 × 320、800 × 480。众多的尺寸给第三方内置应用带来了庞大的开发成本，视觉设计师的工作尤其繁重。所以本书的案例还是选择iPhone平台。

② 内存有限　内存是iPhone操作系统的重要资源，所以控制的应用程序所占的内存是至关重要的。必须小心，不要给应用程序分配过多的内存。当内存不足的情况发生时，iPhone操作系统会对正在运行的程序发出警告，如果问题依然存在的话可能会终止程序。应当确保应用程序能够即时响应内存使用警报，并即时清理内存。

说到这里，交互视觉设计师尤其要注意，例如一个屏幕反转效果，不是所有的硬件设备都能支持，在某些低端机器上，内存不够支持这种界面特效。所以在设计的时候，要理性对

表6-5 主流操作系统一览表

名称	简介
Symbian	SymbianOS是一个专为移动设备设计的开源操作系统，它包含联合的数据库、使用者界面架构和公共工具的参考实现，它的前身是Psion的EPOC。现在流行的Symbian系统有以下四个版本，分别为S40、S60(第二版）、S60（第三版）、S60（第五版）。S60（第五版）为触摸屏手机版本，如诺基亚5800xm和诺基亚N97
Windows Mobile	Windows Mobile，是 Microsoft 用于 Pocket PC 和 Smartphone 的软件平台。Windows Mobile 将熟悉的 Windows 桌面扩展到了个人设备中。Windows Mobile是微软为手持设备推出的“移动版Windows”，使用Windows Mobile操作系统的设备主要有PPC手机、PDA、随身音乐播放器等。Windows Mobile操作系统有三种，分别是Windows Mobile Standard、Windows Mobile Professional、Windows Mobile Classic。目前常用版本Windows Mobile 6.1，最新的版本是6.5
Palm OS	Palm OS是Palm公司开发的专用于PDA上的一种操作系统，这是PDA上的霸主，一度占据了90%的PDA市场的份额。虽然其并不专门针对于手机设计，但是Palm OS的优秀性和对移动设备的支持同样使其能够成为一个优秀的手机操作系统。其最新的版本为Palm OS 5.2
Linux	开源Linux正在被用作智能手机的操作系统
iOS	iOS是由苹果公司为iPhone开发的操作系统。它主要是给iPhone、iPod touch以及iPad使用。就像其基于的Mac OS X操作系统一样，它也是以Darwin为基础的。原本这个系统名为iPhone OS，直到2010年6月7日WWDC大会上宣布改名为iOS。主要用于iPhone、ipod Touch以及iPad产品上
Android	Google于2007年11月5日宣布的基于Linux平台的开源手机操作系统的名称，该平台由操作系统、中间件、用户界面和应用软件组成，号称是首个为移动终端打造的真正开放和完整的移动软件 Android 作为Google企业战略的重要组成部分，将进一步推进“随时随地为每个人提供信息”这一企业目标的实现。谷歌的目标是让（移动通讯）不依赖于设备甚至平台
Windows Phone 7 Series	Windows Phone 7 Series是微软重新打造Windows Mobile品牌之后推出的一款产品，从外观到软件代码都有了很大的改动。与此前的Windows Mobile系统相比，Windows Phone 7 Series有着完全不同的屏幕主页和用户界面，集成了Xbox Live、Zune，以及多个新的社交网络工具
MeeGo	MeeGo是诺基亚和英特尔宣布推出一个免费手机操作系统，中文昵称米狗，该操作系统可在智能手机、笔记本电脑和电视等多种电子设备上运行，并有助于这些设备实现无缝集成。这种基于Linux的平台被称为MeeGo，融合了诺基亚的Maemo和英特尔的Moblin平台

待花哨的反转切换效果，把精力放在主要的几种产品核心框架的视觉设计上。

③ 屏幕色彩 不同的硬件支持的色彩不同，支持色彩越丰富价格也越高。在做设计之前，最好先了解移动设备的色彩支持情况，并在设计过程中经常把设计稿放到设备中测试。

④ 网络环境有待改善 世界上大部分主要的网络都在使用GSM标准，使用GPRS和GPRS EDGE进行2G数据传输，在中国，3G网络也才开始推广一年左右的时间，而且大量诺基亚用户广泛存在，使用2G网络访问和使用移动互联网服务的用户占比很大。GPRS理论最大数据传输速度60KB/秒，而根据实际环境下，速度会更慢。这就要求无论是在WAP设计上还是在客户端设计上，务必坚守精简的原则，把必要的信息最快速的呈现出来。

iPhone 3G及其以后的机型在中国可以使用联通的3G网络，相对宽裕的网络环境，使得网络访问速度很快，体验可以保证。但是务必记住，不能因为这个把移动服务做得复杂。

⑤ 多维度对比表 这是一个多维度对比的表格，从中可以看到更多细节的不同，如表6- 6。

后面的设计过程中，还将了解很多iphone平台视觉设计的相关规范。

6.1.3.2 团购网站相关知识

(1) 什么是团购

在微博风潮过后，中国互联网又迎来了新一波Web2.0应用，这就是模仿美国groupon模式的团购类网站的Web2.0应用。其实groupon最大的特点就是利用团购减少人均消费支购，使参与团购的网民获得更大的优惠。这类网站共同的特点是：每天推出一单精品消费，涉足领域横跨培训课程、户外活动、餐饮美食等服务行业。用户如果对团购有兴趣可以点击购买按钮，在限定时间内凑够最低人数，网友就能享受到超低的团购价。（摘自百度百科，访问更多团购站点http://tuan.hao123.com/）

表6-6 移动平台与PC对比表

类别	移动平台	PC
环境	移动状态下和静止状态下均可操作	静止状态下操作
	环境相对复杂	环境相对可控
	环境光变化较多	环境光相对稳定
	网络不稳定	网络稳定
硬件相关	显示区域小	显示区域大
	操作范围小	操作范围大
	硬件性能在提升，但仍然低	硬件性能相对高
	按键操作、或触控笔、或触摸操作	使用其他硬件（键盘鼠标、触摸板）
	单手/双手	双手
	重力感应	滚轮
屏幕	横屏、竖屏	横屏（常见）
	硬件不同色彩支持不同总体水平低于PC的屏幕	色彩丰富
心理因素	注意力容易被分散	注意力相对集中
	关注流量，包流量-月末效应	不关注流量，包月不包流量
	怀疑网络问题而不是产品问题	怀疑产品问题而不是网络问题
	对无用信息的忍耐度降低	能够适度忍耐无用信息

图6-1 现有网站的页面信息结构

(2) 团购现状

● 团购网站——在中国，据2010年8月数据统计显示，团购站点在半年的时间得到迅猛发展，团购网站上千家，北京独占鳌头，深圳、广州、郑州、武汉等都有数百条团购信息。但是这些网站的模板基本相同（这一条有利于分析出团购网站的信息架构）。

● 团购聚合站点——PC端众多团购网站引发团购信息聚合网站纷纷上线，其中hao123网址站也特别加入团购聚合页面，另外还有搜狐、一家网、找团购网等。让消费者全面扫荡团购信息，快速对比决定下单。这比每天只看一个团购信息要刺激很多（聚合站点的信息筛选，帮找出了团购网站信息可以统计数据化的一面，为在移动端的数据提纯做了很好的榜样）。

● 移动端对团购信息的需求——与此同时，团购的时效性让看到人们在移动终端上获取此类信息也有非常高的热情，据有关数据统计，团购相关信息获取在移动端占比迅猛提高。不过由于移动端支付在国内还没有很好的发展，所以移动端参与团购的数量有限，大爆发需要一些时段（这一点决定了是否在移动端支持直接支付，如果技术资源允许，做出来自然很好）。

(3) 团购网站的信息架构

图6-1是糯米、美团、QQ团购的网页页面。浏览这些团购网站的时候，需要注意哪些信息是团购网站必备的，哪些属于次要的信息，哪些是这些网站独有的。

可以尝试绘制一些网页架构图，让自己看得更清楚一些，如图6-2。

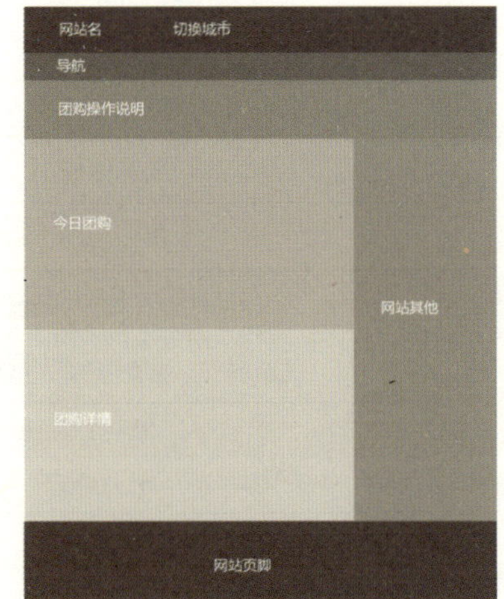

图6-2 网页架构草图

把发现的每一个信息群进行如下记录。

① 团购网站名称——每个团购站点都有自己的品牌名称。

② 基于地理位置自动判断所在城市。网站

都能够根据访问ip自动识别地理位置。大站一般都提供覆盖一、二级城市的，基于地理位置的判断筛选。

在移动端，可以考虑使用iPhone的定位模块，快速定位用户所在城市，匹配必要的信息，需要注意的是，要事先了解iPhone定位模块的隐私协议，不要让用户觉得在盗取他的位置信息。

③ 今日团购。今日团购是团购网首页最醒目，也是最直接、最主要的信息，由以下几部分组成。

【优先级一】团购标题：一般情况用段落文字描述。包括团购价格和原始价格，以及团购的内容，让一句话了解清楚本次团购的是什么。

【优先级二】价格：原价、团购价、折扣，这些是辅助信息。

【优先级二】参与购买的人数（表现热度的方式）。

【优先级三】时间限：用倒计时的方式刺激买家，具体到小时和秒更具诱惑力。

【优先级三】地理信息：例如饮食、旅游、美容、家居等都会附带地理位置。

【优先级三】团购详情：图文并茂。

【优先级四】团购网自身会员制度优惠、分享给好友— 获得返利。

通过观察，团购网站的信息组织方式主次分明，信息视觉比例关系相对较大。团购标题和图片占据大半画面，其次是抢购按钮和团购价格。最后是一些原价、折扣、剩余时间、购买人数等信息。

再来看看团购聚合站点，网站已经对信息进行了提纯，如图6-3、图6-4，阵列显示团购信息，一目了然。团购网站名称+团购信息标题+大图+原价折扣+购买人数+地点+点评+购买价格+倒计时+购买按钮。精简后的信息更利于聚合浏览。

（提示：这正好帮助做了一个很重要的工作——在移动端，应用的设计必须做到信息精简，把最主要的、必要的信息呈现，其他冗余的信息隐藏不显示。）

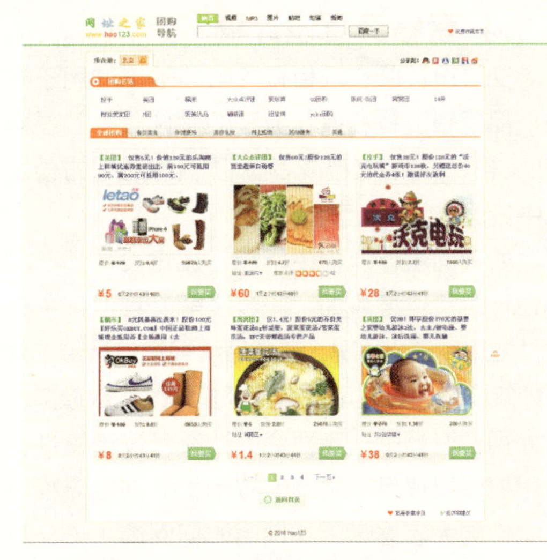

图6-3 团购聚合站点页面（一）

图6-4 团购聚合站点页面（二）

通过浏览团购网站（最好实际进行几次团购，了解一下购买流程），不难看出团购网站的信息层次是团购标题和商品图片优先级最高，其次是价格和购买按钮。如果在移动端设计的时候，无论是交互还是视觉都要体现这种信息层次，避免把不重要的信息过分放大，影响用户的浏览和理解。（这个决策就是调研和了解项目背景得出的重要结论，在下面的视觉设计方案中，就会着重对这种信息优先级进行视觉设计，而这些通过前期调研得出的结论，也是校验和选择方案的标准。）

6.1.4 查看交互设计稿

交互设计师在项目概念阶段输出的用于梳理产品逻辑流程和操作流程的文件，一般是以pdf文档、word文档或者jpg图片输出。方便团队中其他角色的人查看。

如前面工作流程中所示，视觉设计师在交互设计阶段也要参加，同步了解交互设计中的控件使用和定义情况，避免后续视觉设计带来众多理解偏差，导致项目迭代反复修改次数增多。作为视觉设计师一定要会阅读交互设计稿件。这里把虚拟项目《爱团购应用》的交互流程设计文件给大家展示，并说明如何阅读。该交互设计文件为简易版，在大型开发项目中，交互流程图会非常冗长，学会从全局上看文件非常重要。

首先，了解产品架构，如图6-5（a）。

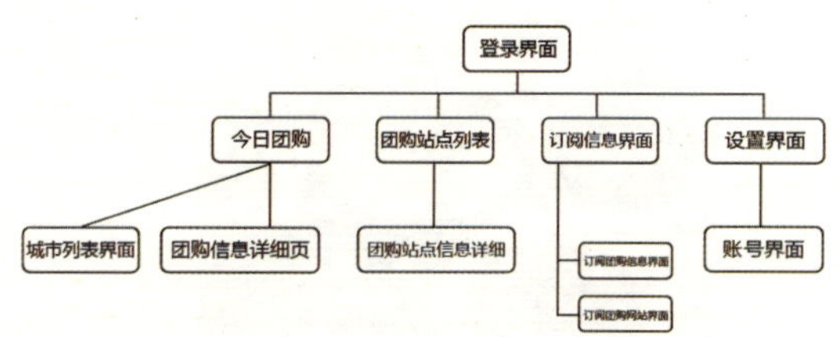

图6-5（a） 产品架构图

内容工程师和PM讨论后最终确认的每个界面的名称会发生变化，如图6-5（b）。

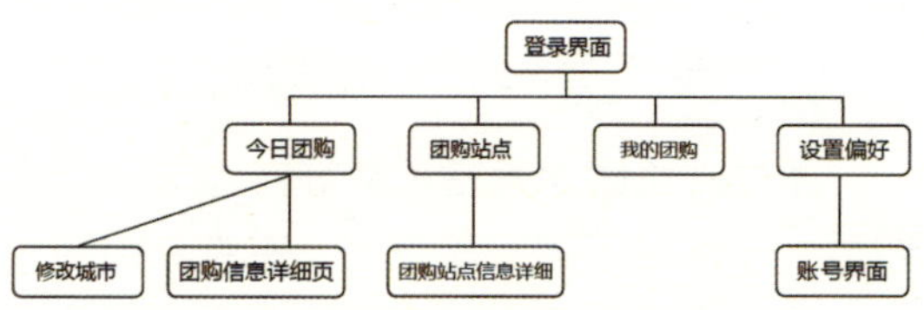

图6-5（b） 更名后的产品架构图

经过简化的产品架构图，可以明显地看出，登录界面是入口，今日团购、团购站点、我的团购和设置偏好四个界面为并列的一级目录。团购信息详细页和团购站点名片页，是信息节点界面。整体来说，该应用的界面层级只有两到三级。很容易区分主要界面和次要界面。

了解架构就是要有全局观，知道项目的总体情况，骨架情况，知道后面要做的每一个界面都是做什么的，都与其他界面层级之间的关系如何。

了解完架构图，就可以查看详细的界面流程图了。

提示：界面流程图有很多种做法，有一种是只有流程示意。界面线框图单出。有一种是流程图和线框图同时输出。无论哪种做法，都应该先纵观流程，再细看界面，然后再纵观流程……反复几次，直到深刻了解产品的交互设计。

查看交互流程图，最好是找出任务主线，通过主线任务能够很快串起整个产品。在查看界面线框图的时候，需要注意区分不同种类的控件和元素，例如

控件：标题栏、标签栏、按钮、列表等等。

元素：图标、段落文字、标题文案、辅助信息等等。

后面视觉设计的部分，会着重在效果图上讲解这些具体知识。

爱团购这个案例展示，省略了流程部分，只是展示关键界面线框图，把重点讲述留给视觉呈现部分，如图6-6。

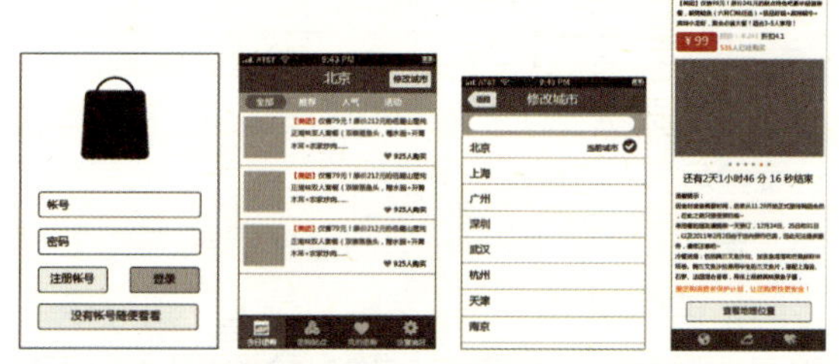

图6-6 界面线框图

提示：作为视觉设计师，独立查看交互设计文档是有困难的，有时候视觉设计师无法理解交互设计师的语言，那么在收到交互设计文档的时候，可以找交互设计师沟通，让交互设计师给逐一进行讲解，通过聆听了解产品交互设计中需考虑的点，记录下关键点，以备视觉设计的时候参考。

从现在开始，尝试把交互设计图转换成视觉效果图。在后面的视觉设计中，将穿插讲解iPhone应用的一些控件，帮助感兴趣的同学学习了解一些知识。

6.2 视觉设计工作的开展

6.2.1 确定产品性格，寻找设计灵感

产品的整体设计开始前，作为视觉设计师需要做产品性格的确定。这方面与品牌设计工作类似，需要根据产品的背景，确定产品性格，然后再通过图片头脑风暴，寻找一些视觉灵感，尝试一些视觉风格，直到确定方案。

(1) 确定产品性格

一个应用有自己的性格很重要，需要如何确定产品的性格呢？当然是从之前了解的产品的背景来提取。

团购站点火爆，是一种消费热度的体现；同时团购的价格低廉，购买流程方便，也是生活化的特征。团购是现在最火热的电子商务形式，很多年轻人爱上了团购，也是一种新潮时尚的消费观。

现在提炼出四个重要的关键词，即热度、生活化、新潮、时尚。

带着这四个词，在后面的设计中，要尽量贴近和靠近这四个词的感觉，把产品的性格融入到每一个设计细节中去，如图6-7。

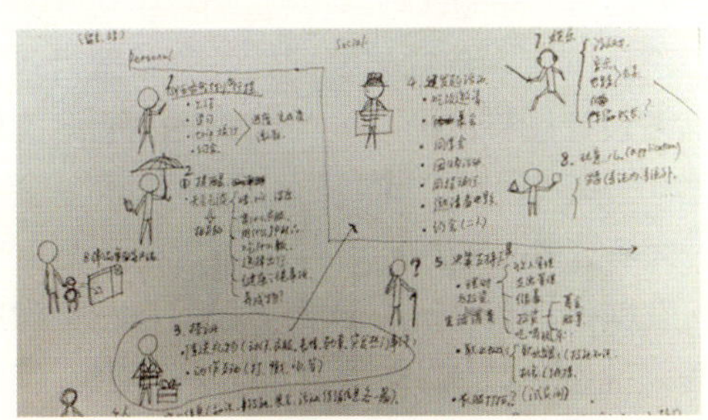

图6-7 一个团队在头脑风暴时在写字板上的脑图（Mind Map）

提示：团队操作项目的时候，会有更多的词诞生，那么需要做减法，把最重要的、最契合的词找出来。不要太多，3个最佳，一般不超过5个。

(2) 确定产品视觉特征

时刻想着提炼出的四个词。

① 方法一——行业视觉特征分析。

团购应用属于电子商务，对于广大的中国用户来说，购物站点淘宝、当当和京东都是最红火的站点，这些网站非常本土化，都是暖色系的页面设计，如图6-8。

图6-8 淘宝网、淘宝商城、当当网、京东商城的网页顶部截图对比

百度上线的“有啊购物”站点上线之时定位绿色，虽然绿色清新，让网站变得干净许多，但是众多用户反馈，有啊的界面没有购物欲望，没有浏览欲望，很多用户因此也就流逝。

所以暖色，应该是本次设计主要尝试的色彩。

通过色彩方案尝试，红色能够更好的突出团购火爆的场面，容易烘托价格特征的信息。同时采用橙色和黄色可以让一些信息产生视觉对比，信息更有层次，加强这种热闹的气氛。图6-9是提纯后的暖色系范围，可用来作为设计的参考色谱。

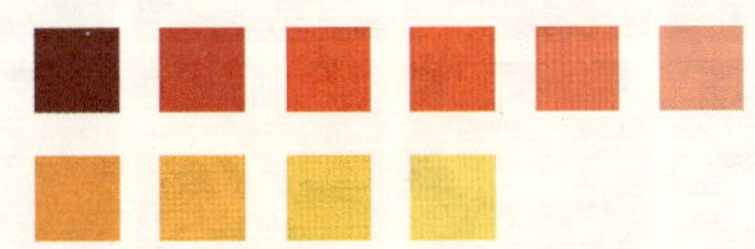

图6-9 提纯后的暖色系范围

② 方法二——图片脑暴——主要用于寻找新意的地方。做出与他人差异化的细节设计。

- 第一步——设计团队可以找一些与关键词感觉匹配的图片。这里给大家几个找这种图片的网站：
- 全景网——中国最大的图片网站 http://www.quanjing.com/
- 国外图片网站汇总 http://www.qkankan.

com/photo/

作为设计师，应该也有自己的图库，那里面应该也有要找的感觉。

图6-10所示每次团队头脑风暴时，需要有一个记录员，整理所有人的观点，会后整理发出，一般情况项目的主要负责人来记录，比较有效果。

图6-10 团队头脑风暴时情景

提示：这里提到的是感觉匹配，不是图片中的具体的物或者人，而是感觉。例如同样是一辆车的照片，由于拍摄的手法不一样，得到的照片感觉有的是商务化，有的是生活化。

围绕时尚、热情、生活化还有神秘感，在暖色调的图片库中选择了这些图片，如图6-11。

图6-11 头脑风暴时找的部分图片

第二步——提纯抽离，并找到可以视觉化的元素。

红得不艳，有光感，新潮又时尚。光的迷离，生活化又神秘，如图6-12。

图6-12 光斑在营造时尚而生活化的背景时非常有效

通过上面的视觉尝试，确定使用这种红色背景下的光点模糊的效果来做登录画面的背景，营造产品的氛围。这种辅助图形的创意，在产品视觉设计中扮演着非常重要的角色，用它贯穿整个产品界面到运营的全线，后面的设计会逐步体现。

提示：常常听到视觉设计师总是抱怨没有灵感，但是灵感不是说有就有的。解决这个问题的方法只有一个——平时积累设计的风格和技法，记录好的想法和点子，做好知识储备。只有这样，在面对项目的时间或者背景的种种限制时，设计师才能快速地反应，用最快的方式来表达对产品的理解。

设计师可以建立与图标相关的管理目录，在需要设计图标的时候，可以事先查看分类好的图标，找找灵感。其实不是所有的项目都要创新，大多数情况需要来完成既定的项目目标。

在实际项目中，设计师不是从自己会做或者爱做的设计风格出发的。任何一个产品都是参与整个市场的竞争，设计师不能打哪儿指哪儿，需要通过视觉设计研究来确定自己产品的风格。当然这也需要视觉设计师平时对视觉设计风格全面发展的掌握。

6.2.2 登录界面的设计过程

登录界面由图6-13所示的产品标识，填写账号和密码区域，登录和注册按钮，以及不登录直接浏览入口组成。界面尺寸480px×320px。

在设计之前，首先欣赏一些他人的设计，

图6-13 登录界面草图

找找这方面的设计规律。

• Yahoo messenger的应用界面营造了较大的精神，深灰色的背景突出了主标识，如图6-14。

图6-14 Yahoo messenger 登录界面

• Friendsaround的设计把背景当作桌面，立体感的标识放在桌面上，如图6-15。

图6-15 Friendsaround 登录界面

• 韩国NAVER公司的一个通讯录同步的应用。主标识说明了一切，也许没有比这个再简练的语言了，如图6-16。

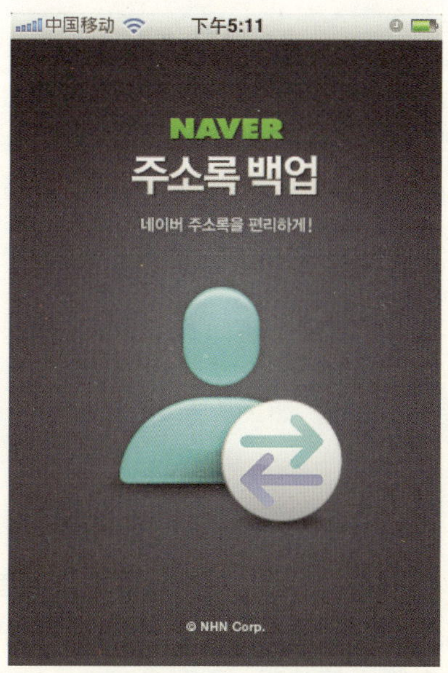

图6-16 NAVER 登录界面

• Opencast的应用使用了品牌色，没有对Logo做放大。需要从这个界面中学习它放置输入账号框的方式，如图6-17。

• me2DAY的登录界面。Logo做了镜像，同时需要注意它对界面中多按钮的摆放方式，如图6-18。

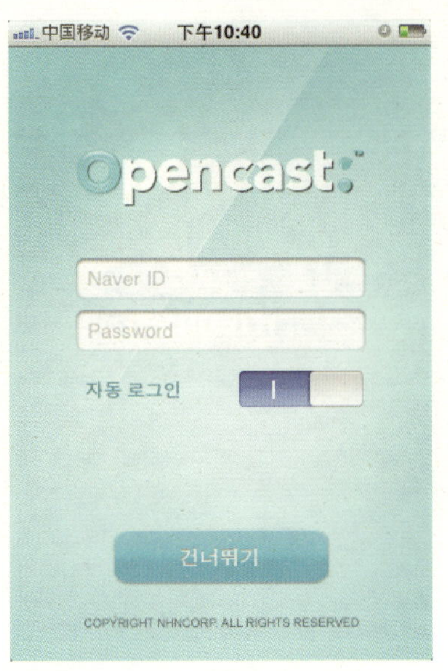

图6-17 Opencast 登录界面

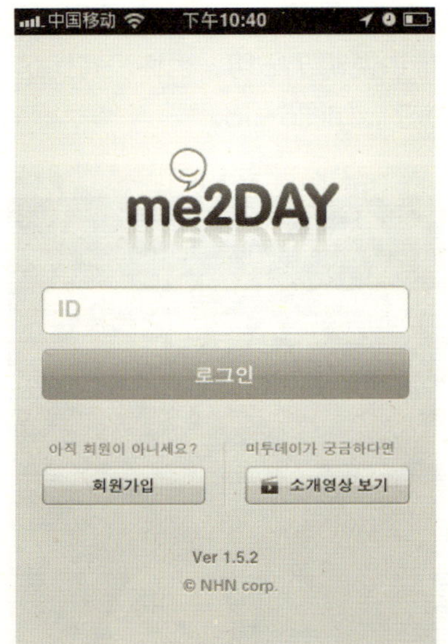

图6-18 me2DAY 登录界面

- 腾讯公司的QQ应用，在登录界面中有登录流程，同时提供注册账号、记住密码、状态、自动登录等功能。需要学习它是如何对这种复杂的设计需求进行排布的，同时注意各个控件的大小，如图6-19。

结合前面提到的视觉层次，这几个启动画面的例子，都很好地把应用形象进行了突出，在小小的手机屏幕，营造了一种氛围。下面展开设计爱团购应用的启动界面。

第一步：建立画布。

图6-19 QQ登录界面

由于要营造后景，所以事先建立的画布最好大于480×320的尺寸，这样可以更全局地观看效果，建立画布900×768，背景填充成暗红色# 480000，如图6-20。

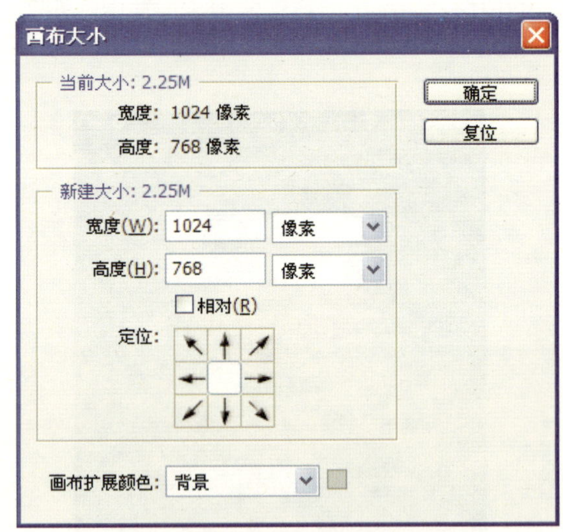

图6-20 建立画布

取一块区域作为登录界面区域，并用标尺拉出辅助线，明示区域存在，如图6-21、图6-22。

图6-21 登录界面尺寸

图6-22 用辅助线标明区域

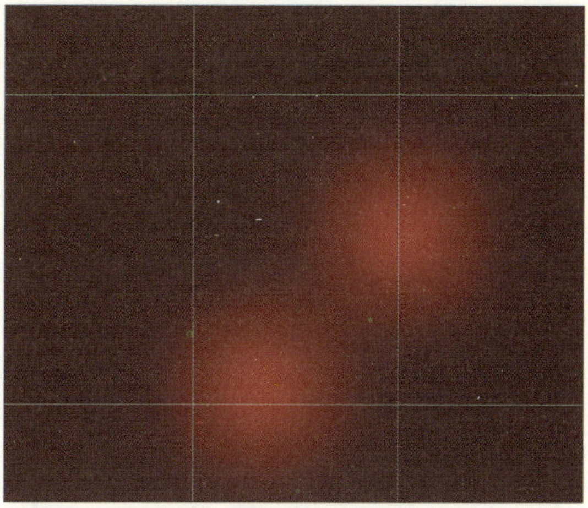

图6-24 绘制光源

第二步：制造大光源。

调整画笔，使用虚化的画笔，并将笔触调整至400px。具体效果设计者可以根据实际情况设定，如图6-23。

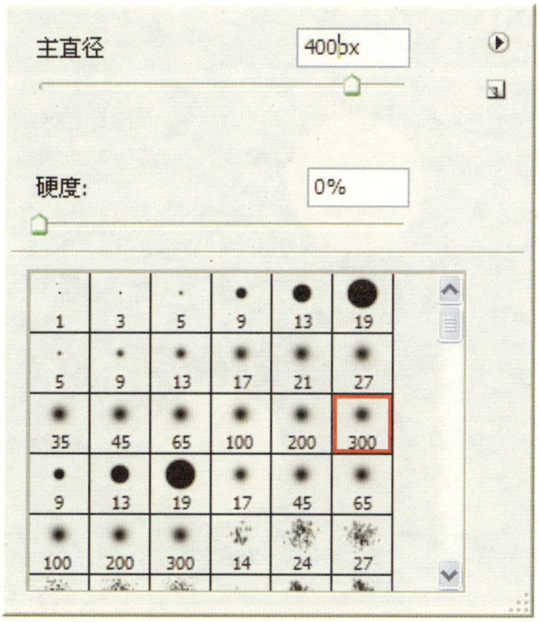

图6-23 画笔尺寸

按照图6-24所示，在画布上点出如下效果。

提示：每一个光源放置在一个层上。这样可以通过移动层来查看不同的效果。笔者建议每一个元素要有自己的层，方便后续编辑和修改，如图6-24。

第三步：制造光斑。

制造离子效果的方法就是利用笔触。通过设置一些参数可以营造很多种离子效果。最后的空间感，需要通过模糊以及摆位置来实现。

画笔的设置，画笔色彩调整为# ffec9c，笔尖形状、形状动态、散布依次调整，如图6-25～图6-28。

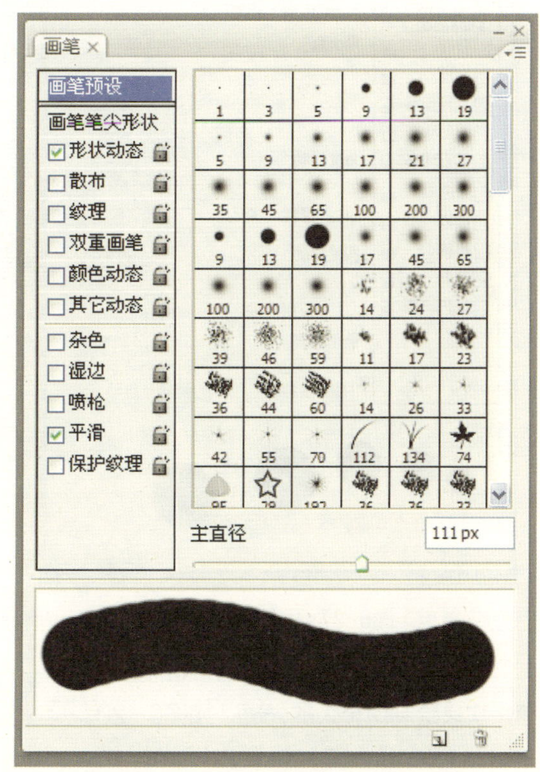

图6-25 画笔设置（一）

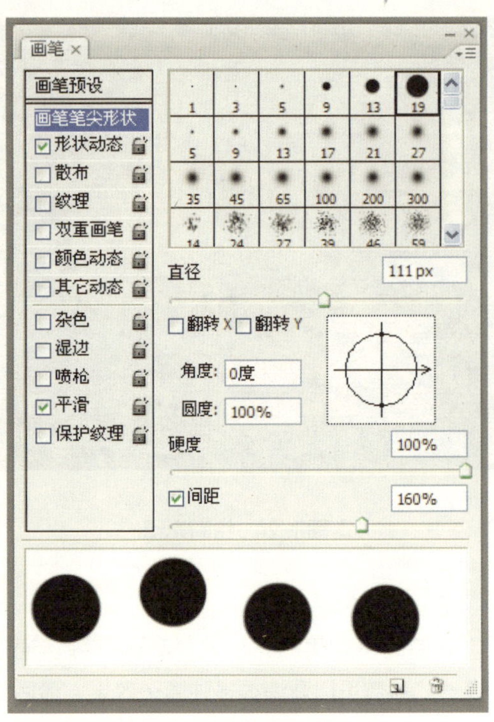

图6-26 画笔设置（二）

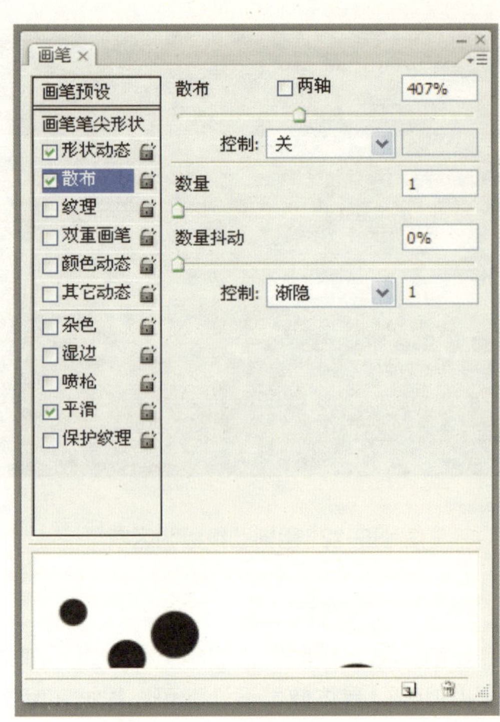

图6-28 画笔设置（四）

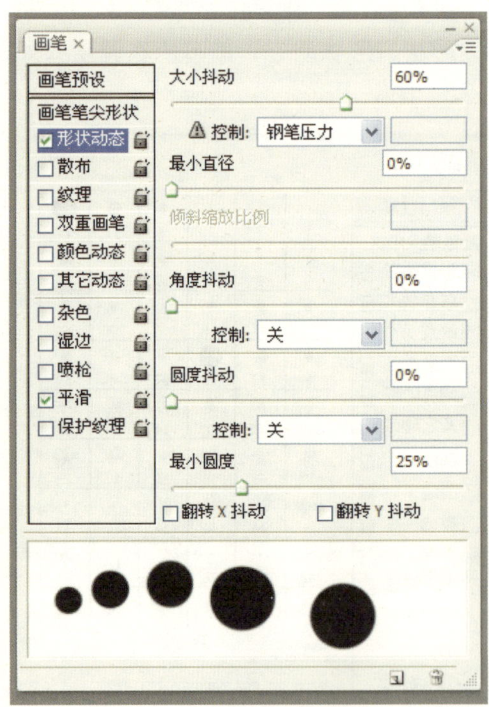

图6-27 画笔设置（三）

图6-29 绘制光斑

要通过几次绘制来完成光斑的空间效果。第一次只绘制两个大的光斑，如图6-29。

调整图层填充，设置内发光样式，如图6-30～图6-32。

图6-30 设置图层填充

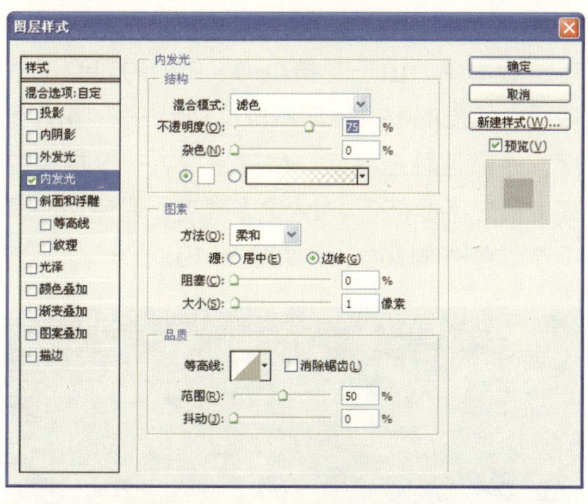

图6-31 设置图层样式

图6-32 设置完成后的效果

然后将该图层与一个空白图层合并，并高斯模糊，把该图层修改为叠加，如图6-33。

图6-33 设置图层模式

效果如图6-34。

第四步：重复制作，并创造出空间感。

同样的方法，新建图层，画笔修改为300px，其他参数不变，绘制一个长路径的，设置不透明度为36%，如图6-35、图6-36。

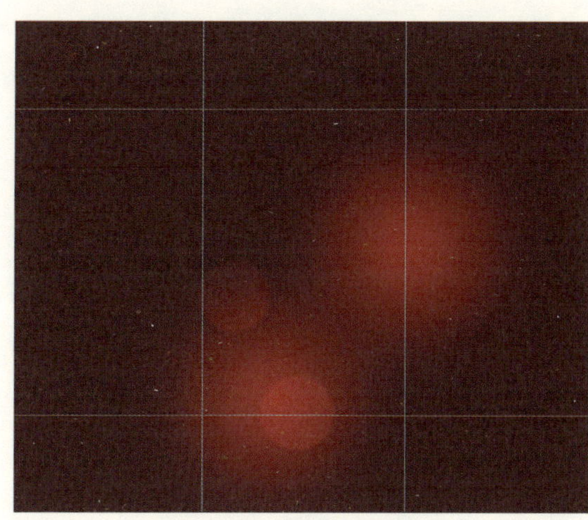

图6-34 设置完成的效果（一）

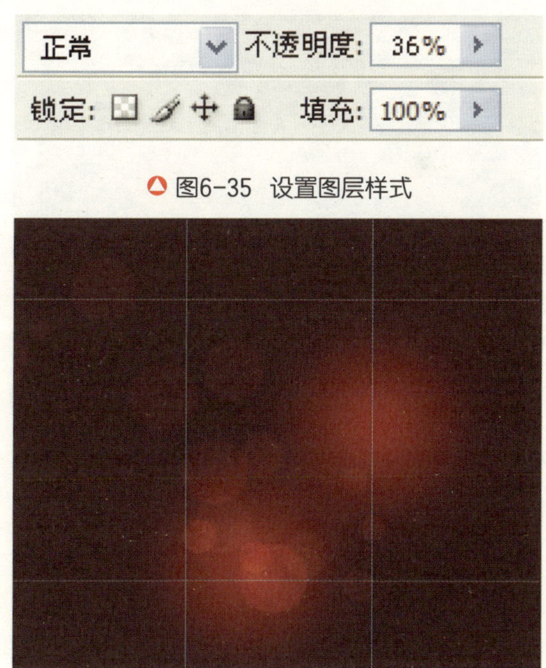

图6-35 设置图层样式

图6-36 设置完成的效果（二）

同样的方法，再绘制一条小的，路径更长的，如图6-37。

同样的方法，再绘制一些。同时可以增加一个特亮的光斑，营造反光的效果，如图6-38。

将刚才绘制的光斑复制到顶部一些，这样可让整个画面都能有光斑存在，如图6-39。

背景光斑就基本结束了，等把界面上的其他元素摆放好后，可以根据情况再做微调。这就是为什么要分层来做源文件的原因。

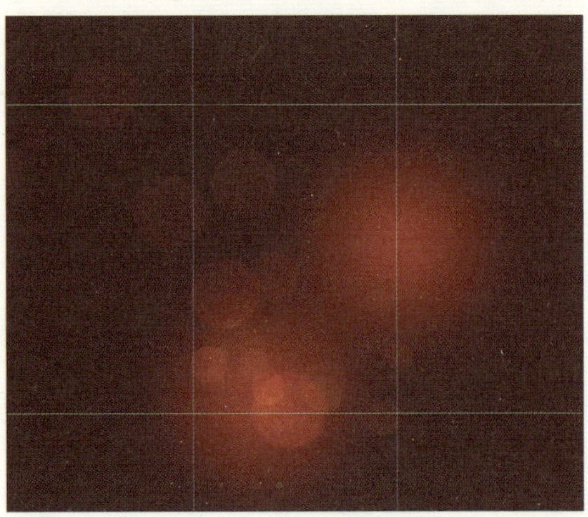

图6-37 绘制的效果

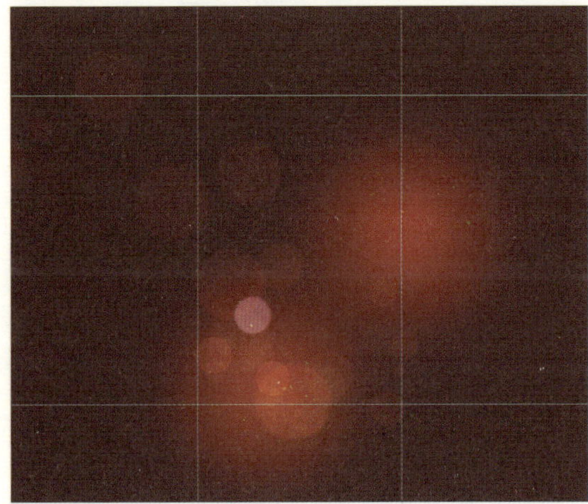

图6-38 反光效果

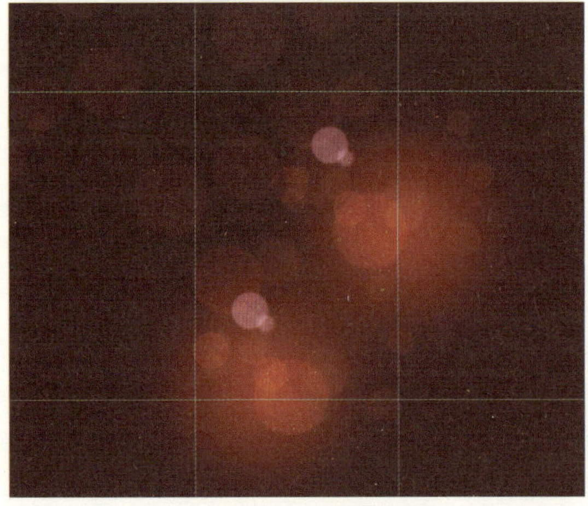

图6-39 复制光斑

第五步：放置输入框、按钮、标识。

输入框采用默认样式，输入框的高度是43px加上分割线为44px。（iPhone OS4.2以前的版本中，由于支持480×320的界面尺寸效果，给出的一个触屏不成文规范——44px高度，是最佳触控高度。也就是说，一个控件的高度最好不要低于44px这个高度，避免用户误操作或者操作困难。）如图6-40。

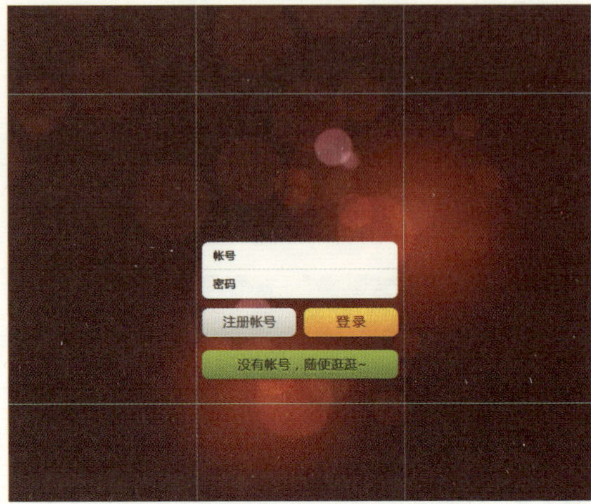

图6-40 控件位置与大小

这里把按钮的高度设计为44px，并用橙红色来继续营造新潮时尚的感觉。草绿色用来诠释不登录浏览的通道。

第六步：标识摆放。

作为一个移动应用，标识一般不出现在应用内界面，所以放在登录界面出现，可以加强用户对于品牌的记忆，这里的设计方法采用了居中对齐，让画面更加饱满稳定。在标识的左右两侧，可以搭配手写字体， 更加轻松生活化一些。在这里需要时刻注意背景的光斑，有意识地去移动光斑，使之与标识部分搭配达到满意的效果，如图6-41。

图6-41 标识摆放效果

在色彩方案的选择上，爱团购lovegroupon.cn被赋予了橙黄色，能够很好地在界面中凸显出来。样式参数如图6-42。并设定投影参数。

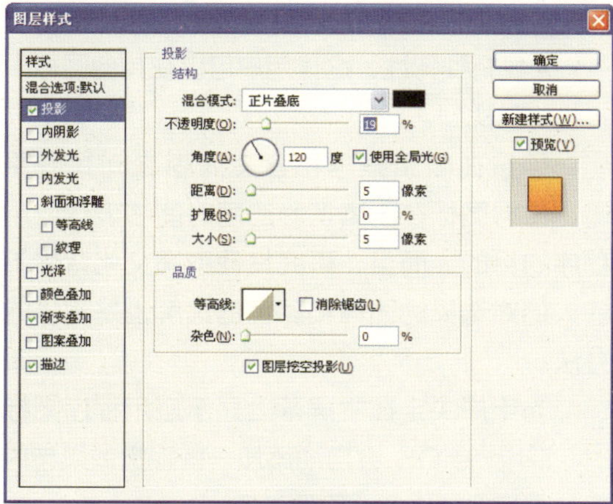

图6-42 设置图层样式中的投影

设定渐变参数，如图6-43。

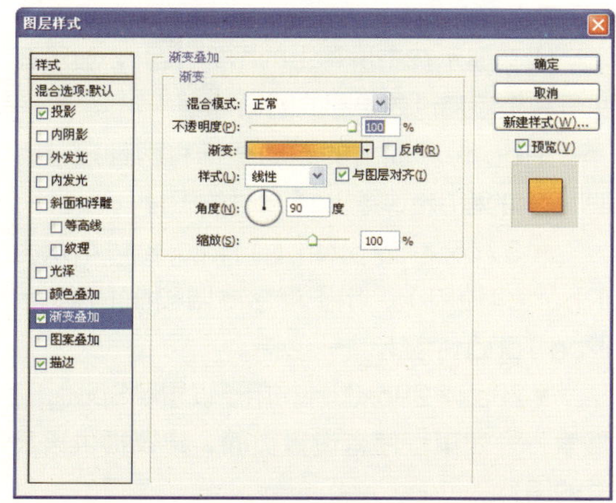

图6-43 设置图层样式中的渐变叠加

设定描边参数，如图6-44。

最终效果如图6-45。

第七步：完成效果图。

把480px×320px的区域进行裁剪，只剩下需要的部分，然后找一个iPhone的工业产品效果图，把界面贴上去，如图6-46。也可以将界面直接拷贝到iPhone手机里面，用看图工具给团队成员查看，效果更加逼真，如图6-47。

提示：做好的界面需要放到手机里面进行测试。这是一个最重要的步骤，后面所有的界

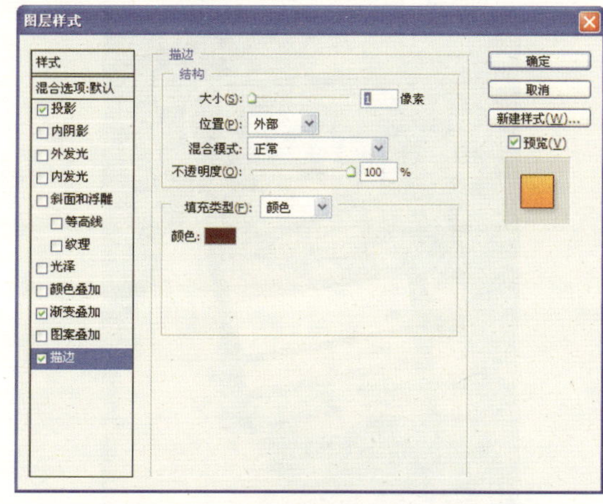

图6-44 设置图层样式中的描边

图6-45 登录界面效果

图6-46 登录界面效果图（一）

图6-47 登录界面效果图（二）

面都要有此操作。例如按钮大小、文字大小、行间距等等，都需要在实际物理屏幕下进行测试。还有一种常用的做法，就是把效果图按照1：1的比例关系打印出来，贴在墙上，会更容易发现设计中的问题，如图6- 48。

图6-48 测试效果图

6.2.3 标识创意设计过程

设计标识的过程，跟通常开展vi设计基本一致，需要特别注意的地方是每个移动平台有自己的一套启动图标设计规范，需要实现并了解这些，才能开始设计。

iPhone应用程序图标是用户会放在其主屏幕的图标，点击可启动应用程序。在这里，品牌宣传和大量的视觉设计将浓缩于一个精简、可立即识别且引人注目的整体。

用户选择希望显示在其主屏幕上的应用程序图标，因此应当将图标设计得：

- 具有吸引力，这样用户觉得必须要将其留在主屏幕上；
- 具有独特性，这样用户可以在其他图标中轻松将其找到。

尽量在吸引眼球和含义清晰之间找到平衡，使得图标在丰富多彩的同时能够表达应用程序的目的。而且，研究其他不同文化背景下的人们对选择的图像和颜色的理解也是不错的办法。

当用户决定在主屏幕上显示应用程序图标时，iPhone OS 会自动添加一些视觉效果与内置的图标保持协调。具体包括：

- 圆角；
- 投影；
- 光照反射。

没有显示在主屏幕上的图标 ★ ；显示在主屏幕上添加过效果图的图标 ★

iPhone界面上的启动图标有两种尺寸，iPhone的程序包需要以下尺寸的图片：

- 57px × 57px和（114px × 114px为iPhone4使用），用于程序商店和在iPhone/iPod Touch中显示——必需。
- 29px × 29px图片，用于设置和Spotlight搜索——如果程序有设置页面，建议提供该尺寸的图片。

苹果官方要求设计师最好设计512px × 512px尺寸的大图标，以用来显示在App store里面，标识的输出需要考虑放到正方形的区域内的效果，圆角是程序添加上去的。

移动端的图标意义非常重要，因为在用户看到的界面、享受提供的服务之前，最先看到的就是应用图标。下面是进行标识创意设计的流程。

第一步：欣赏一下他人的作品。

第一次设计这类图标势必会不知所措，iPhone的HIG规范文档也只是描述了图标的尺寸，那如何设计一款应用的图标呢？

提示：这里需要强调的是，每一份设计工作开展前，请尽量多看看其他企业是如何做的，把优秀的地方记录下来，找到恰当的点，融入到自己的设计中去。

首先应用的图标就是产品的Logo，或者是产品Logo的另外一种形态。由于手机屏幕的限制，以及应用程序菜单列表的限制，每个产品只有一个方形大小的区域来展示品牌，而大部分产品的Logo都不是方形的，例如百度公司和Google他们的标识都是长方形构图，且相对较长。他们在设计应用的时候，就取了标识中最易识别的部分。百度取了熊掌，Google取了g字母，如图6-49。

图6-49 标识与Logo对比

iPhone应用图标将标识设计推上了比较高的境地。一个表情，一个符号，一个字幕，或者一个插画，都能成为应用的图标。其目的只有一个——一眼就可识别出来的应用。所以差异化设计是必需的。

打开itunes，在苹果应用商店里可以最直接的看到成千上万的应用设计图标，对每一个应用的图标设计想一想为什么这么设计，为什么使用这种风格，图标的内涵是什么，以及这一类的应用是如何设计的。

图6-50中这两个应用标识是效率管理类的，在国外效率管理类软件中的对勾符号代表此件事情完成，所以这两个标识中都体现了这个符号，不同的是，右侧的设计像是一个复选框，结合了界面中的复选框。左侧的设计着重突出记事本的寓意。

图6-50 标识的寓意

图6-51中这几个应用标识是新闻类的，打开应用就有编辑好的新闻。不同的是第一个和第二个结合了名称以及报纸的造型，而后面三个选用了自家公司的VI标识。毕竟华尔街日报、BBC新闻和纽约台湾时报的设计简单，但是由于是老牌新闻发布机构，这样的应用标识更容易识别，更符合大新闻集团的气质。

图6-51 标识的寓意

图6-52这三个应用标识是订阅类的。都有一个共同的特征结合了rss常用的符号，符号与自身标识的结合不一样，但都表意明确，容易识别。

图6-52 订阅类应用标识

这个应用是货币兑换，一定很快就能识别出来，这种工具性的应用，需要的就是简单直接，不需要拐弯抹角传达意思，如图6-53。

图6-53 货币兑换应用标识

图6-54中这三个应用标识是大型互联网公司推出的。如果事先不知道这几家公司的互联网服务，就很难知道这个应用标识背后到底提供什么服务。但是这三个应用标识本身是入口作用，搭载了多个自家公司的互联网服务。

图6-54 互联网门户标识

通过上面几组图标的设计可以发现，不论是写实的还是使用自身标识的，都有一个共同的特点，就是找到那个最能说明问题的符号。在设计中，把这个简单的符号应用到极致，就能够产生品牌的力量。

第二步：手绘草图方案。

图6-55所示是编辑后的草图汇总图。

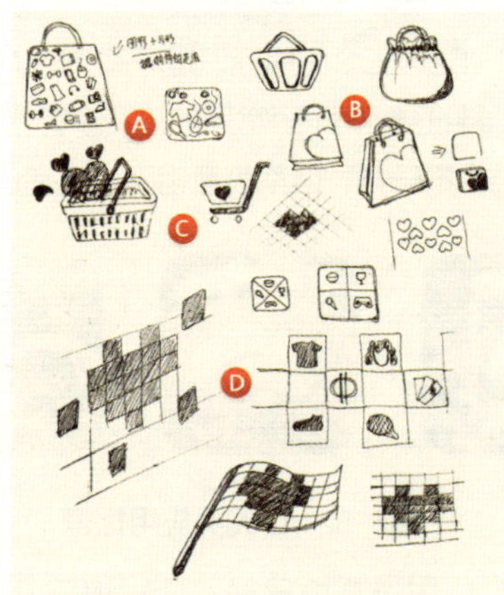

图6-55 设计草图

在进行草图设计的时候，要快速而跳跃，把脑海中尽可能有的想法快速地表达出来。这时可能已经把对产品的情感一点一点融进，并等待满意的方案出现。

- A方案从购物袋入手，想把各种购物类别的图释以花纹的形式放在包装袋子表面。应用的图标为一个丰富的符号汇集。不过预计绘制出来后，会比较难识别，但是可以用来做运营设计的相关背景。
- B方案还在探讨不同的购物袋子，画个心形上去，或者做个高贵点的钱袋。但无法产生特别的视觉冲击。
- C方案考虑到了购物车，团购么，可以大张旗鼓的多买狂买。购物篮子、购物车，外加一个堆心。其实是一直想把“爱”团购的热情和激情融入到图标里面。
- D方案是把购物的丰富程度和热闹程度加以抽象提纯后，融合了方格矩阵的视觉文化。如果说每一个团购信息是一个方形，那么希望这些方形能组成矩阵，诠释一个“心”出来。后续的运营设计也可以把每一个方格子里面放上物品图标。想一想，这种设计更容易被扩展和应用。

因此，就暂定这个方案了。

提示：做任何设计之前，不要直接就用Photoshop，或者其他设计软件，这是老话常谈。手绘能够让思想快速地表达，在手绘过程中快速迭代idea。经常用手绘表达想法的设计师，会积累很多有价值的好习惯。试想一下，喝一杯咖啡，翻阅着时尚杂志或者浏览着设计网站，带着设计的问题进入状态，一定有好多想法，那么迅速绘制下来吧，就会发现，灵感像泉水一样涌现！

把最终选择的方案在电脑中做出来，步骤如下。

- 新建一个图层，用1px的铅笔工具点出一个心的形状。如图6-56，需要确定多少个像素点能够组成一个心形。点完后需要16个。
- 需要绘制的图标尺寸为512px×512px，

图6-56 标识设计步骤之一

按照这个面积确定像素网格大小。删除之前的图层，建立512px×512px画布。网格单位为72px×72px，如图6-57所示。像素心的图形就在这个网状图形中诞生。

图6-57 新建像素网格

- 在设计之前，先设计一个红色的背景。不用复杂，只需要一个感觉拱起的面即可。参数可以参考图6-58、图6-59。

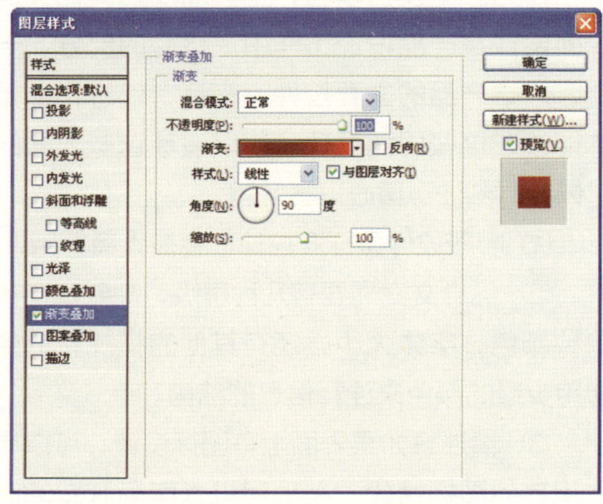

图6-58 图层样式参数

图6-59 设置后的效果

- 把刚才的网格图形赋予白色，放在这个红色的图层之上。调整网格图层的透明度为30%，如图6-60。

图6-60 调整透明度

- 绘制心形图形。按照像素的方式，一个方格对应一个像素点，并且分别建立图层，如图6-61。

图6-61 绘制心形

• 给组成心形的每个图层赋予阴影样式。需要注意的是，图层的顺序要做微调，确保从中间到四周的上下关系，如图6-62、图6-63。

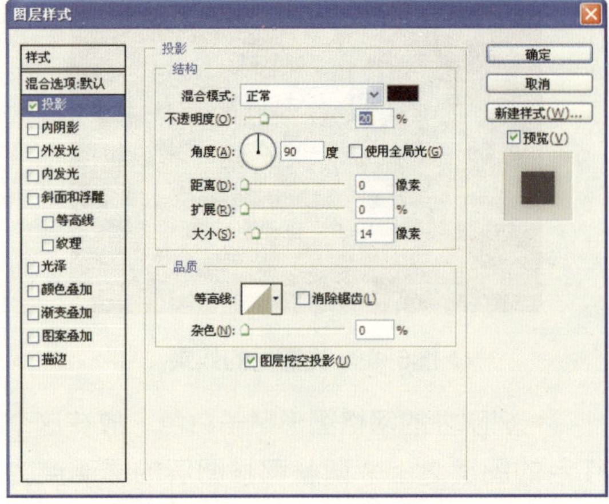

图6-62 设置阴影参数

图6-63 设置完成的效果

• 为了更有层次，把四周的几个方形调整图层的透明度为90%，如图6-64、图6-65。

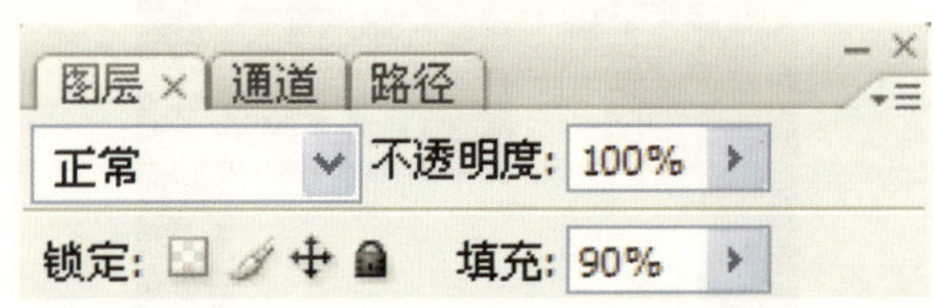

图6-64 调整透明度

• 根据尺寸要求，做出相应的效果图。圆角需要在效果图中自己加上，如图6-66。

提示：一般情况下，设计师在一个产品的标识设计上会花费很多心思，而且会收到来自各方的建议，所以标识设计在实际项目操作中都是放到最后才做的。比如进入开发阶段后，可以有大量的时间耐心打造标识。可以多做一些方案，方便团队决策。

图6-65 调整完的效果

图6-66 增加圆角，制作不同尺寸标识

6.2.4 主界面设计

作为一个设计项目，主界面及其其他关键界面设计是产品设计工作中最核心的部分。一个客户端产品的主要控件、交互、信息也都基本能够在这些界面展现。所以设计这些界面的时候要时刻注意留心以下问题。

① 哪些控件是标准控件，会被大量复用？

② 信息文案需要有几种层级，需要赋予多少种颜色，字体大小，还有其他的样式？请务必用少量的颜色来诠释信息的结构。

③ 请注意如果界面上有图标设计，可以事先用其他图标替代，在项目进入实际开发的时候再细化。

④ 要对界面上每一个信息清楚来历，精确到字符串的多少？是数字形式、中文形式还是字幕文字混排，还是其他……总之，要确保信息呈现的万无一失，就必须对每一个界面上的信息保持全方位的了解。

首先来解读一下主界面线框图，如图6-67，了解iPhone平台的一些基本控件。

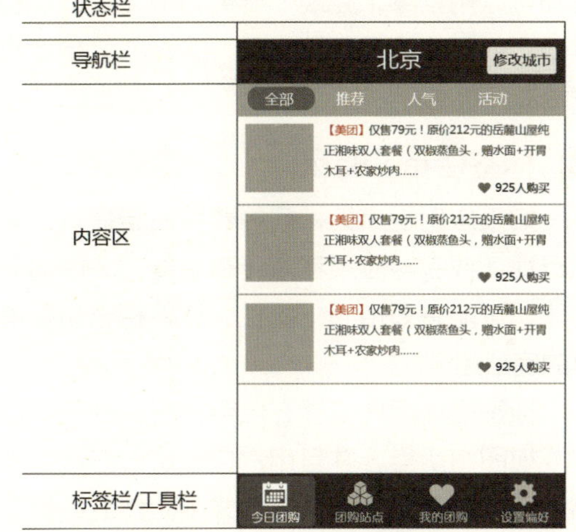

图6-67 主界面线框图

(1) 状态栏Status Bar

状态栏告诉用户有关他们设备的重要信息，包括手机信号强度、当前网络连接和电池电量等。图6-68显示了状态栏的一个例子。

图6-68 状态栏例子

由于状态栏是可以隐藏的，对于这种设计一定要谨慎考虑。用户希望能够看到他们设备的当前电量、时间等信息。把这些信息隐藏起来，让用户只有在退出应用程序的时候才能看到，这并非是理想的用户体验。

状态栏的样式极少可以控制，根据界面设计的需要，可以选择以下三种样式的状态栏，如图6-69。这个需要视觉设计师根据界面设计的需要来决定。

图6-69 状态栏样式

(2) 导航栏Navigation Bars

导航栏出现于屏幕的上方，位于状态栏之下。导航栏通常包括当前页面的名称，并且包含了可对页面进行操控的控件，除此之外还可添加导航控件。

通过导航栏的使用可以达成两个目的：

- 在应用程序的不同页面中进行导航，如图6-70（a）；
- 提供对当前页面进行操作管理的控件，如图6-70（b）。

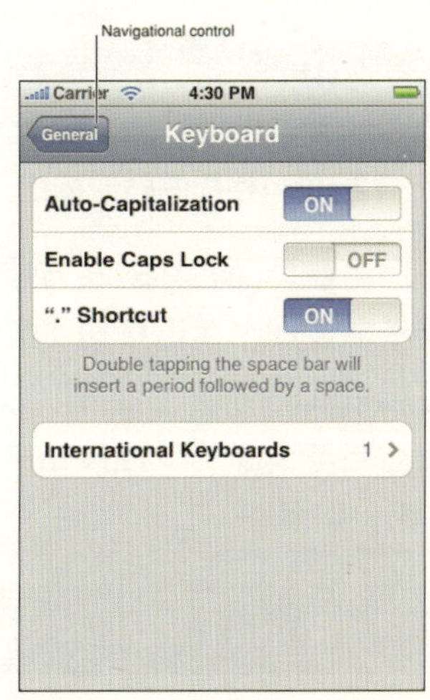

图6-70（a） 导航栏作用（一）

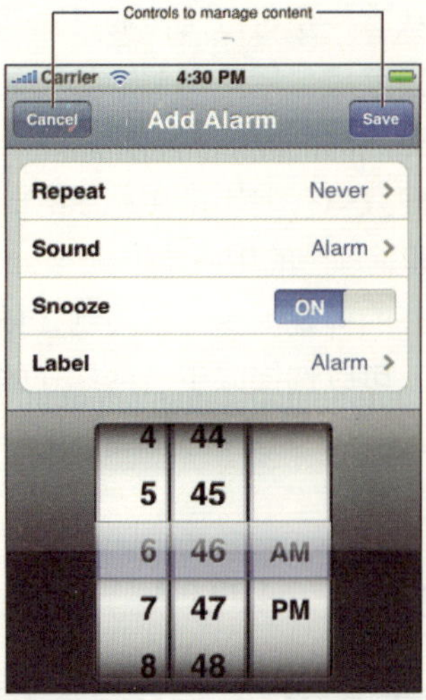

图6-70（b） 导航栏作用（二）

一个导航栏可以只是居中显示当前页面的名称，如图6-71所示。在一个APP的起始页面中，由于这个时候用户还没有导航到其他的页面，因此导航栏应该只显示起始页面的名称。

图6-71 导航栏显示起始页面名称

当用户导航到其他的页面上时，导航栏的名称就应相应的变为新的页面名称，并且提供一个以之前位置名称命名的后退按钮。举例来说，图6-72显示了Date&Time设置中的导航栏，Date&Time设置是Gerneral设置的一部分。

图6-72 导航栏提供后退按钮

导航栏还可在页面名称的右方显示第二个按钮。如果不需要一个后退按钮（因为应用程序并不支持层级式的导航），可以在页面名称的左边使用对当前页面的操控按钮来替代，如“编辑”按钮，如图6-73。

图6-73 导航栏提供其他功能按钮

当把iPhone OS设备由竖向改为横向放置时，导航栏的高度会被自动改变（不能通过编程语言指定高度）。在横向放置时，更窄的导航栏为页面内容提供了更多的显示空间。在为导航栏设计图标和为页面设计布局时，一定要注意横屏和竖屏的高度变化。

可以对导航栏指定颜色和透明度，所有这些都可以用程序来完成。要努力地使状态栏和其他功能栏的外观保持一致，这样的应用看起来更加完整统一。

(3) 标签栏Tab Bars

如果应用程序为相同的数据设定提供不同的透视，或者与应用程序所有功能相关联的子功能，可能需要用到标签栏。标签栏出现在屏幕的底部边缘。

标签栏让用户能够在应用程序中的不同模式或视图中切换，并且用户应该可以在应用程序的任何位置进入到这些模式中。然而，标签栏绝对不应该被当做工具栏（包含控制当前模式中元素的按钮）使用。

例如，iPhone和iPod使用标签栏可让用户选择将重点放在他们媒体收集的哪个部分，如播客，艺术家，视频或播放列表。另一方面，在时钟程序中，标签栏让用户得以进入到四大功能，即世界时钟，闹钟，秒表和定时器，如图6-74、图6-75。

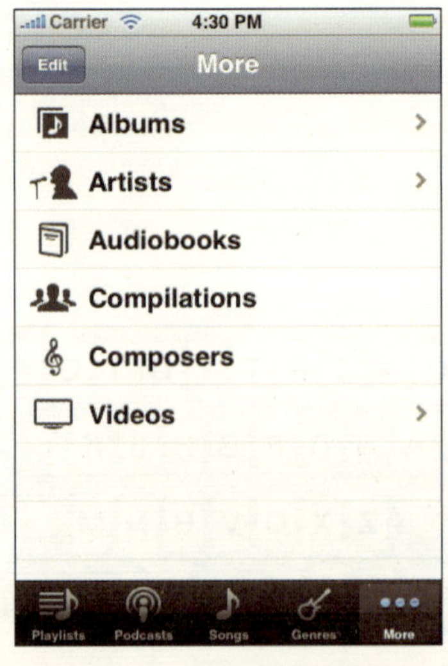

图6-74 标签栏示意（一）

图6-75 标签栏示意（二）

所有标签栏显示图标和文字的标签都是相同的宽度并且显示黑色背景。当标签被选中后，它的背景淡化并且标签中的图片变亮，如图6-76。

图6-76 标签选中效果

可以在标签上显示一个标记以便于用户以无干扰，朴素的方式进行沟通。这种类型的反馈适用于通话信息，虽然对用户的项目或其范围内的东西并不重要，但了解这些是很有用的。这种标签类似于在语音信箱标签上显示一个信息来表明未听的信息：它是一个在标签右上角的红色椭圆形的标记。椭圆形里面白色的文字提供了信息，如图6-77。

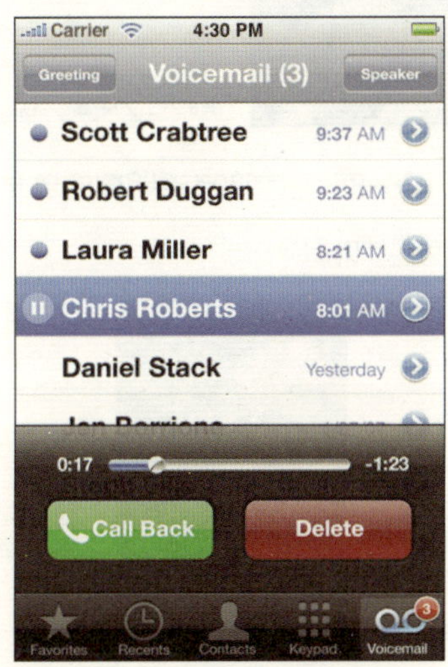

图6-77 标签栏显示更多的信息

(4) 工具栏Toolbars

如果应用程序允许用户对当前的页面进行一系列的操作，那么最好是为用户提供一个工具栏。工具栏出现于屏幕的最下方，提供可以对当前页面对象进行的操作。工具栏不应当用于转换程序的各种模式。

举例来说，当用户在邮件系统中阅读一条消息时，应用程序就会提供一个工具栏，里面包含了一系列的按钮，用于删除、回复和移动该消息，还有查看新邮件和撰写新消息等。通过这种方式，用户可以一直停留在消息查看页面，于此同时进行和管理邮件相关的操作，如图6-78。

图6-78 工具栏示意

工具栏中的按钮以均匀方式水平分布。对工具栏中的按钮数目进行限制可以使用户更容易点击到他们需要的按钮。推荐的界面元素点击域大小为44×44像素，因此少于或等于五个的工具栏按钮是合理的。图6-79显示了一个工具栏中合理分布按钮的例子。

图6-79 工具栏中的按钮

可以为工具栏上的按钮设计特有的图标，也可以利用iPhone OS系统中已经定义好了的按钮。如果选择创建自定义的工具栏按钮，务必要使他们的大小保持一致以形成外观上的平衡和美观。

工具栏的颜色和透明度是可以根据外观来调整的。尽量保持的工具栏的外观和应用程序其他栏的一致性。

正面了解完界面上的控件再来个侧面图看一下，因为UI界面是有层次，谁在上面，谁在下面，需要事先定义好，以便指导光和阴影的使用，如图6-80。

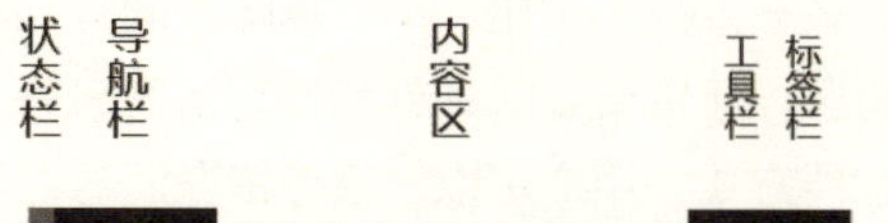

图6-80 UI界面层次

通过上面的了解，在下面的设计过程中，要遵循这些控件的规范，并用这些规范来让开发更加快捷。

绘制步骤如下。

步骤①：新建画布480px×320px，背景颜色填充为# 5d0500，如图6-81。

图6-81 新建画布

步骤②：制作背景肌理。取4px×4px区域，做如图6-82的点阵，保存为图案。

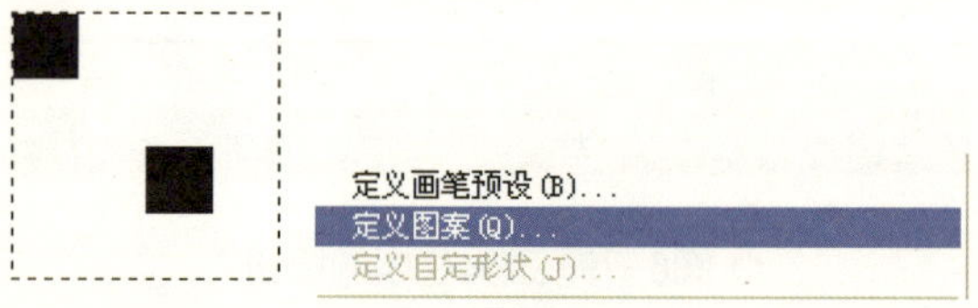

图6-82 自定义图案

选择填充工具，并选择图案填充，选择刚制作好的图案，效果如图6-83。

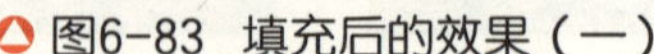

图6-83 填充后的效果（一）

红色的效果，点阵色彩填充为# 220200，填充透明度为50%，如图6-84。

图6-84 填充半透明的红色

复制一层，色彩填充为# ffffff，图层属性调整为叠加，透明度30%，如图6-85。

图6-85 设置30%透明度的填充

实际效果如图6-86。

图6-86 填充后的效果（二）

步骤③：选择合适的状态栏，确定导航区的高度为44px。这里选择黑色，以让应用更具酷酷的感觉，压住整个浓重色彩的风格，如图6- 87。

图6-87 增加状态栏

步骤④：给导航区域附着样式，如图6- 88。

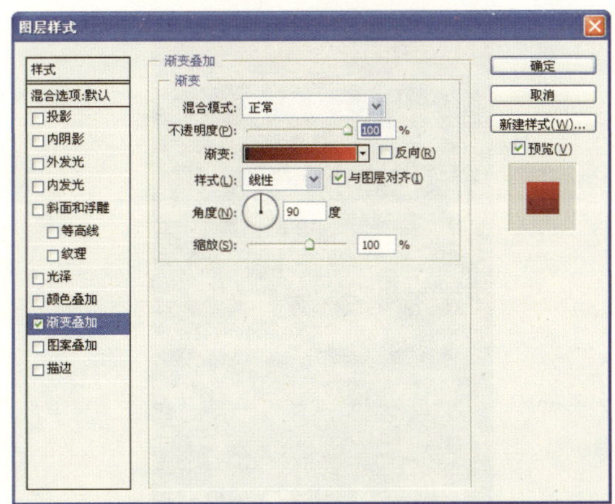

图6-88 设置图层样式

选择渐变叠加，通过调整色彩点，来控制所要赋予的色彩质感。要把该区域的体积感表现出来。如果足够熟练，也可以把高光一并做在这里，如图6- 89、图6- 90。

图6-89 设置渐变色

步骤⑤：写上标题文字“北京”。这里做效果图，选择微软雅黑字体。这个字体在一定

图6-90 设置后的效果

程度上比较接近iPhone上中文字体的效果，如图6- 91、图6- 92。

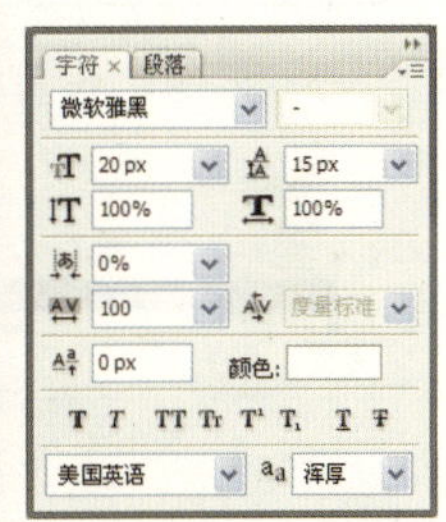

图6-91 增加文字

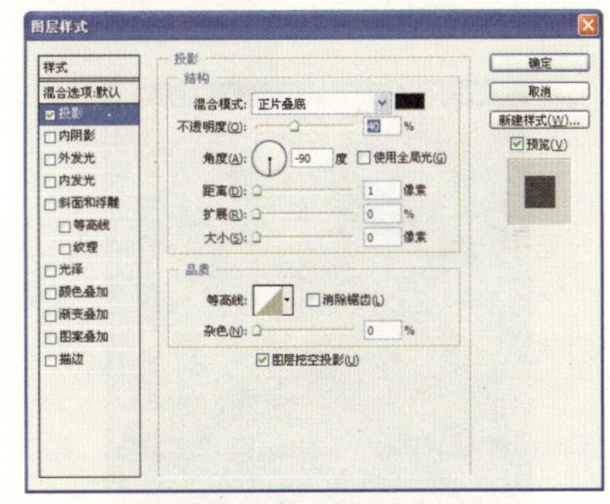

图6-92 给文字添加效果

步骤⑥：设置标签栏的区域，并赋予样式。该区域有文字和图标所以在高度上确定为49px，如图6- 93。

图6-93 增加标签栏

选择渐变叠加，通过调整色彩点，来控制所要赋予的色彩质感。要把该区域的体积感表现出来。如果足够熟练，也可以把高光一并做在这里，如图6-94、图6-95。

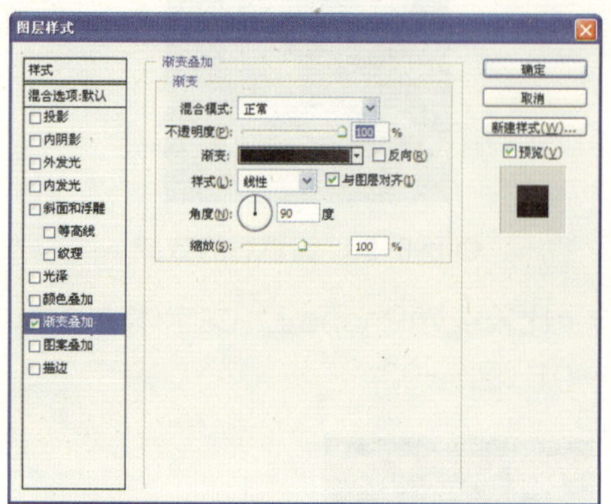

图6-94 设置标签栏图层样式

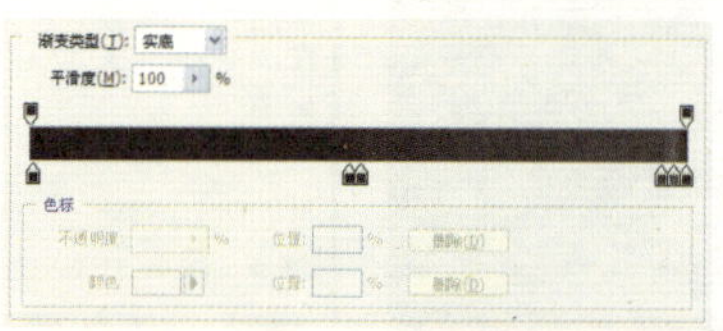

图6-95 设置渐变效果

效果如图6-96。

图6-96 设置完的效果

步骤⑦：均分标签栏，并把设计好的图标摆放在每一个区域居中的位置，如图6-97。

摆放图标和栏目名称。把文字的颜色定义为# c6c6c5，字号大小10px，如图6-98。

给图标赋予样式，“今日团购”当前tab的样式，后面三个赋予常态样式。同时给“今日团购”的背景增加一个圆角矩形区域，示意当前tab。样式效果如图6-99。

图6-97 均分标签栏

图6-98 设置图标与文字

图6-99 增加圆角矩形

步骤⑧：定义二级导航的区域，这里不用特别高，但是需要保证容易点击。经过测试，使用40px高，如图6-100。

图6-100 设置二级导航区域

该区域的样式采用黑灰色，哑光渐变。质感要弱于顶部的导航区，如图6-101、图6-102。

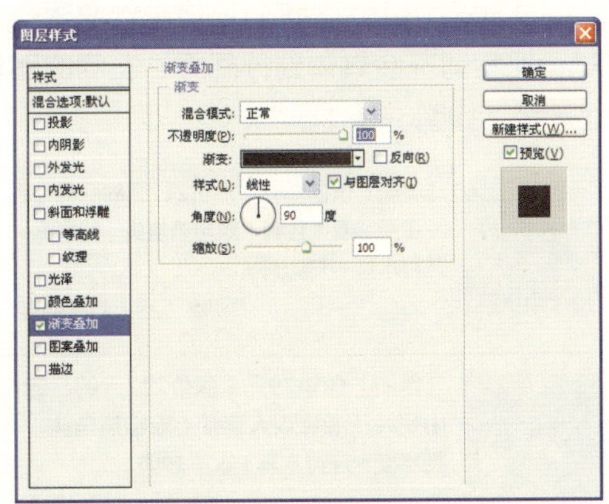

图6-101 设置图层样式

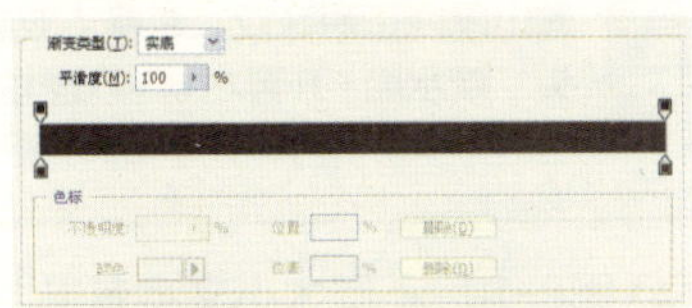

图6-102 设置渐变色

效果如图6-103。

加上分型线和高光线。注意底部再增加反光线，整体导航增加阴影。因为这个区域将会跟中间的内容区域发生上下叠加，如图6-104。

图6-103 完成后的效果

图6-104 增加高光和反光

步骤⑨：分类字号14px，同样均分摆放在这个区域，如图6-105。

图6-105 增加文字

在“全部”图层下方，制作一个当前tab的状态，如图6-106效果，图层样式参数如图6-107。

图6-106 增加tab状态

填充# 8b8b8b，填充透明30%，设置内发光参数。

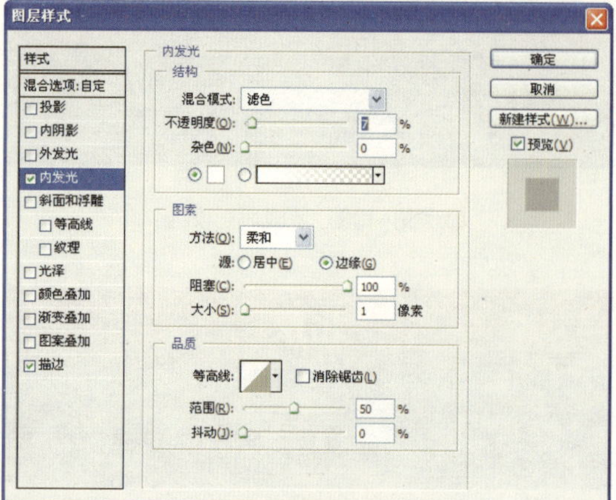

图6-107 设置内发光参数

设置描边参数，如图6-108。

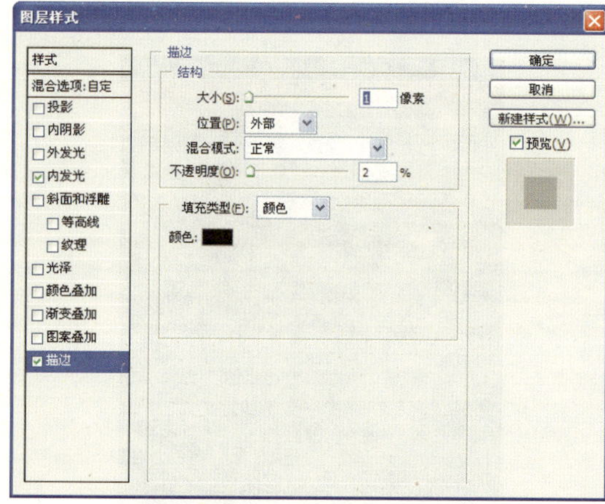

图6-108 设置描边参数

最终效果如图6-109。

图6-109 完成的效果

步骤⑩：设计内容单元。不能确定的就是一个单元到底多高，暂且估算一下，先绘制一个100px高的矩形。由线框图可以知道，这个单元的高度主要由右侧的三行文字来决定。先把主要信息摆放上去，如图6-110。

图6-110 放置信息

由于这个区域的信息出现了大面积的文字，需要多做几种尝试，然后放到手机里面进行比对。从上到下，团购标题字号分别是12px、13px、14px。这里只是举例说明需要比对，现实情况会具体到行间距，左侧的图片大小等等，如图6-111。

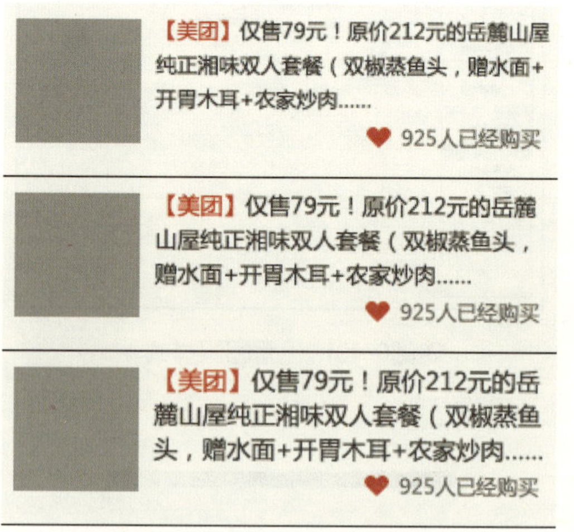

图6-111 不同大小文字效果

在实际手机上，团购标题字号最佳效果是13px，只有放在手机上才能知道哪一个更好。

最后确定下来，团购标题文字字号13px，行间距20xp，色彩# 333333和# c61507；团购人数文字12px，色彩# 5f5f5f；左侧焦点图片尺寸72px×72px；根据新的排版，把刚才做的高100px的背景修改为91px。

背景增加渐变样式，有拱起的效果，参数如图6-112~图6-116。

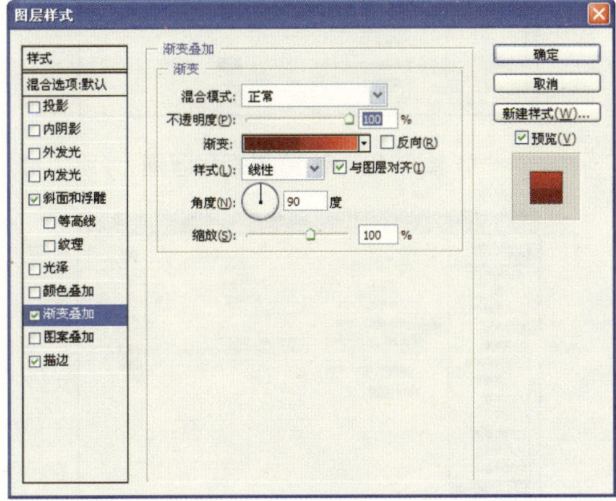

图6-112 设置图层样式

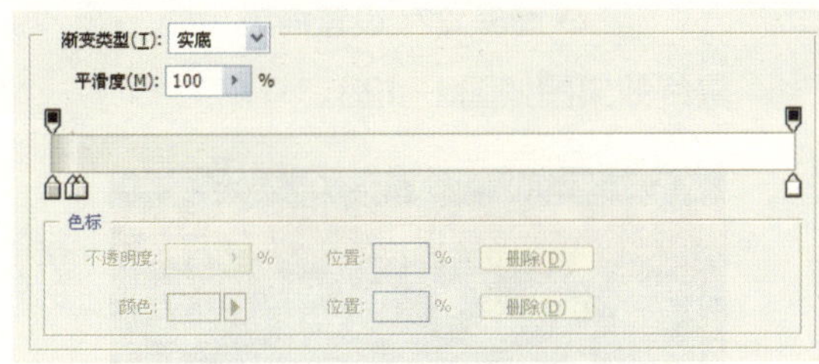

图6-113 设置渐变色

字体增加凹陷的效果，参数如图6-114。

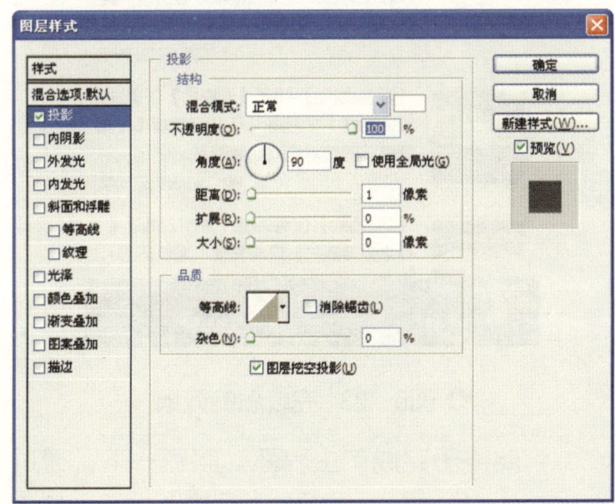

图6-114 设置字体效果

给左侧焦点图片添加描边样式。

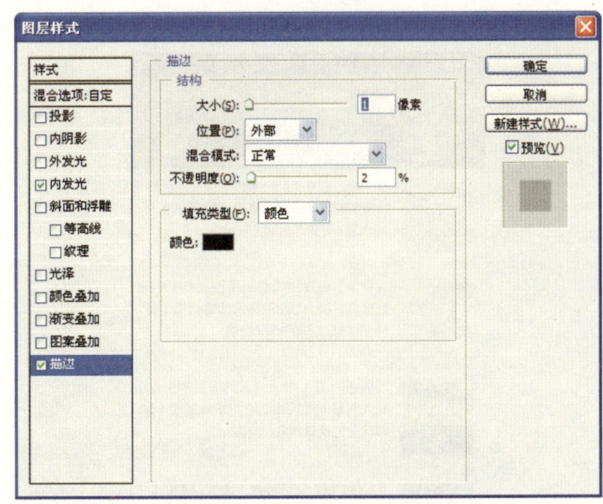

图6-115 设置描边效果

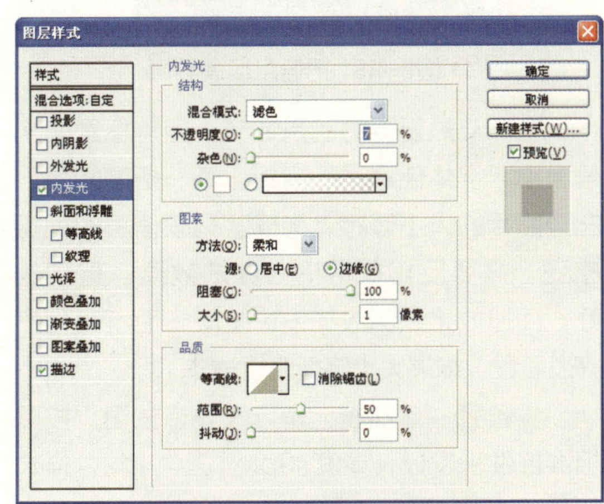

图6-116 设置内发光效果

另外给心形增加质感，加些高光和阴影。最终效果如图6-117。

图6-117 增加高光和阴影

再重复绘制三个，直到把界面填满，如图6-118。

图6-118 把信息填满界面

本环节最重要的就是细节，团购标题的字号大小、字体色彩、行间距、每一条的间隔、左边图片的大小等等，构成了列表信息的视觉感受。需要反复在手机上测试效果，直到最好。而把效果评测放在设计阶段，而不是程序开发阶段，能够大大降低开发成本。

步骤⑪：增加右上角修改城市按钮。按照标准控件来设计，高度30px，圆角4px，样式如图6-119～图6-122。

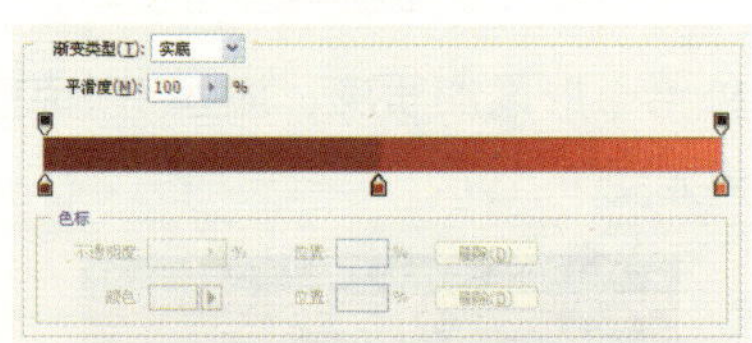

图6-119 设置渐变色

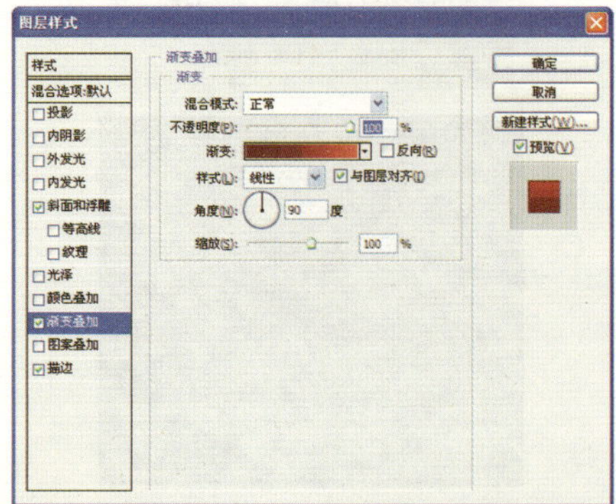

图6-120 设置渐变叠加

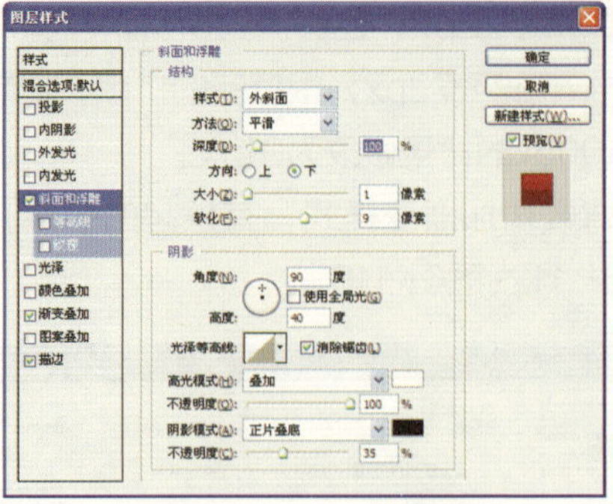

图6-121 设置斜面和浮雕

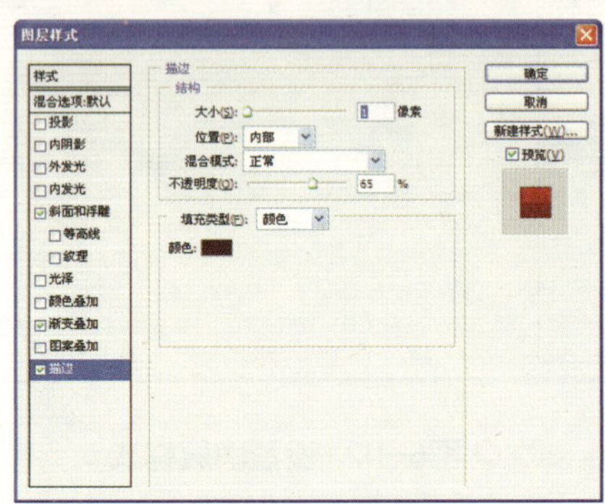

图6-122 设置描边

最终效果图如图6-123。

图6-123 完成后的效果

到此终于完成了主界面。回顾一下，通过主界面的设计工作，了解了主要控件——状态栏、导航栏、标签栏、按钮、列表，如何使用标准控件，如何设计列表信息。在后面的设计中主要加强对内容列表信息的设计说明。

6.2.5　修改城市界面

修改城市界面是二级界面，用户点击“返回”按钮可以返回一级目录；或者当用户点选了一个城市以后，自动跳转回一级界面下，如图6-124。

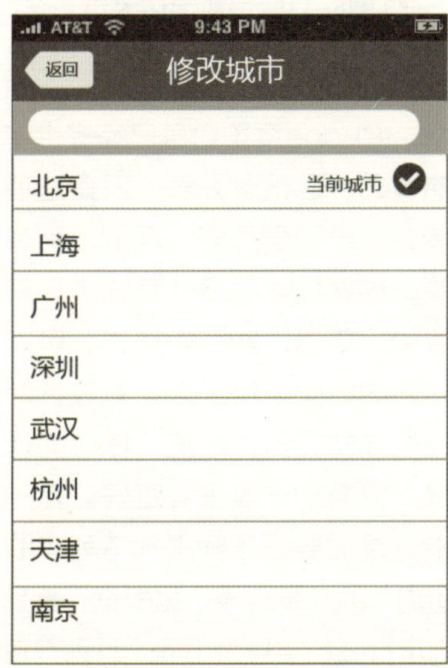

图6-124　二级界面线框图

绘制步骤如下。

步骤①：首先完成基本框架的搭建，把导航栏、返回按钮设计完成。因为这部分是标准控件，复用前面的样式即可，如图6-125。

图6-125　完成基本框架

步骤②：按照线框图所示，需要设计一个检索框。

检索框内的文字字号是16px，色彩#b6b6b6。根据文字的实际高度，把检索框的高度设定为30px。

检索框的背景bar可以选择常用44px的高度。样式可以复用“今日团购”二级导航的样式。

尽量复用背景样式，既继承了层级关系，又统一了设计，如图6-126。

图6-126　设置检索框

步骤③：给检索框增加视觉效果。框与背景的关系应该是一种凹陷的效果，在这里要通过细节的设计表达出来。

图6-127为增加描边，色彩# 1f1f1f。

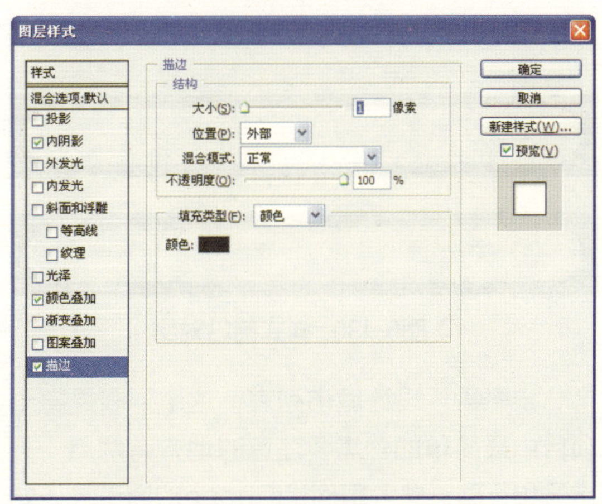

图6-127　设置描边效果

图6-128为将该区域填充成白色# ffffff。

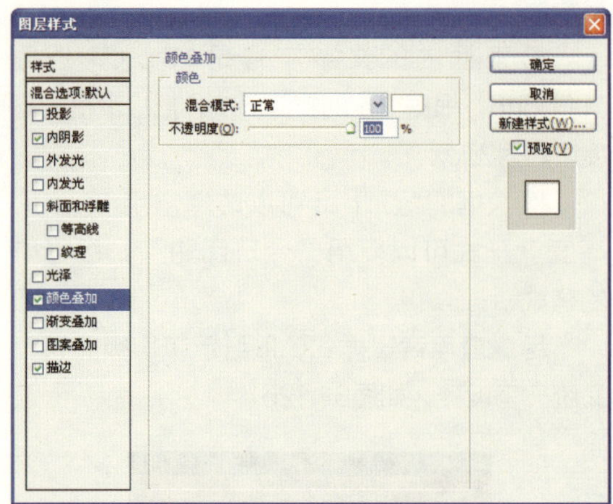

图6-128 设置颜色叠加

图6-129为增加内阴影。调节阴影色彩，柔和自然为标准。

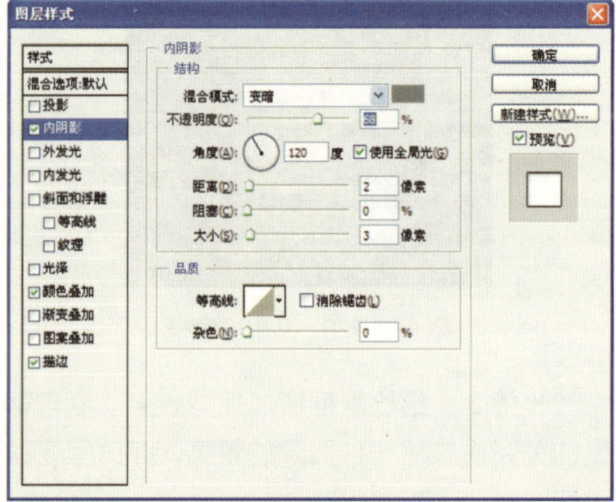

图6-129 设置内阴影

图6-130为样式前后对比。

图6-130 样式前后对比

步骤④：设计城市列表。这个列表是整个项目中最简单的。需要注意的地方有两点——字号和行高。参考用例是iPhone的通讯录，如图6-131。

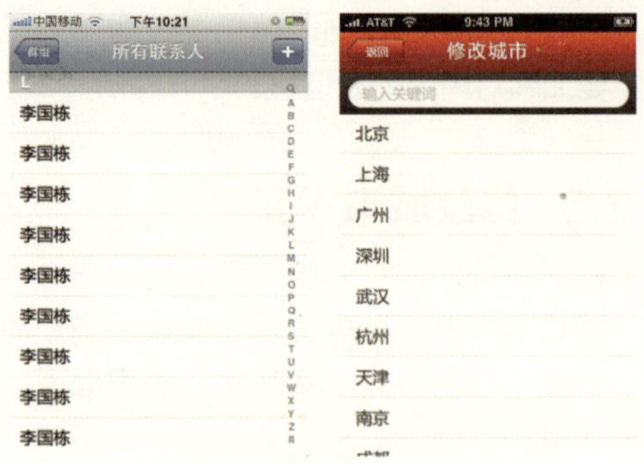

图6-131 设置字体大小

列表行高43px，字号18px。

提示：iPhone系统自身已经提供了很多信息列表的样式，通讯录列表、设置选项列表、短信列表、来电记录列表、记事本列表、邮件列表等等，这些是需要设计师逐步了解的。在实际项目中，复用这些列表样式，可以省去很多验证对错的时间。反过来，对设计师还要求弄明白这些样式的具体数值，体会为什么这样会比较好，以及如果改进会更好。在一些特殊的情况下，是需要设计师来创造列表的，例如“今日团购”的信息列表，是根据长标题的实际情况来确定行高和字号大小等一系列数值的。

步骤⑤：制作当前选中图标。首先绘制一个直径是25px的圆，如图6-132。

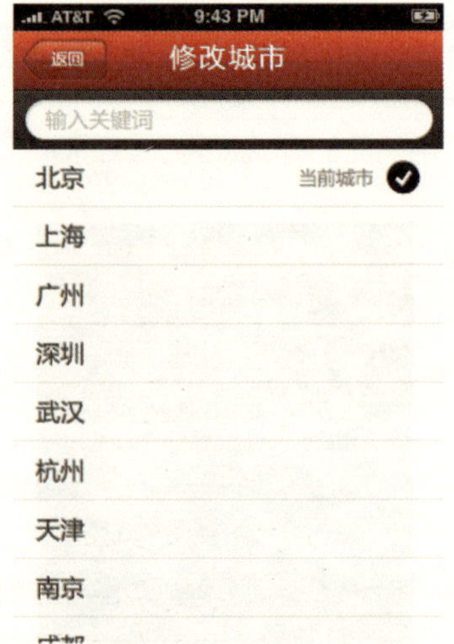

图6-132 绘制圆形图标

给这个圆形增加如下的样式，添加阴影，如图6-133。

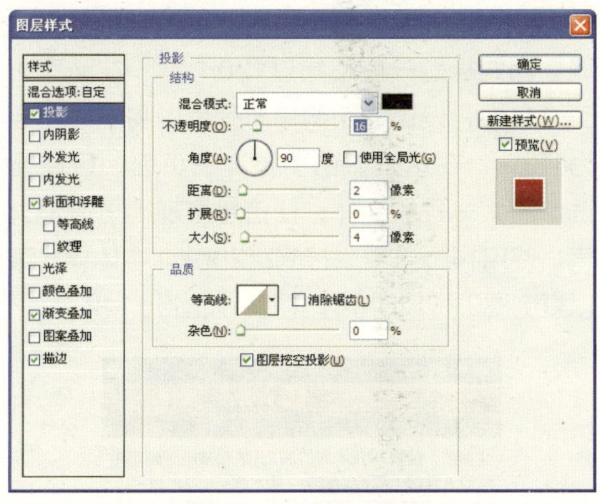

图6-133 设置投影样式

添加渐变色彩，制作出立体感，如图6-134、图6-135。

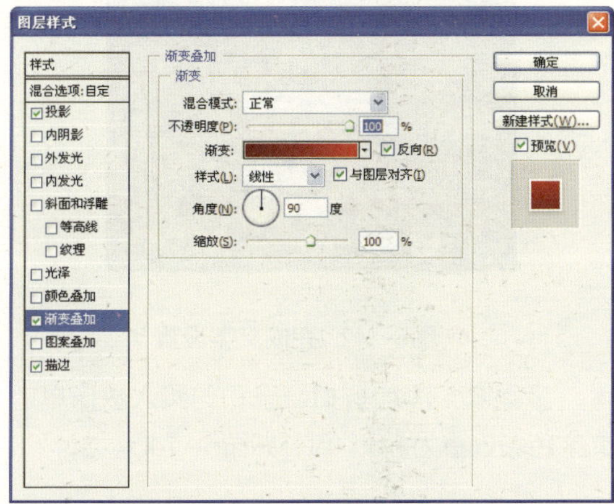

图6-134 设置渐变叠加

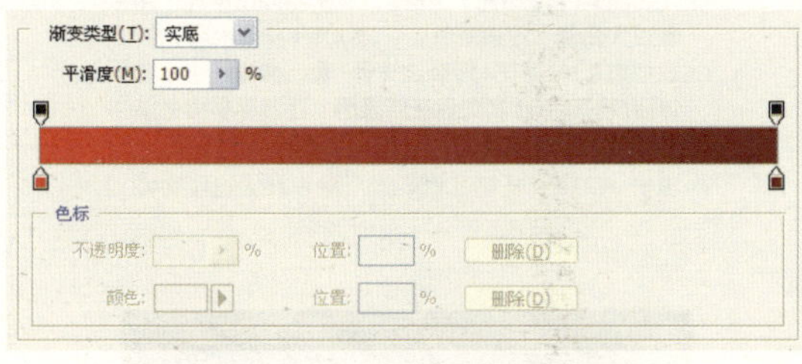

图6-135 设置渐变效果

增加白色描边，让这个图标具有体积感，如图6-136。

效果如图6-137。

在这个图标上绘制一个高光，这样体积感更强烈一些，如图6-138。

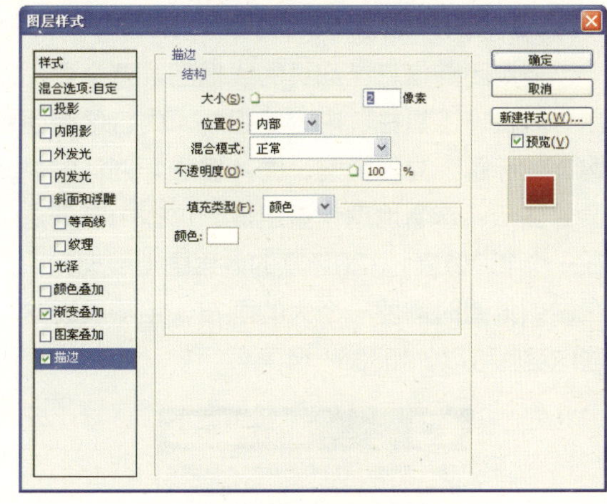

图6-136 设置描边效果

图6-137 完成的效果（一）

图6-138 绘制高光

设定“当前城市”文字的字号为14px，色彩# 777777。最终效果如图6-139。

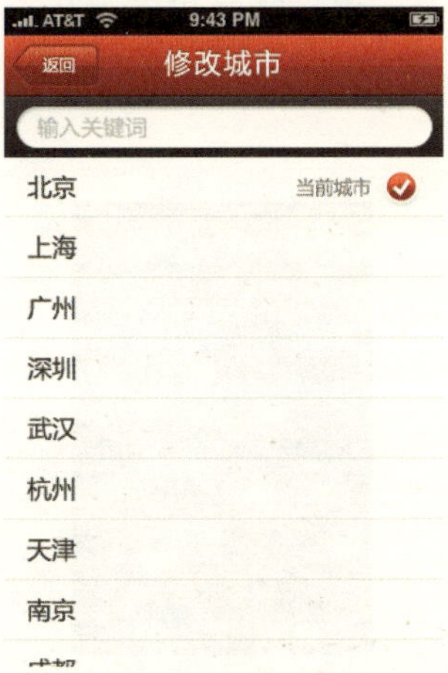

图6-139 完成的效果（二）

6.2.6 团购信息详细页

查看团购信息详细页的线框图。整个界面由导航栏、工具栏、内容区组成。内容区有团购详细标题、立即团购、图片模块、倒计时、温馨提示、查看地理位置组成。这些内容无法在一个480像素×320像素的效果图上展现完，在做效果图时需要一个大的画布，足够展现这些内容就可以，如图6-140。

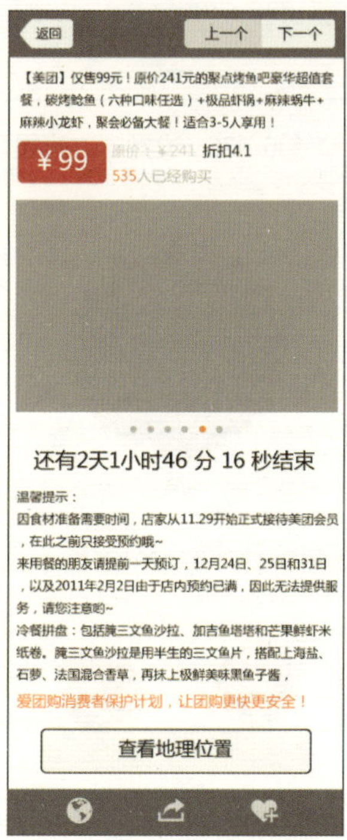

△ 图6-140 框架图

绘制步骤如下。

步骤①：将导航栏和工具栏设计好。前面已经讲过相关设计，这里不再赘述，如图6-141。

△ 图6-141 完成导航栏和工具栏

步骤②：设计团购信息标题区域和价格区域。团购标题一般不超过120个字。在前面图6-111中，设计的团购信息列表中将字号设定为13px。在这里，由于是详细页面，可以尝试使用大一号的字体，让信息展现得更清楚大气。使用14px字号，行间距20px。字体样式可以复制图6-114的字体样式，如图6-142。

△ 图6-142 完成文字设置

步骤③：添加折扣信息和购买人数信息。文字色彩设置为# 5f5f5f，如图6-143。

△ 图6-143 增加文字

步骤④：将背景图层添加样式。体积块与背景需要有层次感，增加投影样式，如图6-144。

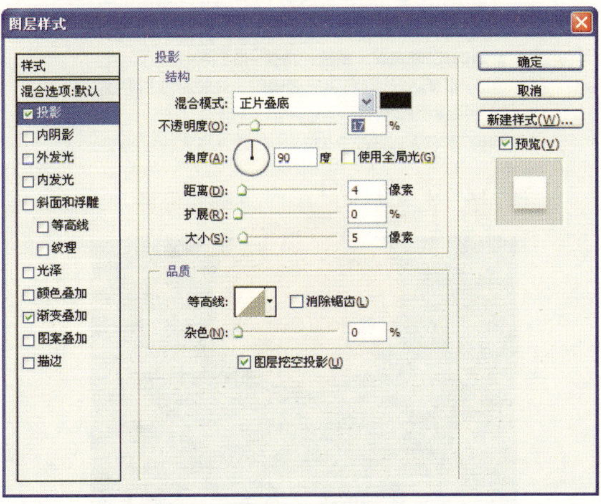

图6-144 设置投影样式

区块增加弱渐变样式，使得该区域略微鼓起来，如图6-145。

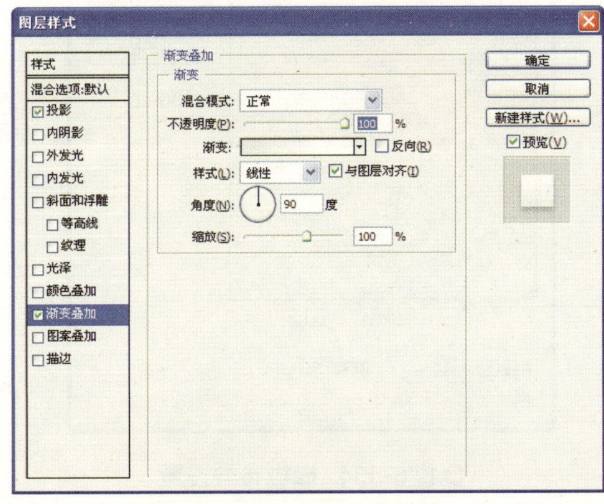

图6-145 设置渐变样式

效果如图6-146。

图6-146 完成的效果

步骤⑤：增加价格信息、立即购买信息。在这里把价格和立即购买合并成一个区域，可以点击。

价格信息可以显示得更加时尚一些，把小数点后面的零上标，如图6-147。

图6-147 设置价格信息

给这部分的红色字体增加凹陷效果，并调整字体的色彩，红色需要在手机端进行校对，找到适合的红色，这里最后确定的色彩为# ca1a0b。

投影参数，如图6-148。

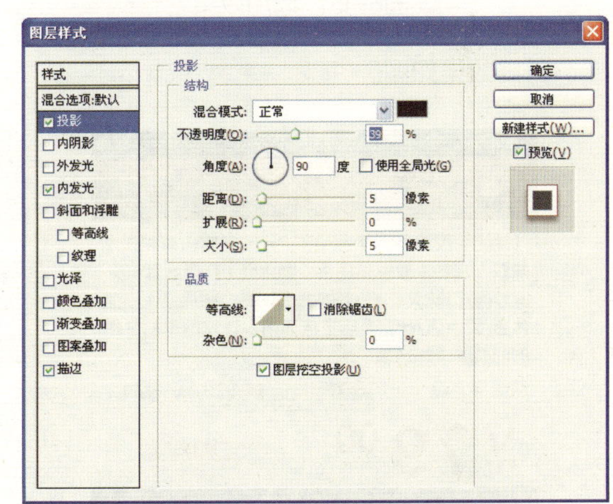

图6-148 设置投影参数

颜色叠加参数，如图6-149。

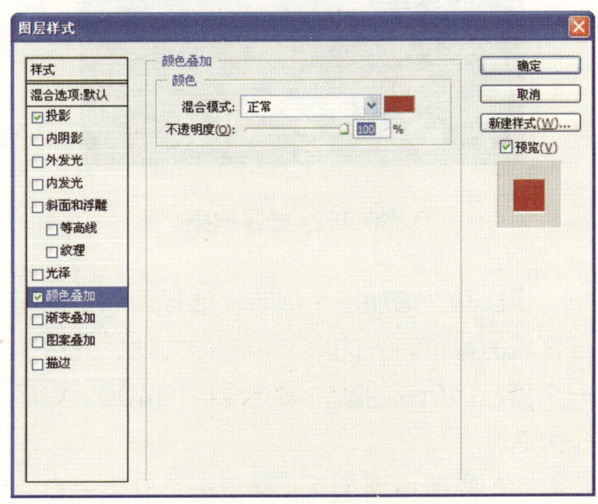

图6-149 设置颜色叠加

效果如图6-150。

原价 ¥212　折扣 3.7折　925人已经购买

¥79.00　立即购买 >

图6-150　完成的效果

给这个区域做一个更大的鼓起效果，有别于上面的渐变。请对比前后的效果，如图6-151。

原价 ¥212　折扣 3.7折　925人已经购买

¥79.00　立即购买 >

图6-151　增加效果

最终效果如图6-152。

图6-152　最终效果

步骤⑥：增加一个细节，让标题和价格所在区域的背景有光的层次。制作方法，先绘制一个直径140px的圆，填充成# ff1400，如图6-153。

利用高斯模糊工具，获得一个红色光晕。效果如图6-154、图6-155。

图6-153　绘制圆形

图6-154　模糊参数设置

图6-155　增加模糊效果

把该图层移到背景之上，调节光晕的大小，色彩，使之更加柔和自然，如图6-156。

图6-156　与背景融合

步骤⑦：绘制图片模块。首先确定图片的尺寸304px×194px，如图6-157。

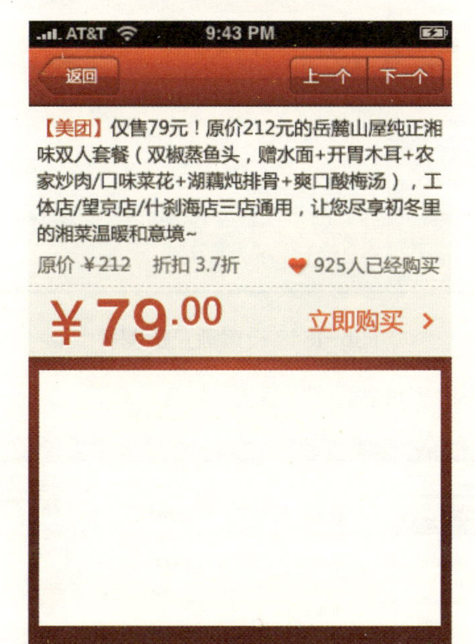

图6-157　增加图片区域

添加图片，并赋予图层样式：阴影明确图片模块与背景的关系。图片自身增加白色边缘，更加像相册的视觉感受。

投影参数如图6-158。

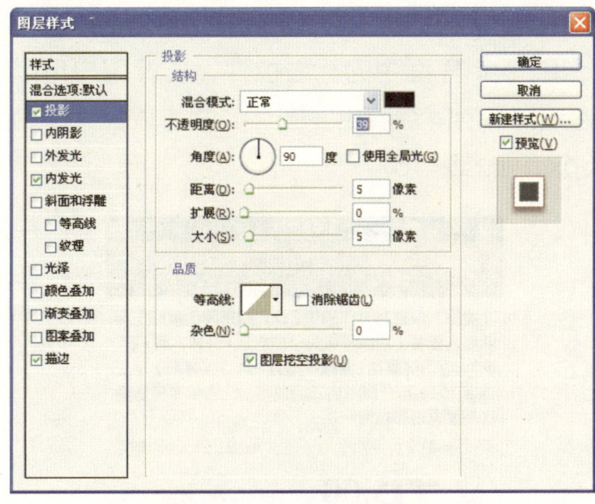

图6-158　设置投影参数

内发光参数如图6-159。

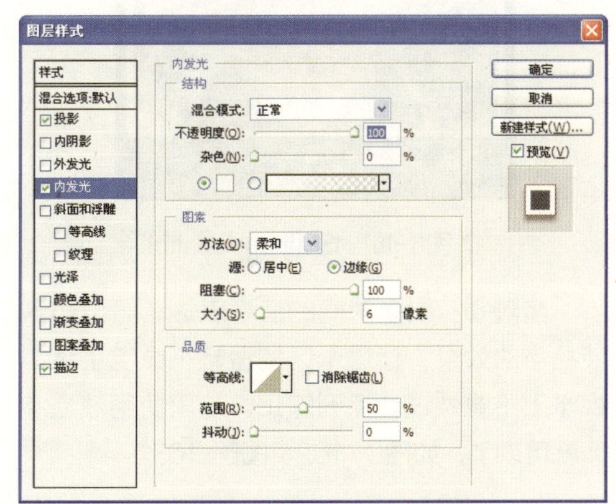

图6-159　设置内发光参数

描边参数如图6-160。

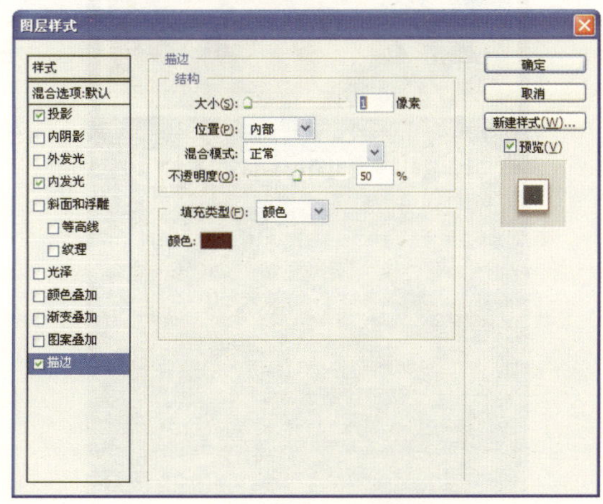

图6-160　设置描边参数

在图片下方增加一个page control，这个是iPhone界面中的标准控件，告诉用户可以通过左右滑屏查看更多图片。圆的直径大小为6px，如图6-161。

图6-161　增加page control

步骤⑧：剩余时间的信息表达，可以引入液晶字的效果，让这个区域看起来像电子表。视觉上不要做过，点到即止。这里使用液晶字体就可以了，如图6-162、图6-163。

图6-162　增加剩余时间

图6-163　更改字体样式

给数字添加暖黄色样式，信息区别更大一些。

渐变叠加样式参数如图6-164。

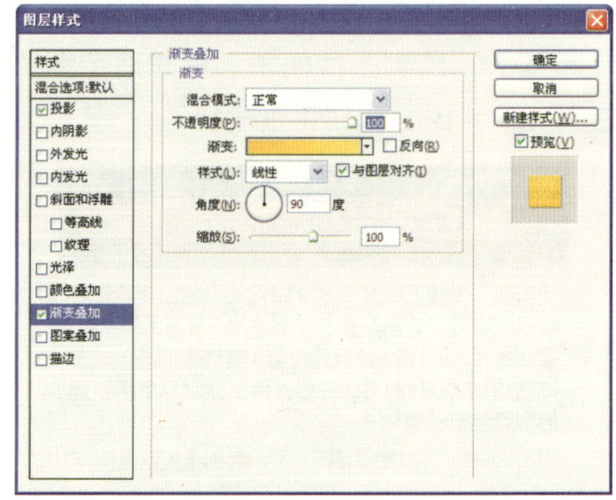

图6-164　设置渐变叠加参数

投影样式参数如图6-165。

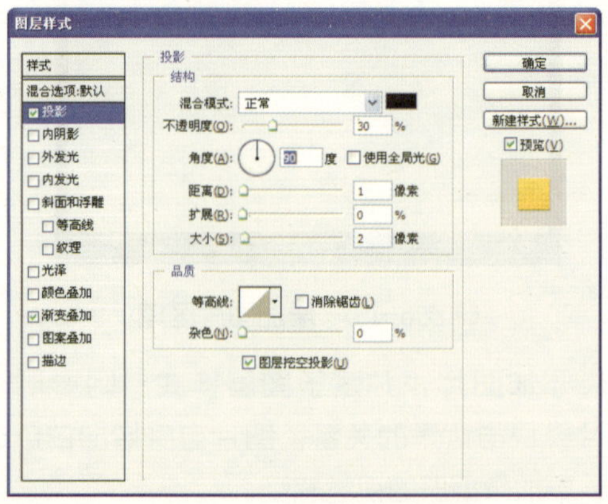

图6-165　设置投影参数

给其他文字（剩余、天、时、分、秒）增加样式。

投影参数如图6-166。

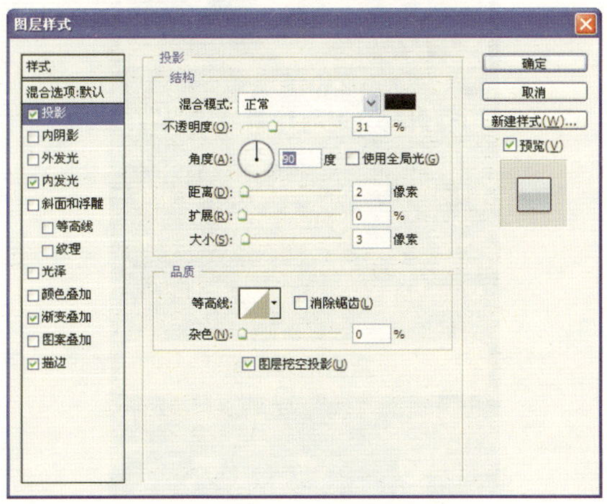

△ 图6-166 设置投影参数

内发光参数如图6-167。

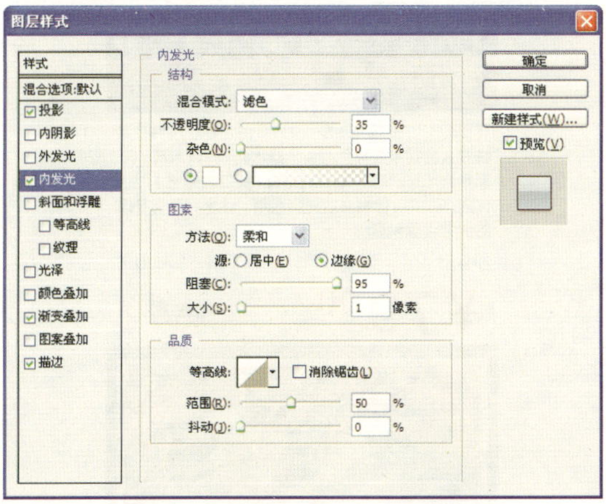

△ 图6-167 设置内发光参数

渐变叠加参数如图6-168。

描边参数如图6-169。

最终效果如图6-170。

步骤⑨：设计温馨提示部分和查看地理位置按钮。

温馨提示部分的段落文字需要定义字号和行间距，这一部分按照前面的方法需要在手机上反复测试效果。

这里确定的效果，文字色彩# ffacac，其他参数如图6-171。

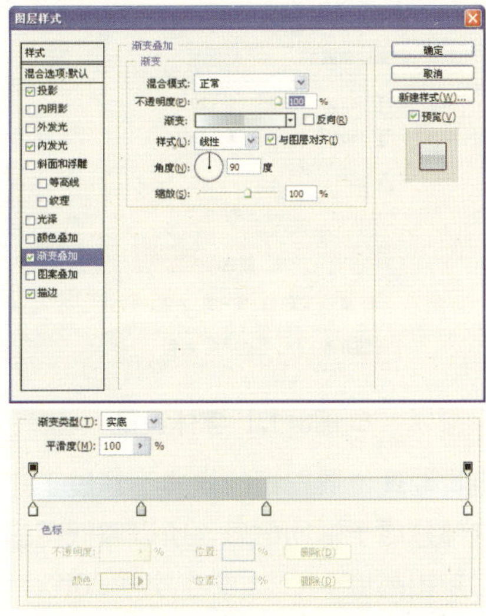

△ 图6-168 设置渐变叠加参数

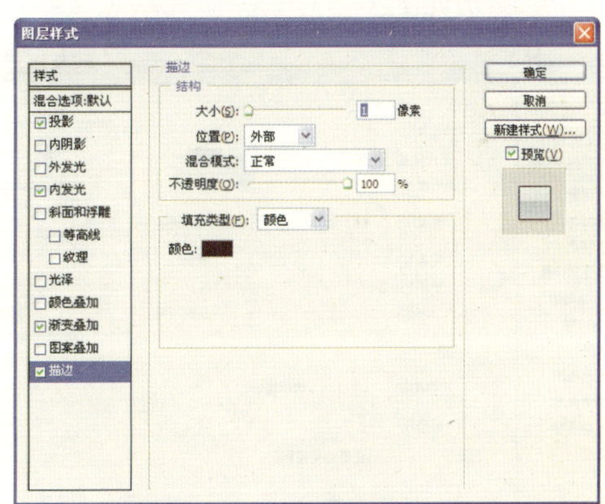

△ 图6-169 设置描边参数

△ 图6-170 完成的效果

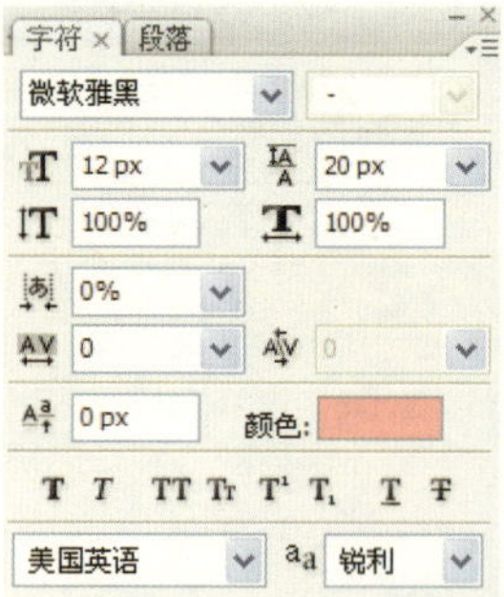

图6-171 字体设置

查看地理位置按钮的样式不易过于扎眼，因为这部分属于辅助信息，所以用低调的色彩灰色。按钮高度44px，文字字号20px，色彩#444444。

投影参数如图6-172。

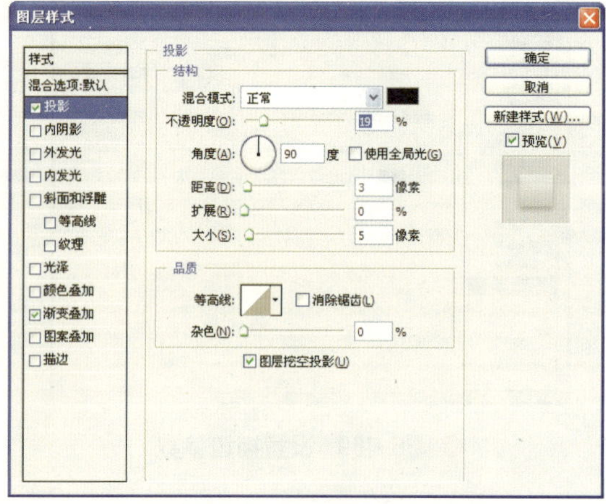

图6-172 设置投影参数

渐变叠加参数如图6-173。

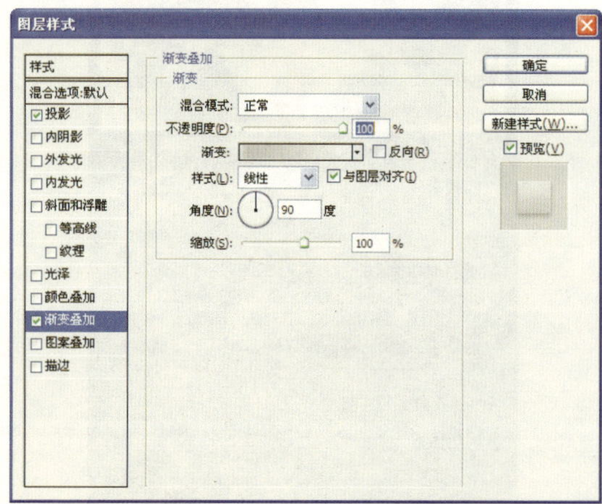

图6-173 设置渐变叠加参数

这部分最终效果如图6-174。

图6-174 完成的效果

步骤⑩：整个团购详细信息页面的效果图完成了，如图6-175。

图6-175 完成的页面效果

步骤⑪：图6-176是点击转发按钮弹出的菜单视觉效果图，由于这部分使用原生控件，感兴趣的同学可以尝试自行绘制一下，如图6-176。

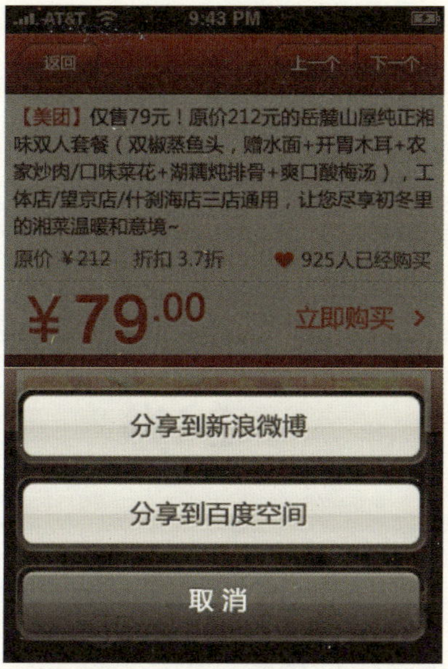

图6-176　弹出菜单效果

6.2.7 团购站点界面

团购站点界面是该应用的第二个部分，在这里可以快速检索团购站点，设计时需要处理好列表控件的细节，以信息检索为主的界面不需要做得花哨，如图6-177所示。

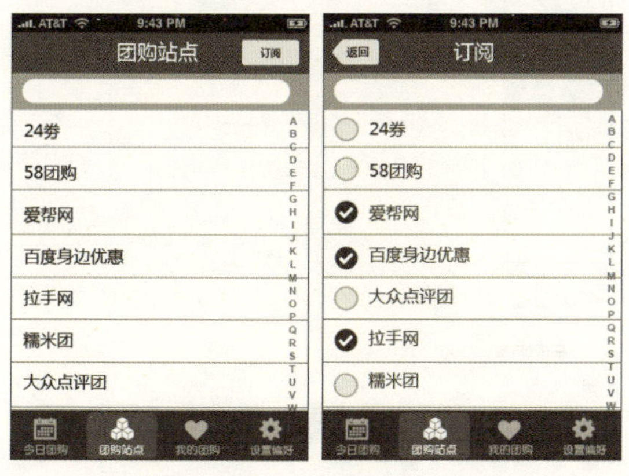

图6-177　界面线框图

绘制步骤如下。

步骤①：团购站点界面。首先完成导航栏、检索框、按钮、站点列表的设计。这些内容均可以参考前文修改城市界面，效果如图6-178。

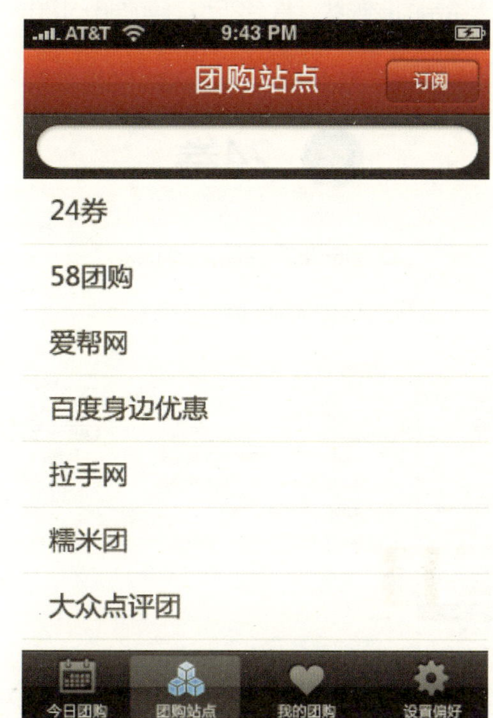

图6-178　完成的界面效果

步骤②：添加右侧检索序列。这个是标准控件，可以在这个地方直接复用。字体[HelveticaNeue]，加粗，大写，色彩#6a737d，如图6-179。

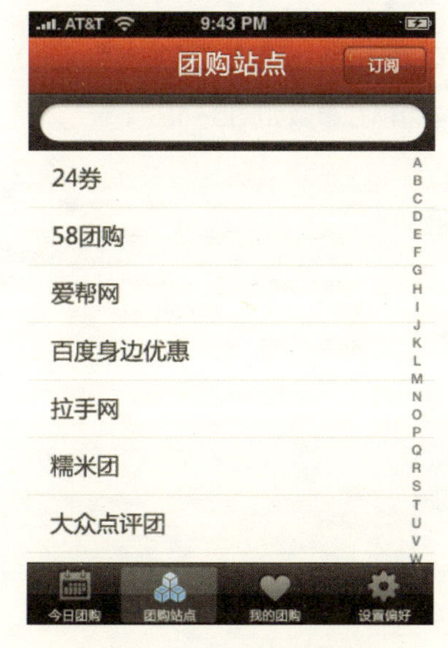

图6-179　增加检索序列

步骤③：订阅界面需要额外制作checkbox。先制作未选中状态，使用椭圆工具，绘制圆形形状，直径25px，如图6-180。

24券

图6-180 绘制checkbox

渐变叠加样式参数如图6-181。

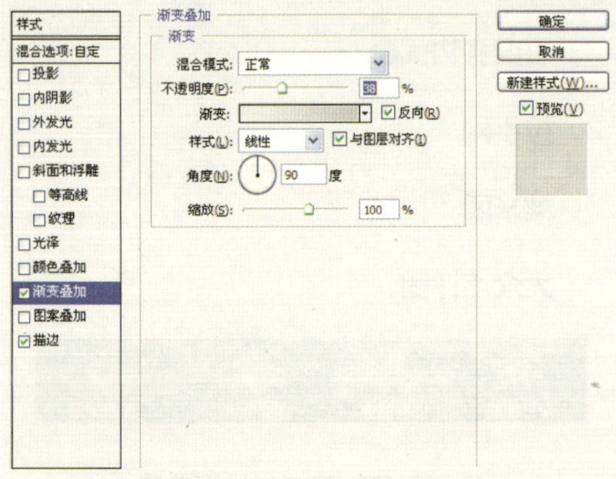

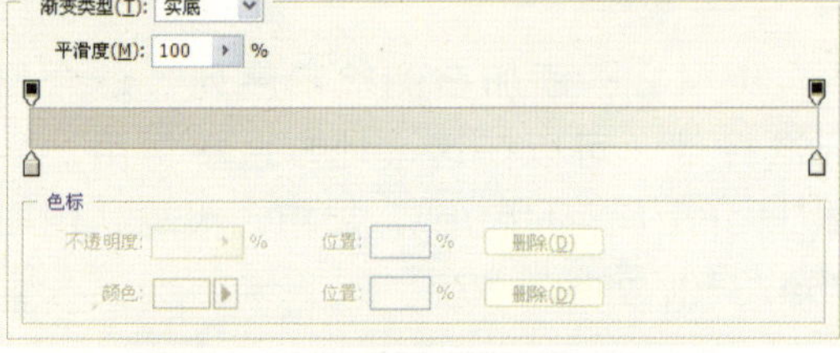

图6-181 设置渐变叠加参数（一）

描边样式参数如图6-182。

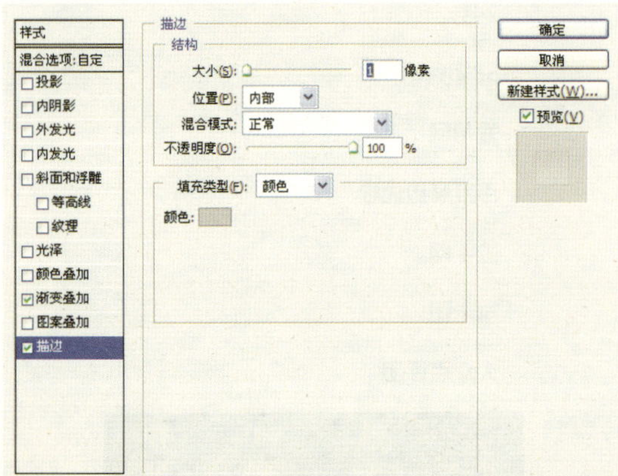

图6-182 设置描边参数（一）

效果如图6-183。

24券

图6-183 设置完成后的效果

再绘制一个中心圆，直径17px，填充白色#ffffff，效果如图6-184。

24券

图6-184 绘制中心圆

步骤④：选中状态下的checkbox为红色。要设计得感觉鼓起来，有体积感。

渐变叠加样式参数如图6-185。

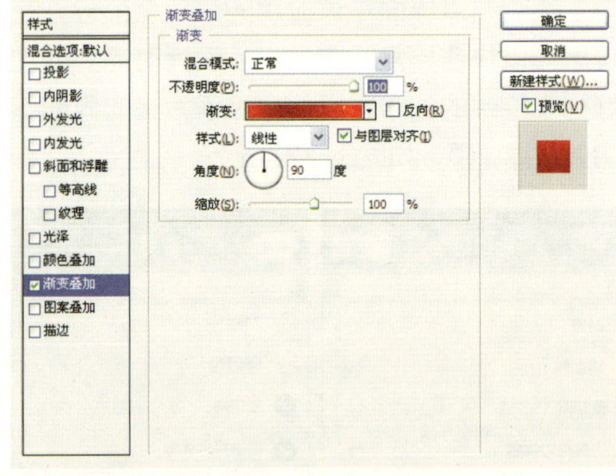

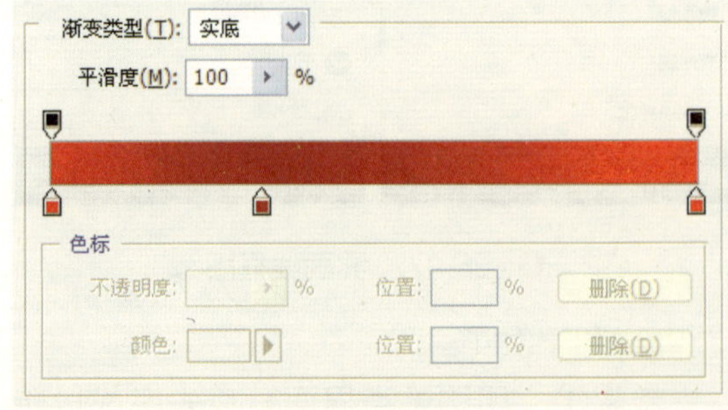

图6-185 设置渐变叠加参数（二）

描边样式参数如图6-186。

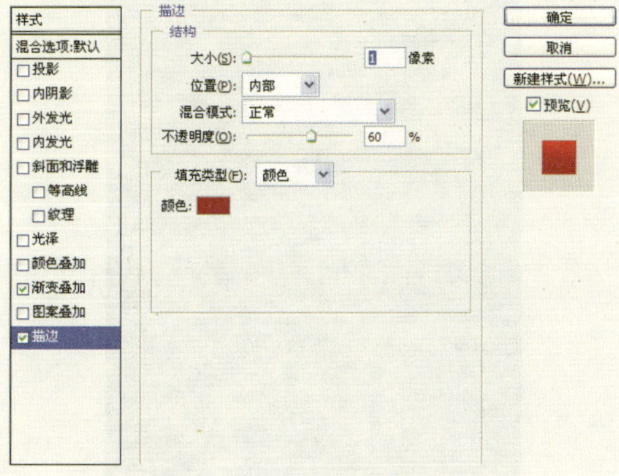

图6-186 设置描边参数（二）

内发光样式参数如图6-187。

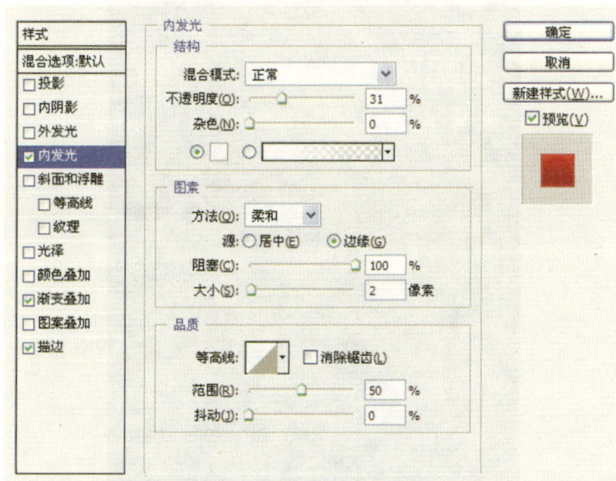

图6-187 设置内发光参数

投影样式参数如图6-188。

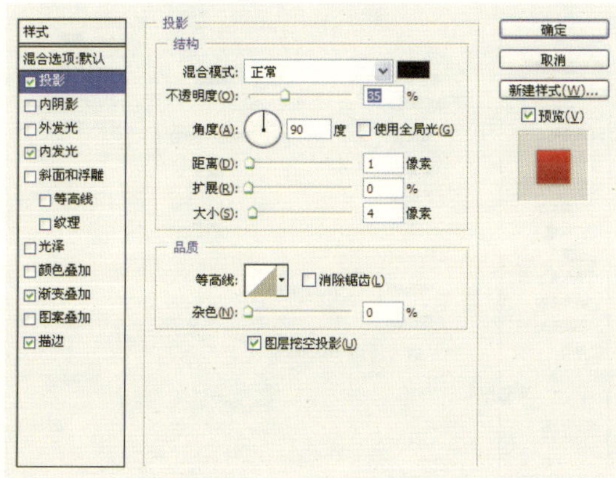

图6-188 设置投影参数

最终效果如图6-189。

图6-189 完成的效果

加上对钩符号，给对钩做一个凹陷样式，并填充成白色，如图6-190。

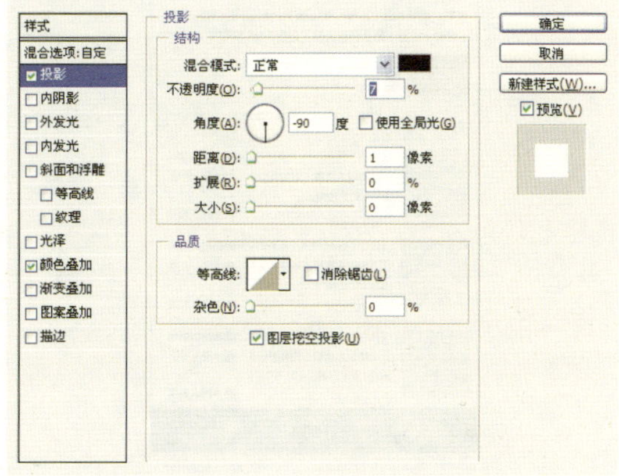

图6-190 设置符号样式

效果如图6-191。

图6-191 完成的效果

列表最终效果如图6-192。

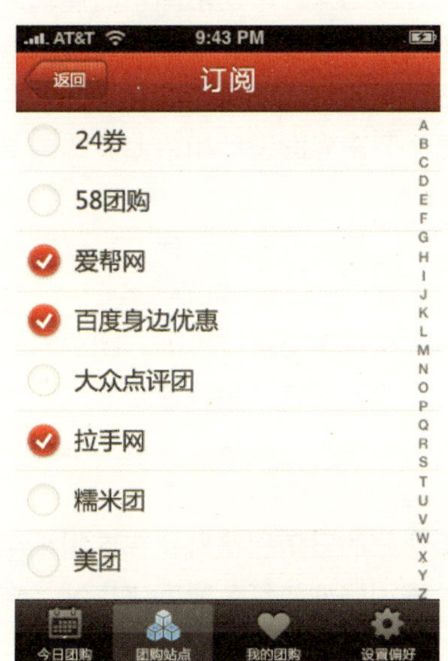

图6-192 最终的页面效果

步骤⑤：下面来设计团购网站信息页面，总的来说是由网站名区域、今日团购和其他团购三组信息组成，如图6-193。

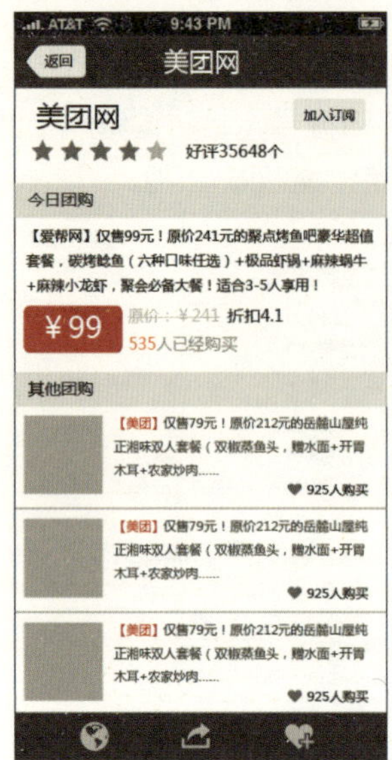

图6-193 页面框架图

在设计之前，需要思考一下，哪些信息样式是可以复用的。

提示：在一个设计项目中，信息样式复用是非常重要的。尤其是在移动端的设计中，信息列表样式的复用可以降低用户学习和记忆成本。检索列表、订阅列表、修改城市列表都是检索查看性质的交互，使用简单的样式呈现，有利于浏览体验的效率。而在团购网站信息界面，今日团购和其他团购的信息设计完全可以复用在第五节主界面设计和第七节团购信息详细页的设计。

步骤⑥：按照前面的设计，完成导航栏和工具条的搭建，如图6-194。

步骤⑦：按照交互线框图，团购网站名称左对齐，下方是对它的星级评价，注意处理好两者的大小和间距，让这个区域信息有主次，如图6-195。

星级评分的五角星符号，在这里采用了暖黄色，能够很好地与红色界面来搭配。样式参数如下。

投影参数如图6-196。

图6-194 搭建基本页面

图6-195 增加评价区域

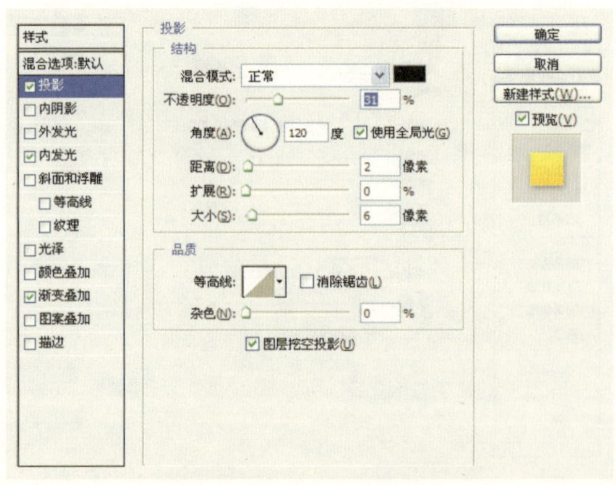

图6-196 设置投影参数

渐变叠加参数如图6-197。

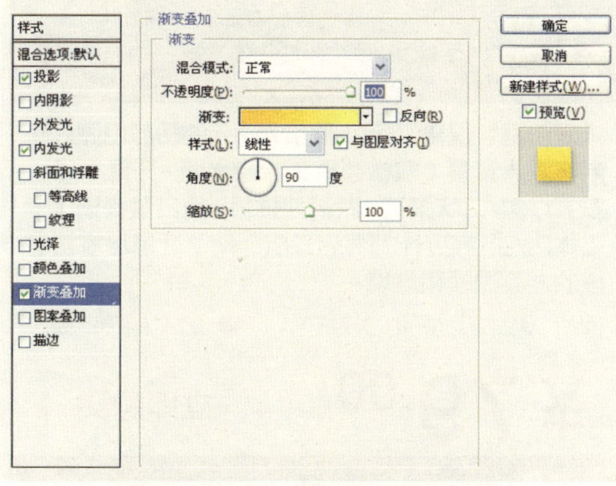

图6-197 设置渐变叠加参数

内发光参数如图6-198。

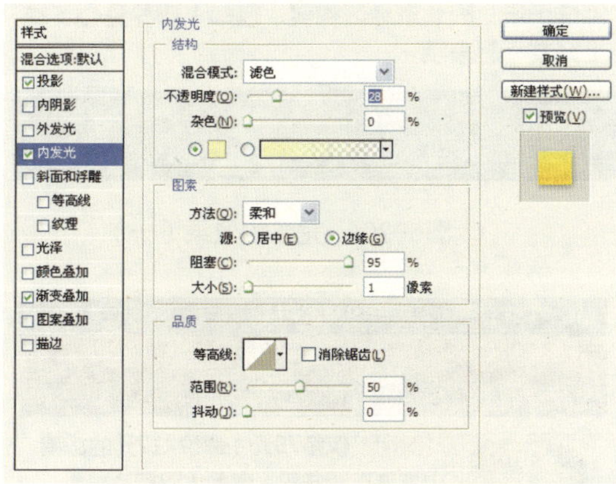

图6-198 设置内发光参数

步骤⑧：将6.2.7节的团购信息模块设计直接照搬过来。同时为这个区域加一个头部样式，如图6-199。

头部样式，高30px，文字14px，色彩#ffffff，如图6-200。

步骤⑨：按照6.2.7节步骤⑥的做法，让网站名所在区域背景增加光感，如图6-201。

步骤⑩：将6.2.5节中设计的团购信息列表样式照搬过来。放置在今日团购的底下。注意调整画布到729px高。最终效果如图6-202。

6.2.8 我的团购与设置界面

我的团购界面收录着收藏的团购信息和团购网站，内容区团购tab下是团购信息简略

图6-199 增加头部样式

图6-200 头部样式效果

图6-201 增加背景效果

列表，网站tab下是团购信息详细列表，如图6-203。

【美团】仅售79元！原价212元的岳麓山屋纯正湘味双人套餐（双椒蒸鱼头，赠水面+开胃木耳+农家炒肉/口味菜花+湖藕炖排骨+爽口酸梅汤），工体店/望京店/什刹海店三店通用，让您尽享初冬里的湘菜温暖和意境~

原价 ¥212　折扣 3.7折　925人已经购买

¥79.00　立即购买 >

其他团购

【美团】仅售189元！原价564元的便宜坊豪华四人套餐（1416烤鸭+香辣锅巴虾+菜片巧手鸭崧+蟹粉烧豆腐+鹅......

525人已经购买

【美团】京城淡水温泉第一家！38元尊享龙脉温泉竹林露天温泉通票！26种独具特色的室外温泉浴，让您独享欢乐！

256人已经购买

【美团】过"足"瘾！仅需45元，原价168元千子莲崇文门店超值芳香足疗套餐，背部梳理+腿部放松+足部按摩......

785人已经购买

图6-202　最终页面效果

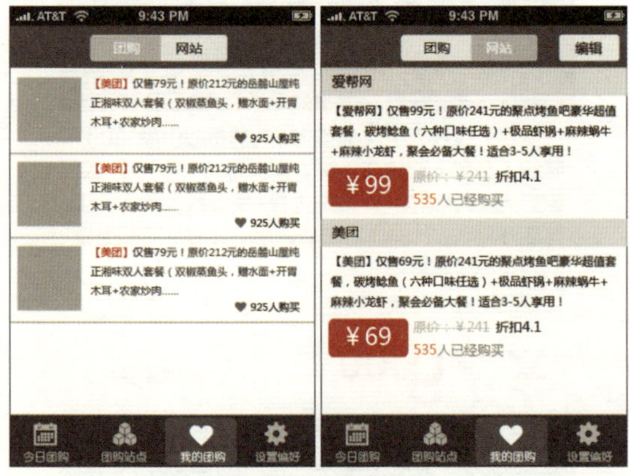

图6-203　页面框架图

由于内容样式没有变化，这里不再赘述。效果如图6-204、图6-205。

【爱帮网】仅售79元！原价212元的岳麓山屋纯正湘味双人套餐（双椒蒸鱼头，赠水面+开胃木耳+农家炒肉/口味菜花+湖藕炖排骨+爽口酸梅汤），工体店/望京店/什刹海店三店通用，让您尽享初冬里的湘菜温暖和意境~

原价 ¥212　折扣 3.7折　925人已经购买

¥79.00　立即购买 >

百度身边

【百度身边】仅58元，原价300元的九华山庄温泉通票，温泉水疗+游泳健身+特色药浴+桑拿等，汤泉行宫或美人鱼温泉休闲宫2选1，冬季养生休闲的绝佳场所，限北京地区购买，包邮！调养身心，邀上好友一起来哦~

图6-204　完成的效果（一）

【美团】仅售79元！原价212元的岳麓山屋纯正湘味双人套餐（双椒蒸鱼头，赠水面+开胃木耳+农家炒肉......

925人已经购买

【糯米】奥婷15周年年底答谢庆典！76元轻松解决上班族颈椎酸疼等烦恼！奥婷原价960元特色SPA套餐......

348人已经购买

【饭统-饭团】48元【云海肴】冬季滋补双人套餐！赏后海风月 品滇味美食！汤鲜味美的松茸炖鸡，地道......

265人已经购买

图6-205　完成的效果（二）

编辑界面与团购订阅界面一致，如图6-206。

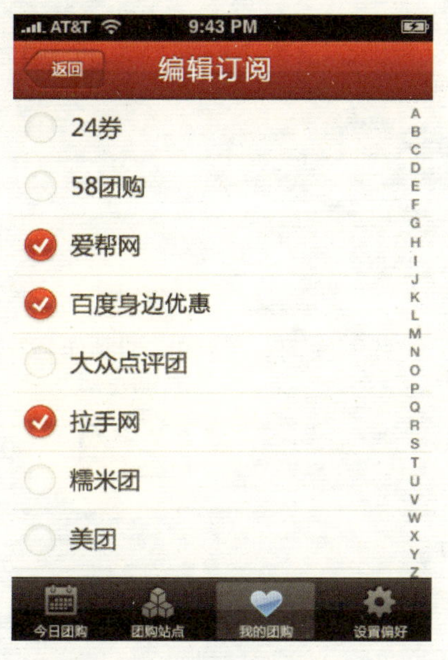

图6-206 页面框架图（一）

效果如图6-207。

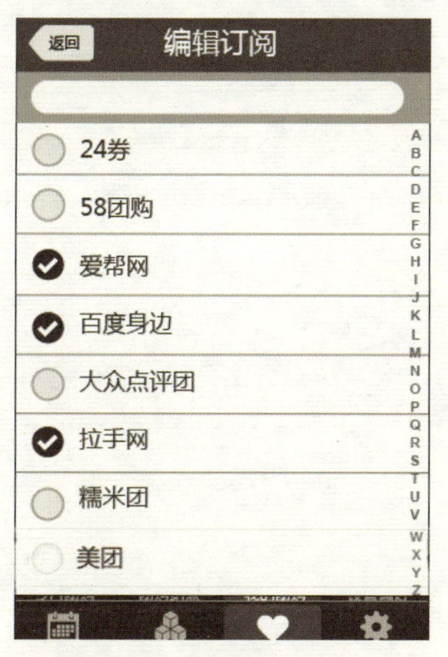

图6-207 完成的页面效果（一）

iPhone应用的设置界面设计的时候需要参考iPhone的标准控件。在iPhone本机设置界面中就有很多类型的交互控件可以参考。包括控件的高度、质感等等，照葫芦画瓢，非常简单。如图6-208。

图6-208 页面框架图（二）

效果如图6-209。

图6-209 完成的页面效果（二）

原型制作与测试

PART 2

第2部分

第7章 界面原型制作与测试方法

原型（prototype）在交互设计中是非常重要的概念。它是一个设计概念变成真正的产品之前的重要过程。原型的意义在于可以将模糊的设计概念可视化，并可以操作。有了原型，设计师和用户就可以有所依据进行设计的测试、评估与修正。交互设计中原型的作用类似于工业设计中的草模型，只不过交互设计中的原型包含着使用流程、交互方式等。

在交互界面设计流程中，原型分为低保真原型（Low- Fi prototype）及高保真原型（Hi- Fi prototype）两种。低保真原型出现在设计流程的早期，一般用纸绘制或者用图片拼贴而成。这种原型的特点是把设计概念和界面流程迅速、直观的表达出来，在操作原型的过程中可以反复修改。高保真原型则是在交互界面设计的晚期，界面的流程、框架以及视觉设计都已经完成，此时可以用软件制作出与最终界面高度接近的界面模型，这样的原型可以真实的展示出最终设计的面貌，也可以提供给用户进行更加深入的测试。

7.1 低保真原型制作与测试

在交互界面设计过程中，低保真原型有着不可替代的作用。它类似于工业设计中的草图以及草模型，是设计早期对设计进行研讨以及测试的工具。低保真模型的优点包括：

- 快速且低成本地获得反馈；
- 在多种可能中对比试验；
- 轻松修改或者放弃设计。

缺点包括：

- 与最终界面的视觉效果相差较远；
- 难以模拟交互过程，尤其是动态转化等；
- 会让用户有些迷惑。

低保真模型往往用纸制作，既快速也方便修改。有时也会用到即时贴、透明塑料纸、胶带等其他工具，如图7- 1所示。

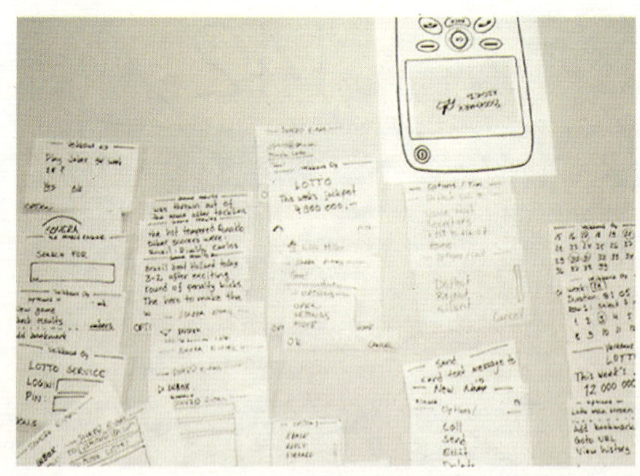

图7-1 低保真纸模型

制作界面纸模型就是画出整个系统中的每个单独的页面，然后连起来使用。要尽量的模拟出界面的使用状态，尤其是要保证界面使用流程中不能缺少某个页面，最终的纸模型可以用夹子或者信封整理好，作为进行视觉设计的依据。

7.1.1 制作低保真纸模型的技巧

制作纸模型一定要利用好手边的一切材料，尽量模拟出界面使用时的状态，并保证能够让团队中的其他人员以及用户看明白。常用的制作技巧如下。

① 使用手绘或者打印稿。手绘当然是最快捷的方式，但如果有一些基础的界面能够使用计算机绘图打印出来也是很好的选择。根据实际情况来进行选择。图7-2中纸模型的地图界面使用了互联网上的图片，既能够比较真实的表现界面，也能够提高制作的效率。

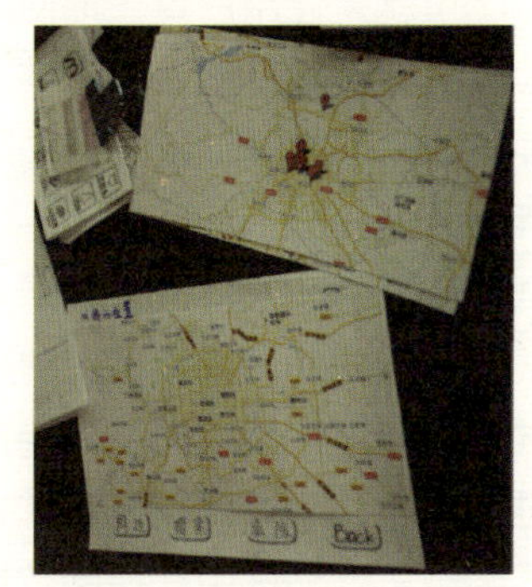

图7-2 纸模型中的打印稿

② 尽量模拟真实的使用界面。如果是基于互联网的设计，可以绘制一个浏览器界面作为底图；如果是移动设备的界面设计，不妨制作一个简单的产品模型作为界面的载体，如图7-3。

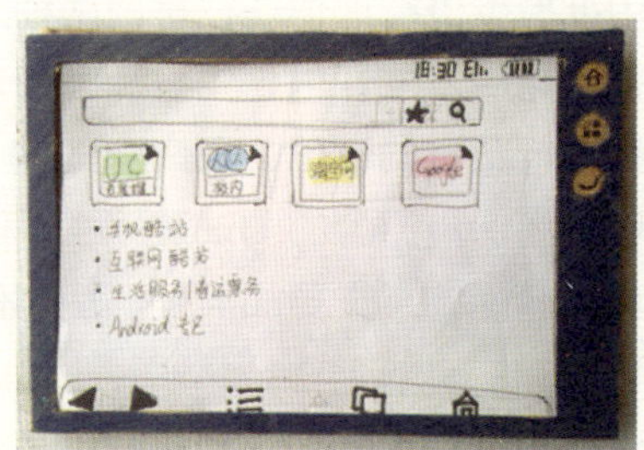

图7-3 制作移动设备草模型作为载体

③ 在制作低保真纸模型过程中，不必拘泥于实际界面的大小，也不必过分在意界面中按钮或者文字的大小，这些都可以适当做大一些，以便于操作与讨论。

④ 使用一些透明纸可以让纸模型更加灵活，如图7-4。

图7-4 使用透明硫酸纸制作下拉菜单

⑤ 制作一些控件，可以重复使用。例如下拉菜单、选择框等，如图7-5。

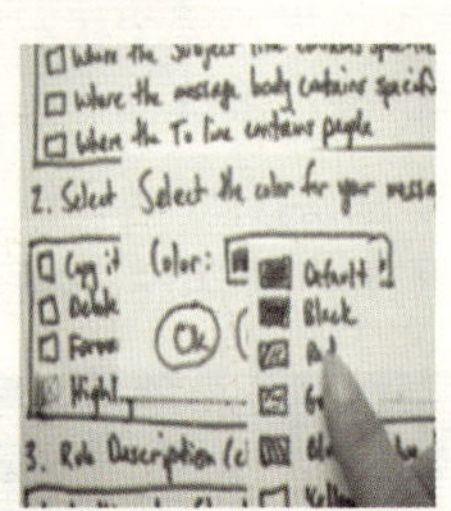

图7-5 制作控件

⑥ 纸模型的顺序不要弄乱，以免在测试时找不到某个界面，可以用夹子或者信封将其整理好，也可以在每个单独的纸片上标示数字，如图7-6。

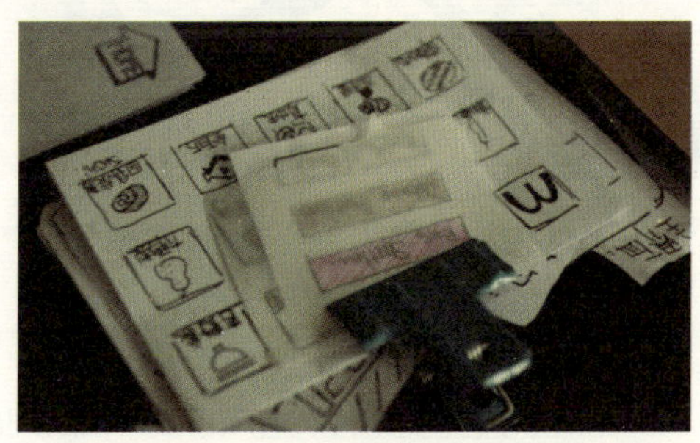

图7-6 整理好的纸模型

7.1.2 使用纸模型进行测试

原型测试是交互界面设计过程中反复出现的流程。交互界面系统包含信息结构与流程，比较复杂，如果不经过测试，很难发现问题并加以改进。低保真纸模型的制作很大程度上也是为了进行测试。原型测试可以分为三种分别是认知预演、启发式评估以及用户测试。

(1) 认知预演

Cognitive Walkthroughs是由Wharton等（1990）提出的，一般由设计师自己完成。这一过程出现在设计初期，设计师可以使用纸模型进行认知预演。该方法首先要定义目标用户、代表性的测试任务、每个任务正确的行动顺序、用户界面，然后进行行动预演并不断地提出问题，包括用户能否建立达到任务目的，用户能否获得有效的行动计划，用户能否采用适当的操作步骤，用户能否根据系统的反馈信息评价是否完成任务，最后进行评论，诸如要达到什么效果，某个行动是否有效，某个行动是否恰当，某个状况是否良好。该方法优点在于能够使用任何低保真原型，包括纸原型。该方法缺点在于，评价人不是真实的用户，不能很好地代表用户，如图7- 7。

图7-7 设计师进行认知预演

(2) 启发式评估

Heuristic Evaluation由Nielsen和Molich（1990）提出，由多位评价人（通常4~6人）根据可用性原则反复浏览系统各个界面，独立评估系统，允许各位评价人在独立完成评估之后讨论各自的发现，共同找出可用性问题。该方法的优点在于专家决断比较快、使用资源少，能够提供综合评价，评价机动性好，但是也存在不足之处：一是会受到专家的主观影响，二是没有规定任务，会造成专家评估的不一致，三是评价后期阶段由于评价人的原因造成信度降低，四是专家评估与用户的期待存在差距，所发现的问题仅能代表专家的意思。

(3) 用户测试

User Test就是让用户真正地使用界面系统，由实验人员对实验过程进行观察、记录和测量。这种方法可以准确地反馈用户的使用表现、反映用户的需求，是一种非常有效的方法。用户测试可分为实验室测试和现场测试。实验室测试是在可用性测试实验室里进行的，而现场测试是由可用性测试人员到用户的实际使用现场进行观察和测试。用户测试之后评估人员需要汇编和总结测试中获得的数据，例如完成时间的平均值、中间值、范围和标准偏差，用户成功完成任务的百分比，对于单个交互，用户做出各种不同倾向性悬着的直方图表示等。然后对数据进行分析，并根据问题的严重程度和紧急程度排序撰写最终测试报告。

使用纸模型进行评估往往是前两种方式，即认知预演与启发式评估，由设计师和专家操作纸模型进行测试与评估。用户测试这一方法往往使用在高保真原型的测试过程中，因为用户对于真实界面的感觉更加准确，使用低保真的纸模型时往往有些疑惑。

纸模型测试只需要一张桌子就可以进行，测试团队往往需要三个人，这三个人的角色分别为“计算机或者移动设备”的模拟者、主持人以及观察者，而模拟用户的人员一般坐在桌子对面，对纸模型进行操作。

操作过程中，主持人会提供给用户任务以及一些提示，并鼓励用户把自己的问题和感受大声地说出来，作为评估的依据。

模拟计算机的人会根据用户的操作把一个个纸模型界面放到用户面前，让用户感觉到好像是一个界面在自动的变换。

而观察者主要的任务是记录。记录用户使用原型过程中的感受、出错现象、提出的问题等。必要时，观察者可以使用录像设备进行录像，以便测试结束后反复观看。

低保真原型即纸模型的制作与测试就是为了在设计初期能有一个界面的概貌，界面中到底需要多少个页面？页面中应当有什么内容？实现某一功能至少需要几个步骤？这些问题都可以通过制作纸模型来解决。制作纸模型的过程实际上就是设计细化的过程，一个测试没有问题的纸模型原型可以保证最终的界面不会有原则性的错误产生。

纸模型制作与完善后，就可以进行下一步的视觉设计，视觉设计应当完全按照纸模型提供的页面来进行。完成视觉设计后的文档就可以输出至软件，进行高保真原型的制作了。

7.2 高保真原型制作利器——Flash Catalyst CS5讲解

制作可以操作的高保真界面原型是交互设计中非常重要的一个阶段，而如何制作高保真交互原型一直是交互设计师的难题之一。因为很多了交互的界面原型都需要使用代码编写，这给设计师带来了很多不便，因此很多情况下，设计师只能使用影片或者动画来展示他们的设计理念。而Flash Catalyst CS5的出现然这一难题有了解决方案。Flash Catalyst CS5简称FC，是美国软件巨头ADOBE公司推出的专门针对交互设计师以及用户体验人员的专业软件，它可以将设计师制作的精细效果图转化为可以操作的交互原型，而不用写一句代码。这无疑使得设计师从制作交互原型的书写代码困境中解脱出来，大大提高了交互设计整个流程的效率。在本节中，将会把这一原型制作利器的使用方法及技巧一一讲解。

7.2.1 Flash Catalyst CS5基础讲解

(1) Flash Catalyst CS5中的三个基本概念

要想用好Flash Catalyst CS5，必须先理解其中的三个重要概念，即组件、状态页面与转换。

① 组件（components）也叫控件，是计算机软件中常用的概念，指可以实现某种功能的视觉元素。例如在交互界面中经常会遇到的按钮（button）、选择框（check box）等。

② 状态页面（pages/states）是Flash Catalyst CS5中非常重要的一个概念，是指交互界面中的各个不同内容的页面以及由页面轻微变化所带来的不同状态，如图7- 8与图7- 9所示Google地图页面的侧边栏显示与收起的状态。

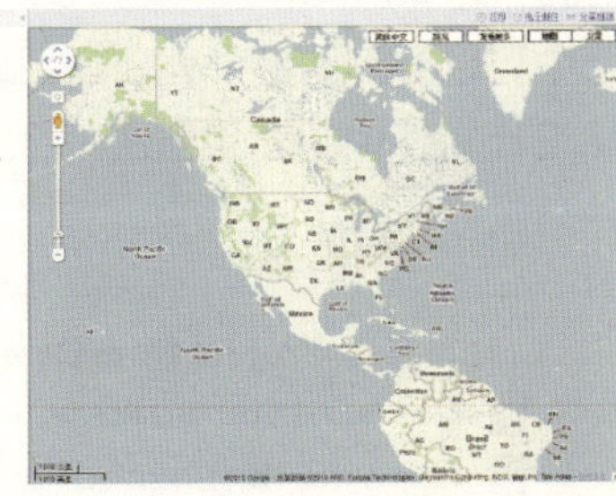

图7-8 Google地图侧边栏显示页面

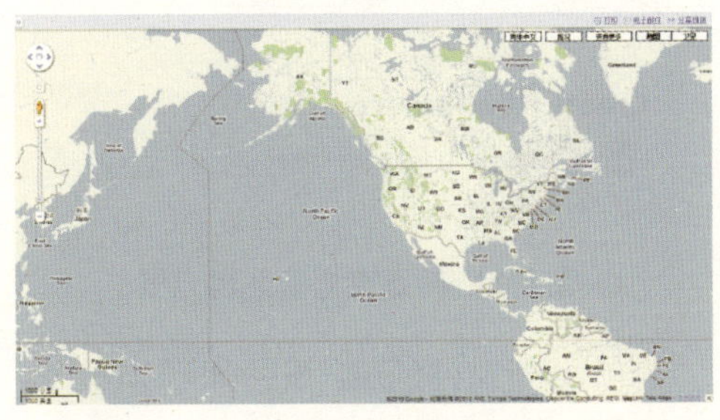

图7-9 Google地图侧边栏收起页面

③ 转换（transition）是指在两个页面或者两种页面状态的动态转换方式，在Flash Catalyst CS5中内置了界面设计中常用的转换方式，设计师也可以根据自己的需要对这些默认转换方式进行修改与组合，创造新的转换。

虽然设计师在使用Flash Catalyst CS5制

作交互界面原型时不需要书写任何代码，但实际上Flash Catalyst CS5在后台已经将前台元素与交互行为转化为了基于Flash Framework平台的代码。这些代码可以从Flash Catalyst CS5中拷贝出来，导入到Flash Builder中进行编辑与进一步的开发。这样一来，设计师和开发者之间就会拥有一个交换数据与交流设计思想的平台。在Flash Catalyst CS5中制作完成的交互界面可以发布成为基于Flash Player 10.0及以上版本的Swf文件、Adobe公司的富媒体平台AIR文件以及浏览器可以直接打开的网页文件三种。通过发布出来的文件，设计师可以在第一时间将自己的设计方案呈现出来，在项目组中讨论或者进行用户的可用性测试。

(2) 新建Flash Catalyst CS5项目常用的两种方式

打开Flash Catalyst CS5软件，在起始页面中可以看到两种创建新项目的方式，分别是从设计文件中创建和创建一个空白项目，如图7-10。

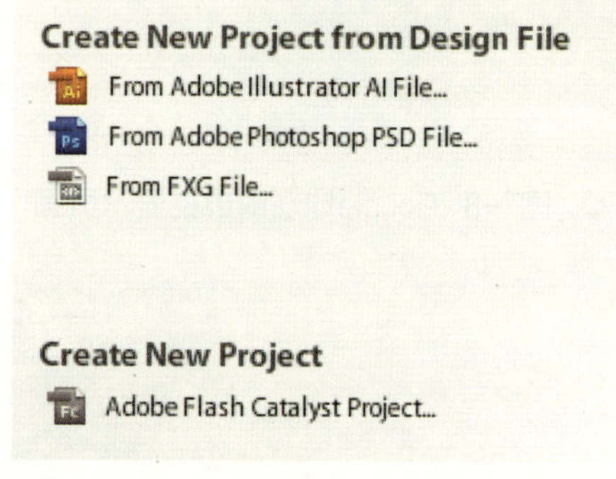

图7-10 新建文档的两种方式

① 从设计文件创建。设计师可以把设计好的文档直接导入到Flash Catalyst CS5中进行编辑。接受的格式包括常用的Photoshop生成的PSD文档、illustrator生成的AI文档以及fireworks生成的FXG文档。这里需要说明的是，不论是哪种格式的文档，其中的元素必须独立分层，这样才能够在Flash Catalyst CS5逐一进行编辑，PSD文档导入时的窗口如图7-11所示。

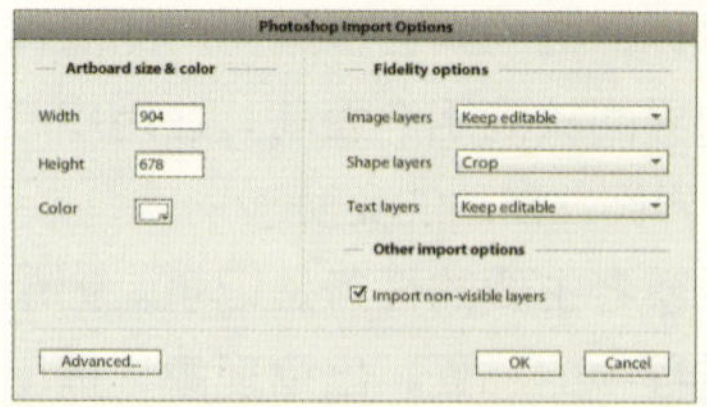

图7-11 导入PSD文档时的窗口

在图7-11所示窗口中，显示了文档的大小及有关图层及文字的属性，一般情况下保持默认选项即可。如果点击advanced（高级选项）按钮，会打开一个新的窗口，如图7-12所示。在这个窗口中可以将一些不必要分开的图层合并。在图层的后面对应着一个Flash软件中常见到的影片剪辑图标，这表明Flash Catalyst CS5将图层中的元素作为影片剪辑的实例进行处理。AI与FXG格式文档导入过程与PSD文档导入过程类似，不再重复。

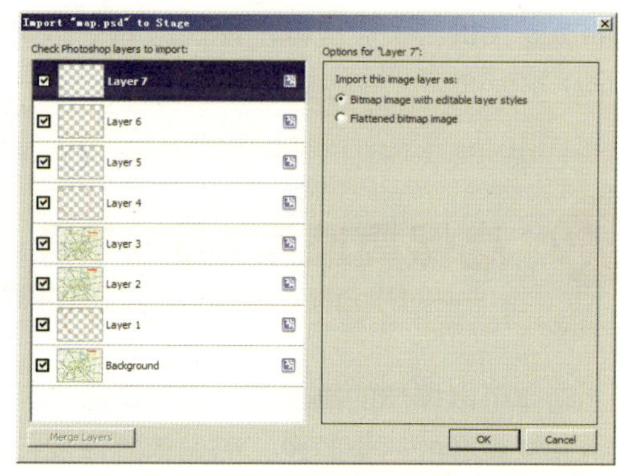

图7-12 高级选项窗口

② 创建一个空白项目。如果设计师希望从零开始创建一个新文件，打开的窗口如图7-13所示。在这个步骤里需要设置的是文档尺寸与背景色彩。

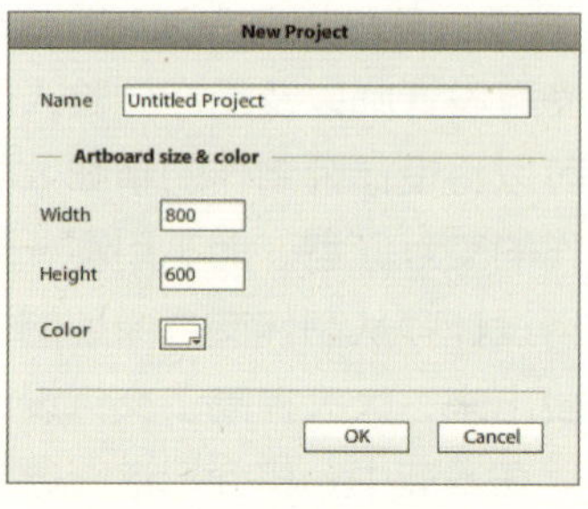

图7-13 新建项目窗口

(3) Flash Catalyst CS5中的控件

控件这一概念并不陌生，在前文的交互设计一章中专门作了讲解。在FC中，控件被称为COMPONENTS，即组件。组件是Flash Catalyst CS5中非常重要的部分，这些组件基本囊括了交互设计中常用的应用所需。组件是用户与交互界面进行交互的工具，学习FC必须从学习使用组件开始。新建组件有两种方式，一是直接创建，二是从图形转化为组件。

直接创建组件需要用到组件面板（WIREFRAME COMPONENTS），如图7-14所示。

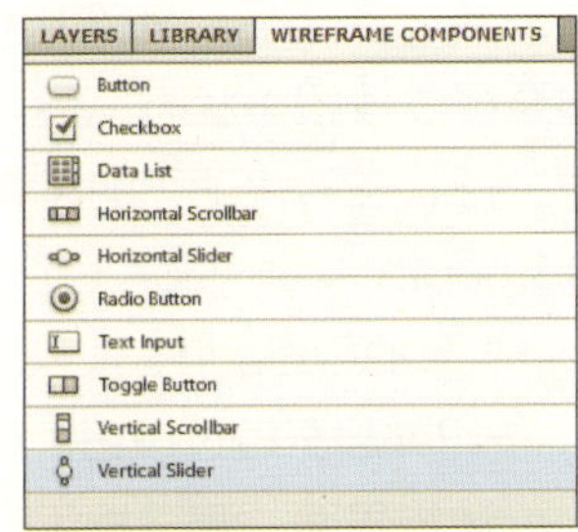

图7-14 组件面板

组件面板中列出了FC中能够使用的各类组件，包括按钮（Button）、复选框（Checkbox）、数据列表（Data List）、水平滚动条（Horizontal Scrollbar）、水平滑块（Horizontal Slider）、单选按钮（Radio button）、文本输入框（Text Input）、开关按钮（toggle button）、垂直滚动条（Vertical Scrollbar）和垂直滑块（Vertical Slider）。直接创建组件的方式比较简单，直接从组件面板中拖拽至文档页面即可。对于设计师来讲，更多的情况是将设计稿中的图形转化为组件。下面介绍一些常用组件的使用方法。

① 按钮（Button）。按钮是交互界面中最常用的组件，它承载着用户对界面的直接控制。通常情况下，按钮具有三种状态，分别是按钮弹起、经过按钮以及按下按钮。通过这几种状态的设计，设计师可以设计出吸引用户的按钮效果。在FC中，很难制作效果复杂的Flash按钮，但实现按钮状态的切换是非常简单的。首先，使用File- Import命令将绘制好的按钮图形导入到界面上，选中按钮图形，在FC漂浮面板中选择convert Artwork to Component（将图形转化为组件），在Choose Component（选择组件类型）下拉菜单中选择Button（按钮），如图7- 15所示。

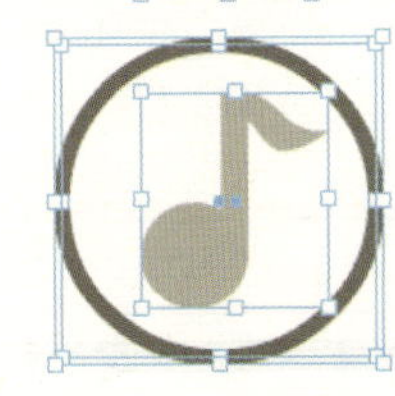

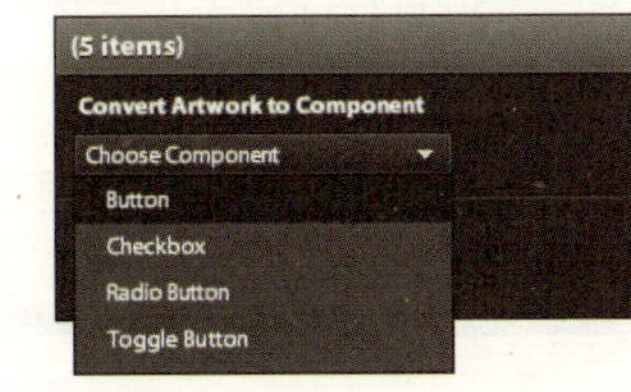

图7-15 将图形转化为组件

说明：在FC中，漂浮面板是一个用途广泛的小工具。但没有物体被选中时这个面板是隐藏的，当设计师选中某一个物体要进行编辑时，面板提供常用的命令以供选择。

此时，导入的图形已经转化为了按钮组件，具有按钮的功能，并拥有了按钮的四种状态，分别是Up（按钮弹起）、Over（经过按钮）、Down（按下按钮）以及Disabled（停用按钮），如图7- 16所示。

图7-16 按钮的四种状态

这里特别要说明的是，在使用图形绘制软件Photoshop或者Illustrator绘制按钮图形时，要将按钮的不同状态分别绘制放置到单独的图层中，当此图形被导入到FC中，会保留图层，如图7- 17，因此只需调整图层的可见性，便可以编辑出按钮的不同状态。

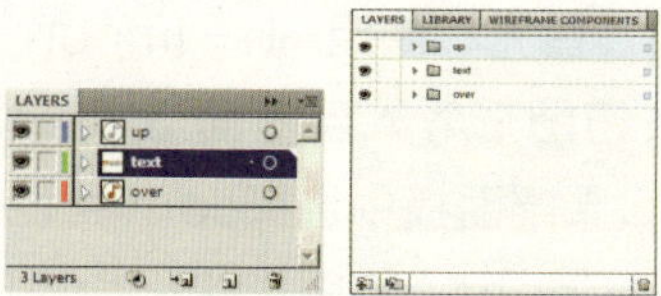

图7-17 AI中的图层会保留在FC中

下面就要对按钮的四种状态进行编辑。点击漂浮面板上的Up按钮或者双击按钮组件，进入按钮编辑状态，此时界面变为图7-18所示，PAGES/STATES（页面/状态）栏中显示出按钮的四种状态。

图7-18 按钮的编辑状态

分别选中按钮的不同状态即可进行编辑。首先选中Up（按钮弹起）状态，调整图层的可见性，将music文字图层和红色音乐符号隐藏；然后选中Over（经过按钮）状态，将music文字图层和红色音乐符号显示，将灰色音乐符号隐藏；使用同样的方式调整Down（按下按钮）与Disabl（停用按钮）状态。

调整完成后，使用File-Run Project命令或者快捷键Ctrl+Enter运行界面，测试按钮效果，如图7-19。

图7-19 按钮使用时的Up（按钮弹起）与Over（经过按钮）状态

如果希望鼠标经过按钮时显示为手形，选中按钮，然后在FC界面右下角的Appearance（外观）属性中将Hand cursor（手形光标）选项选中，如图7-20。

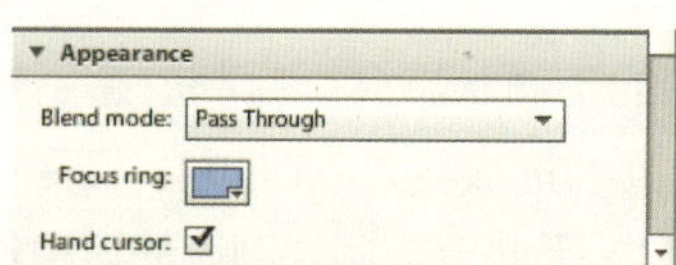

图7-20 选中Hand cursor（手形光标）选项

目前完成的按钮基本具有了不同状态转化的功能，但转化的过程在视觉上比较生硬，需要进一步编辑。双击按钮进入按钮编辑状态，在FC界面底部找到TIMELINE（时间轴）面板。时间轴面板的作用是调整不同状态转化时的动画效果。在时间轴面板的左侧可以看到目前按钮中所有的状态转化过程，如图7-21。

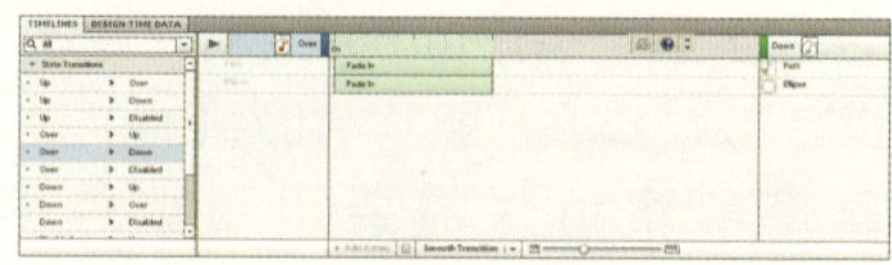

图7-21 时间轴面板

选中某一转化状态后，如选中Up>Over（按钮弹起至经过按钮）状态，便可以在右侧的时间轴中进行状态转化动画的设置。单击时间轴下方的Smooth Transition（平滑转化）按钮，便可以将简单的Fade in（淡入动画）赋予Up>Over（按钮弹起至经过按钮）状态动画。按Ctrl+Enter运行界面，测试按钮效果。通过单击Smooth Transition（平滑转化）按钮右侧的箭头，可以设置更多的动画效果，后文将会详细讲解。

② 复选框（CheckBox）。复选框组件的作用是让用户选中某个内容。复选框的设置方法与按钮相同，只不过复选框拥有8种状态，双击复选框就可以进入其编辑状态，如图7-22所示。

图7-22 复选框修改状态

③ 数据列表（data list）。数据列表组件可以给界面提供灵活的信息浏览方式。这个组件可以提供一个数据的列表项空间以及一个滚动条。默认的数据列表，如图7-23。

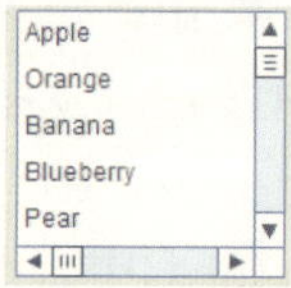

图7-23 默认的数据列表样式

修改数据列表项要使用界面下部的DESIEN-TIME DATA面板，在这个面板中，可以修改列表项的内容，增加或者减少列表项的数量。数据列表中的列表项可以是图片、文字等内容，这取决于最初设定数据列表时的原始数据类型，如图7-24。

TIMELINES	DESIGN-TIME DATA
	Text 1
0	Apple
1	Orange
2	Banana
3	Blueberry
4	Pear

图7-24 修改列表项内容

利用自定义的数据列表，可以给界面增加多种浏览信息的方式。下面看一个图片浏览的例子，首先在Photoshop中设计出界面视觉效果，如图7-25所示。

图7-25 设计数据列表的视觉效果

将设计好的PSD文档导入Flash Catalyst中，在这个设计图中，并排放置的四张图片应该作为列表项，下面的海星与蓝色的笔画应该作为水平滚动条。这些元素共同组成图片浏览的数据列表。在转化数据列表时，作为列表项的图片只需要选中一张，其余的可以删除，最终在DESIEN- TIME DATA面板中可以把其余的图片增加到列表中。选中图片、海星图形以及蓝色笔画，在浮动面板中点击convert Artwork to Component中Choose Component，选择Data List，如图7- 26所示。

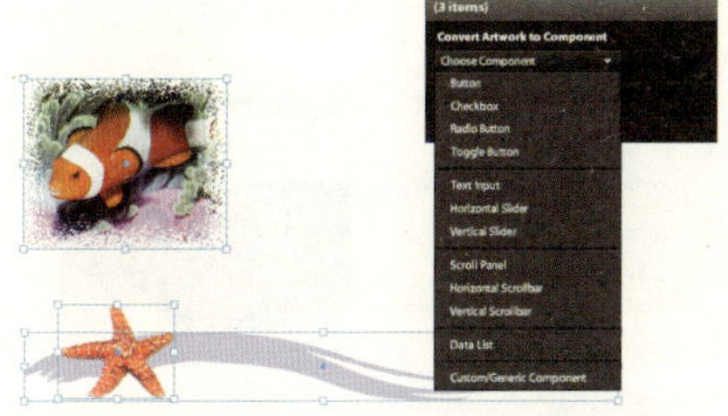

图7-26 将元素转化为Data List组件

转化完成之后，此时图片、海星图像以及蓝色线条都成为数据列表组件的一部分，浮动面板上显示出next steps提示，此时可以点击面板下方的Edit Parts按钮进一步编辑数据列表组件，如图7- 27。

图7-27 转化后的数据列表组件

进入编辑数据列表组件状态后，图片以及海星、蓝色线条都成为可以编辑的对象，其中海星与蓝色线条需要转化为水平滚动条，选中这两个元素后，点击右键，选中Convert Artwork to Component中的Horizontal Scrollbar，将海星和蓝色线条转化为水平滚动条组件，如图7- 28。

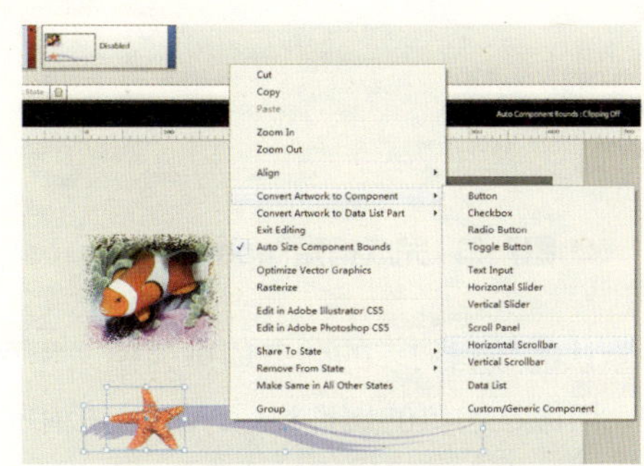

图7-28 转化为水平滚动条

双击刚转化完成的水平滚动条，进入水平滚动条的编辑状态，分别将海星图形指定为Thumb（滚动条把手），将蓝色线条制定为

Track（滚动条轨道），如图7-29所示。

图7-29 指定水平滚动条的部件

点击界面右侧的编辑层级导航按钮，返回到数据列表编辑状态，如图7-30所示。

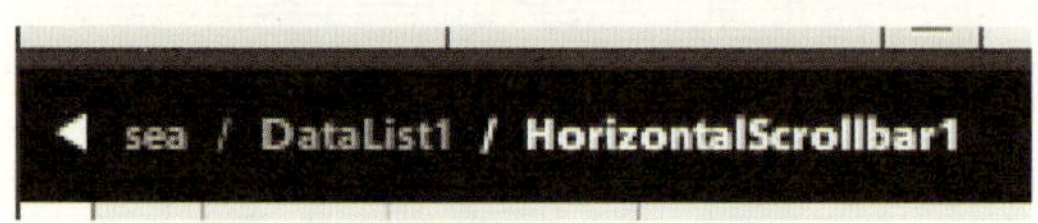

图7-30 编辑层级导航按钮

返回至数据列表编辑状态后，选中图片，将其指定为Repeated Item，此时图片会被复制若干，并默认打开DESIGN-TIME DATA面板。完成的效果如图7-31所示。

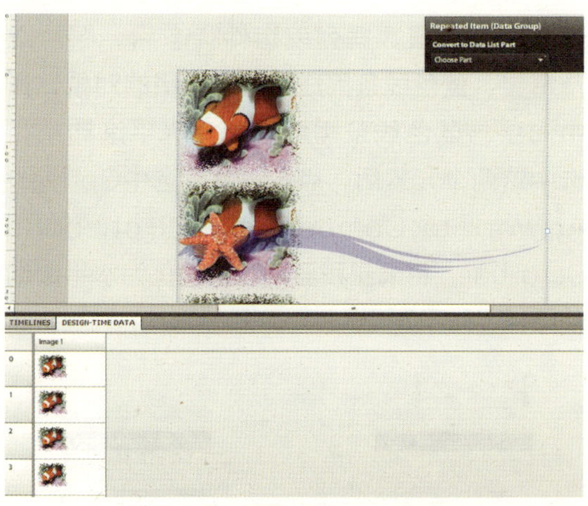

图7-31 完成指定Repeated Item

默认的数据列表的列表项排列模式为垂直排列，可以在右侧的属性栏Layout面板中修改排列方式、列表之间的间距等属性，如图7-32所示。

下一步是将重复的列表项替换为其他的图片，点击DESIGN-TIME DATA面板中的图片，在弹出的窗口中选中相应的图片，如图7-33所示。

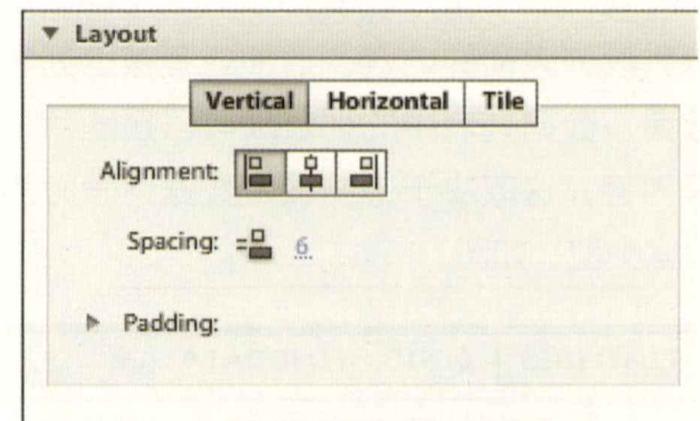

图7-32 Layout面板

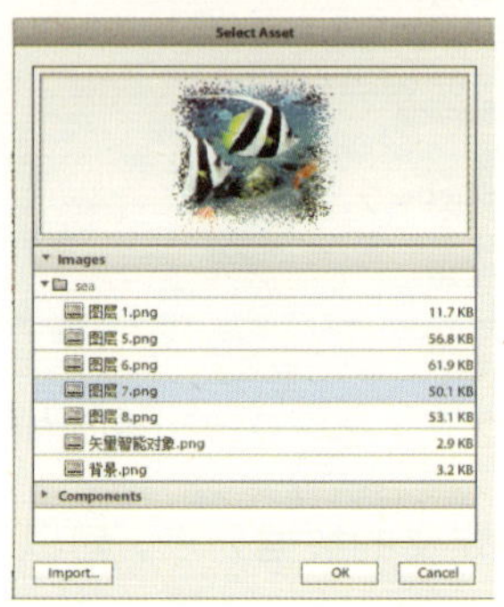

图7-33 选择图片进行替换

最后把右侧的属性栏中Appearance中的Hand Cursor选中，这样在最后界面中光标经过组件时会变成手的形状。保存项目，并按键盘上的快捷键Ctrl+Enter预览效果，如图7-34所示。

图7-34 最终完成的数据列表效果

7.2.2 在Flash Catalyst CS5中制作交互

前文中提到，界面的交互方式可以大致分为状态转换与行为序列两大类。在Flash

Catalyst中制作这两种交互方式非常方便。

(1) Flash Catalyst CS5中的状态转换

在Flash Catalyst CS5中，状态（states）是一个非常重要的概念，在状态这个大的概念下，所有的界面转变都可以归结为状态的变换。例如两个页面之间的跳转，在FC中被认为是一种状态转换；弹出窗口或者伸缩窗口也会被认为是状态的转换。

在图7-35所示的例子中，有两个页面，分别是T-shirt图案与滑板图案，这两个页面通过两个按钮的控制进行跳转，也就是说点击T-shirt按钮，页面会跳转至T-shirt图案页面，点击滑板按钮，页面会跳转到滑板图案的页面。

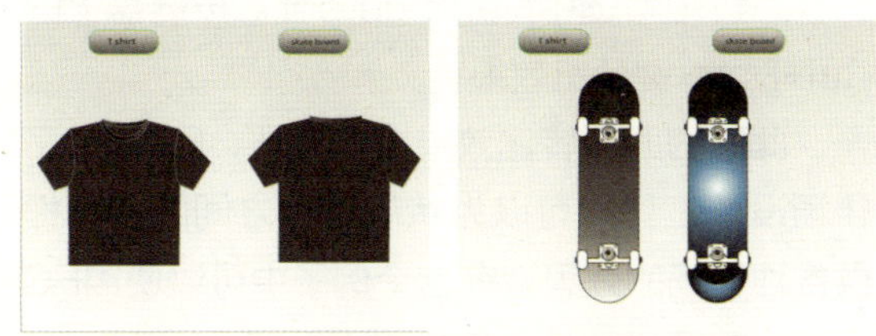

图7-35 两个不同内容的页面

页面中的按钮图案已经转化为按钮组件，按钮组件上可以承载跳转页面的交互行为。选中T-shirt按钮，右侧的INTERACTIONS（交互面板）中显示出这是一个BUTTON（按钮）组件，并在右侧显示出Add interaction按钮。交互面板是FC中制作交互时的重要工具，它可以给组件或者图片等元素增加交互行为，不同的元素能够增加的交互行为是不同的。点击Add interaction按钮，弹出设置交互行为窗口，如图7-36所示。

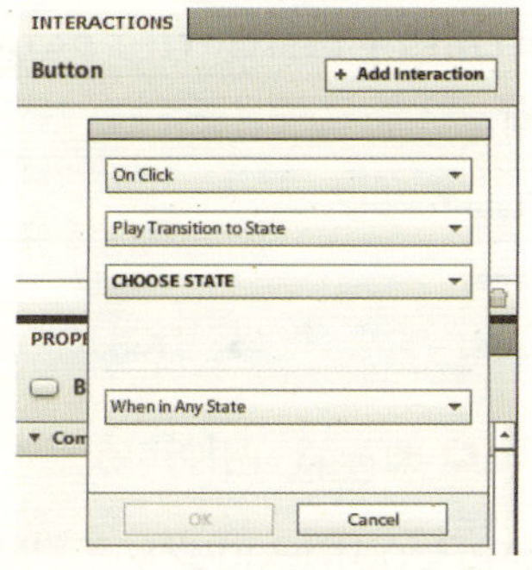

图7-36 设置交互行为窗口

在设置交互行为窗口中，可以设置激发行为的事件，在BUTTON组件中，这些事件包括On Click、On Mouse Down、On Mouse Up、On Roll Over、On Roll Out。可以根据设计需求选择事件。事件下面的下拉菜单设置的是交互行为，包括Play Transition to State、Play Action Sequence、Go To URL等。不同的交互行为选项在下面的下拉菜单中设置。在本例中，需要设置激发行为的事件为On Click，即鼠标单击，同时选择交互行为是Play Transition to State（执行状态转化），在下方的下拉菜单中选择要前往的状态，在本例中为Page1，即T-shirt页面，最后设置按钮起作用的页面，本例中为When in Any State（在任何状态页中都起作用）。使用同样的方法设置滑板按钮的交互行为，设置完成的窗口如图7-37所示。

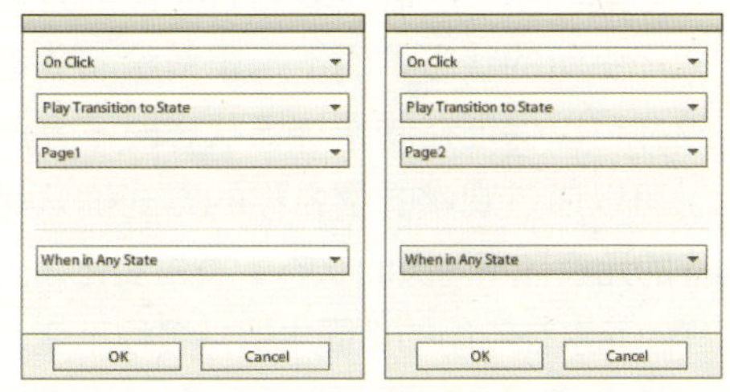

图7-37 完成的设置交互行为窗口

设置完成后，按键盘上的快捷键Ctrl+Enter预览界面，此时点击两个按钮可以实现两个页面之间的跳转。

在FC中实现面板的伸缩也要使用同样的方式，进行状态的转换。要实现这一效果，需要绘制出面板伸缩的两个不同的状态。首先在Page1中绘制出面板缩回的状态，如图7-38所示。点击Pages/States面板中的Duplicate State（复制状态）按钮，复制一个状态页面，如图7-39所示。

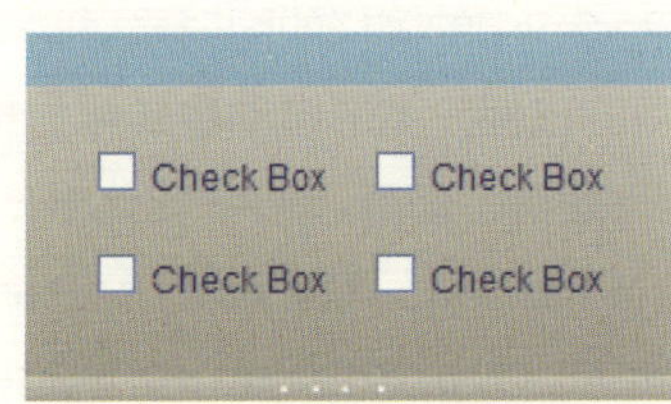

图7-38 绘制缩回的面板状态

图7-39 复制一个状态页

在复制出的Page2中修改面板图形，使其成为面板打开时的状态，如图7-40所示。

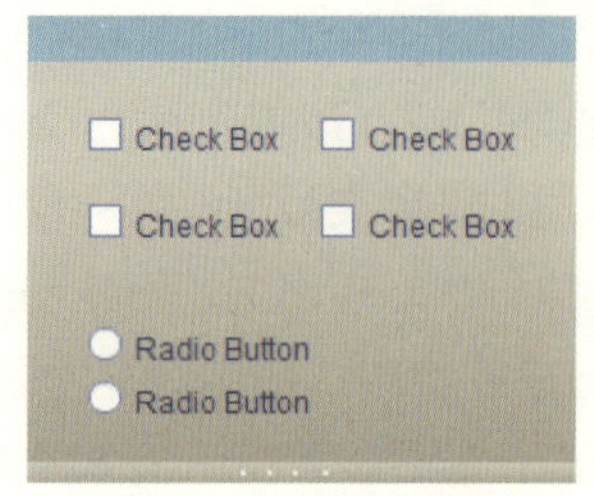

图7-40 修改后的面板打开状态

在FC中，有一点要特别注意，那就是需要改变状态的元素一般通过复制状态页面并修改的方式产生新的状态，而不是重新绘制或者导入，这样可以保证在制作转场状态时不会产生混乱。可以通过观察图层名称的方式确认是否是同样的元素在不同页面状态中发生变化，要保证同样的元素在不同的页面中保持名称不变。

在这个案例中，要实现的效果是点击面板下面边缘的图形，可以打开和收缩面板。这需要将面板下面边缘的图形转化为按钮组件，以便可以承载交互行为，如图7-41所示。

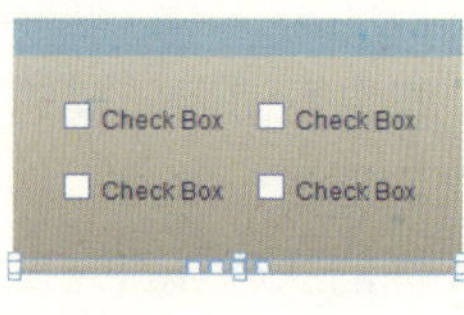

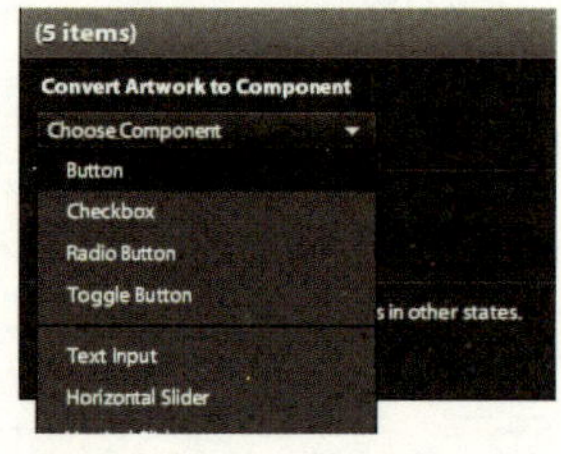

图7-41 将面板下面的图形转化为按钮

由于Page2中的同样的图形是复制得来，因此Page2中的该部分图形自动也转化为按钮。

下一步是制作交互。选中转化好的按钮，在右侧的INTERACTIONS面板中给其设置两个交互行为，分别是When In Page1中On Click后Play Transition to Page2以及When In Page2中On Click后Play Transition to Page1，设置好的INTERACTION面板如图7-42所示。

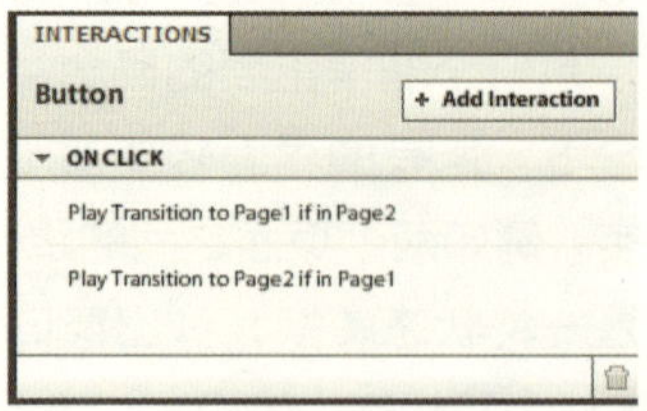

图7-42 设置好的按钮交互状态

这样，这个按钮就具有两个功能，分别是在打开面板状态时点击它会使面板跳转到收缩面板状态，以及在收缩后的面板页中点击它会跳转到打开面板状态。选中按钮后，在右边的状态栏中勾选中Hand cursor。按键盘上的Ctrl+Enter键预览效果。

此时的面板转化效果比较生硬，FC提供了转场设计工具，可以为状态页面之间的转化提供各种转场的效果。在这个例子中可以使用FC中默认的转场效果，即Smooth Transition功能。转场的概念在前文交互设计一章中也曾提及，是指两种状态或者两个页面的转化方式，往往是以动画的形式呈现。首先要确定在界面中会产生几种转场，在本例中只有两个状态页面，分别是Page1与Page2，那转场效果就只有两种，分别是从Page1到Page2以及从Page2到Page1，如果有5个页面相互都可以跳转，那么需要制作的转场就会比较多，会是5乘以5，共25个转场需要制作。使这一信息会在FC界面下方的TIMELINES窗口中显示出来，如图7-43所示。

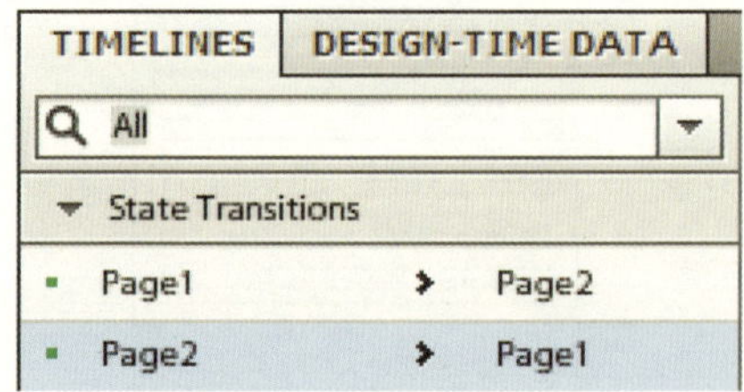

图7-43 两种转场

首先选中Page1>Page2，在TIMELINES窗口的下方找到Smooth Transition按钮，点击

后效果如图7-44所示。图中的绿色矩形代表着此元素已经具有转场效果，文字表明了转场的类型，矩形的长度对应时间轴上的时间，表明转场的持续时间。例如本例中的Button元素具有一个Move（移动）的转场类型，持续时间为0.5s。点击绿色矩形框，就可以通过拉拽的方式改变时间长短。

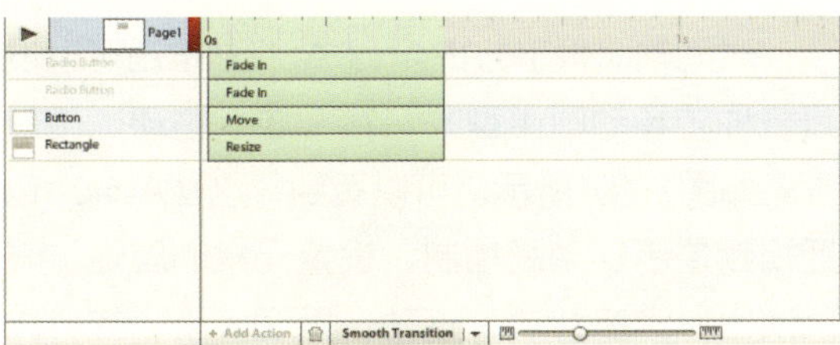

图7-44 Smooth Transition后的效果

为了具有更协调的视觉效果，可以将Radio Button的Fade In（淡入）效果调整至0.5s开始，1s时结束，如图7-45所示。

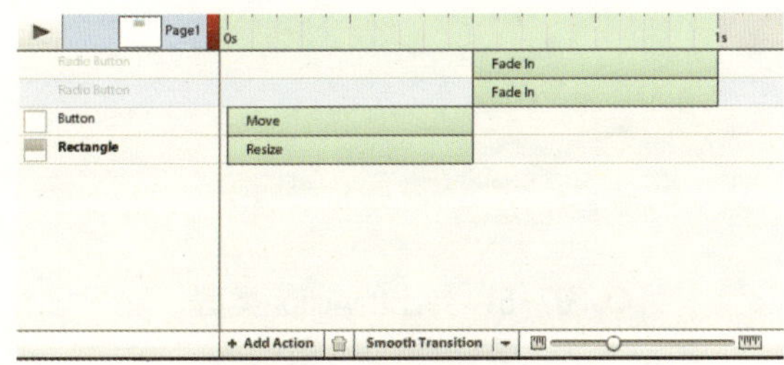

图7-45 调整后的转场效果

使用同样的方式设置Page2>Page1的效果，只不过是先完成Radio Button的Fade Out（淡出）效果，然后再进行Button的Move（移动）和Rectangle的Resize（改变大小）效果，如图7-46所示。

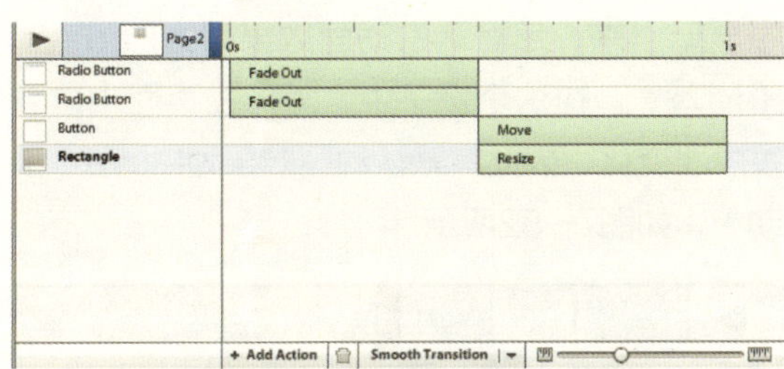

图7-46 Page2>Page1的转场效果

保存项目，按键盘上的Ctrl+Enter键预览效果，此时的面板收缩与打开的效果非常平滑顺畅。

(2) 在Flash Catalyst CS5中制作转场

前面简单介绍了关于转场的概念，如果不需要太复杂的转场效果，FC提供的Smooth Transition功能已经够用，但如果需要更加精确地控制转场效果，则需要进行其他的设置。FC中制作转场是非常方便的，但需要明确一下它的制作原理。

- 首先，要确定转场的两个页面中的元素哪些发生转换，哪些固定不变，可以给图层起不同的名字以示区别；
- 确定好发生变化的元素的起始状态与终了状态；
- 选择转化动画的类型；
- 确定转化动画的时间长度；
- 排列转化动画的发生顺序。

下面用一个简单的例子来说明这个制作过程。制作两个相互跳转的页面，在页面中实现两个矩形框（可以假定为页面显示的内容，一段文字或者一幅图片）的转场效果。

首先确定转场页面中需要变化的元素，在Page1页面中放置两个矩形以及两个按钮。在Layer面板中给这些元素分别起名，以避免造成混乱，如图7-47所示。在图层面板中可以看到，页面中包含着page1矩形和page2矩形两个图形，以及控制两个页面相互跳转的按钮page1button和page2button。

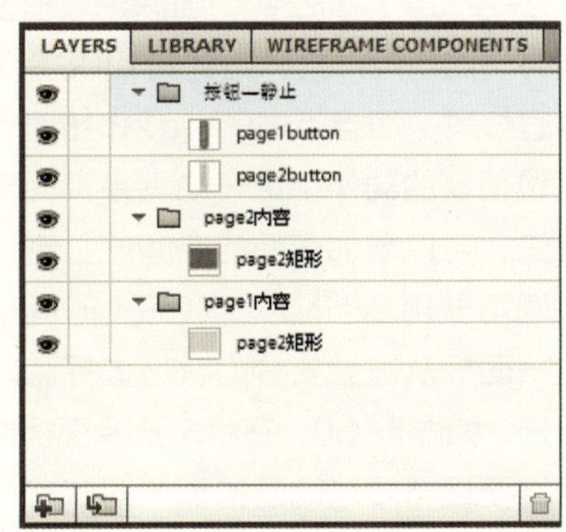

图7-47 Layer面板中显示的页面内容

点击Duplicate State按钮，复制一个新的页面Page2。调整矩形框在两个页面中的位置，形成不同的页面效果，如图7-48所示。

图7-48 准备好的两个页面

给两个按钮赋予交互行为，page1button设置为在任何页面都通过点击跳转到Page1，page2button设置为在任何页面都通过点击跳转到Page2。设置好的按钮交互面板如图7-49所示。

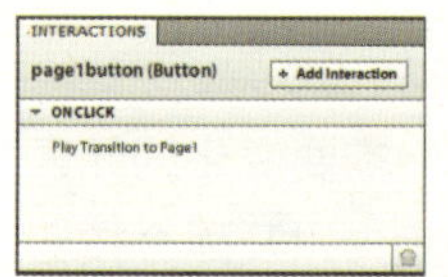

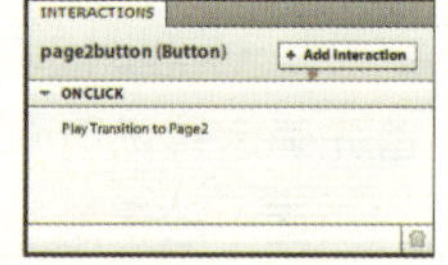

图7-49 给两个按钮设置交互行为

下一步开始制作转场效果。在本例中，给两个页面设计矩形翻转并移动的转场效果，也就是说，当点击Page1按钮时，深色矩形框翻转180°并移动至页面左侧，当深色矩形框移动了一半时，浅色矩形框开始翻转180°并移动到页面中心位置。而当点击Page2按钮时，两种矩形框做相反的动作。这一动画是页面常见的转场方式，可以增加页面的空间感。制作这一转场动画需要用到TIMELINES（时间轴）面板，这一面板从左至右分为状态选择和时间轴两个部分，如图7-50，在状态选择面板中，可以选择需要设置转场动画的那一对状态，例如Page1到Page2。右侧的时间轴面板则包含了较多的信息。首先，页面中的每一个发生变化的元素都会拥有一个时间轴，这个时间轴可以通过下方的滑动条来进行放大与缩小，这一转场时间最长可以是24s，一般不会超过5s。按下位于时间轴左侧的播放键可以预览转场动画效果。

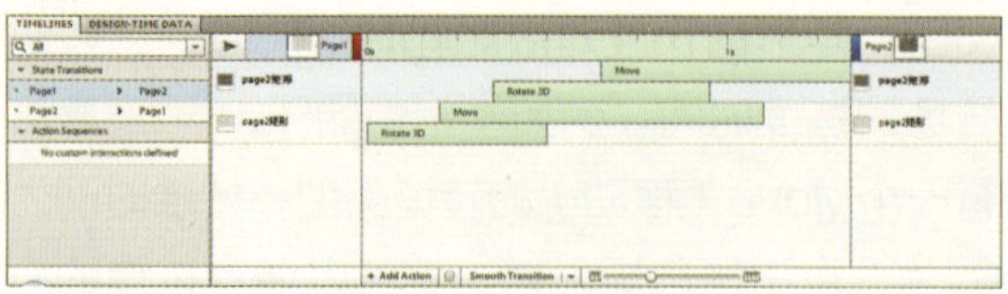

图7-50 时间轴面板

时间轴面板下方的Add Action按钮可以设置各种转场动画类型，包括缩放、移动、旋转等。如图7-51所示。可以看到，这些Action包括视频控制、动画控制、设置元素的属性、淡入淡出、声音特效、移动、重设大小、旋转以及三维旋转。

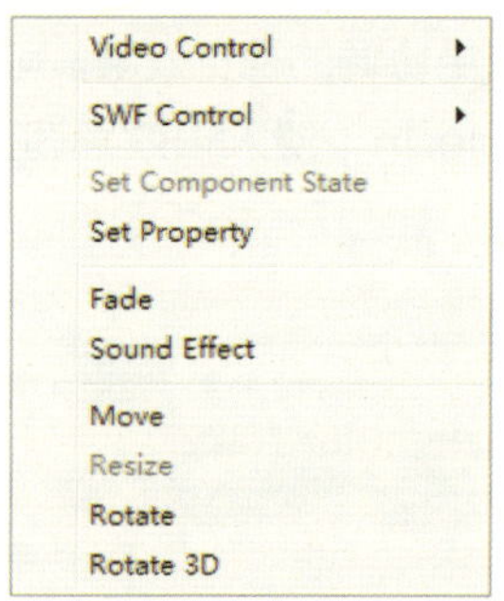

图7-51 弹出的Action类型

如果一个同样的元素在两个状态页面中发生了变化，FC会在时间轴中给其设置默认动画效果，例如在两个页面中这一元素的位置发生了变化，那默认的动画效果即为Move（移动）；如果元素的大小发生了变化，默认的动画效果即为Resize（重设大小）；而如果这一元素在一个页面中隐藏，在另一个状态页面中显示出来，那默认的动画效果即为Fade in（淡入）。在这个例子中，矩形在页面中位置发生了变化，因此其默认动画效果为Move（移动），如图7-52所示。

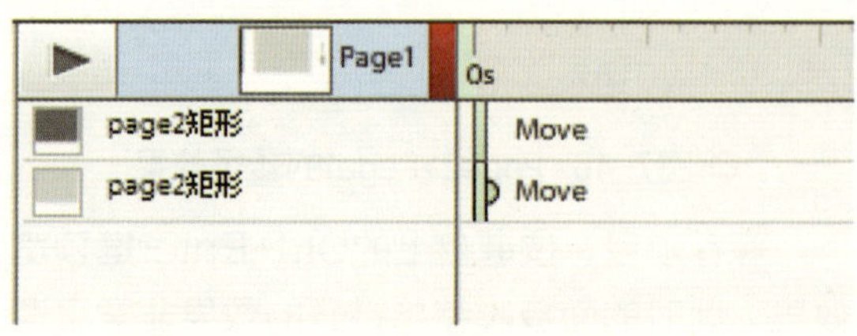

图7-52 默认的动画类型

点击绿色矩形并拉伸，可以设置Move动画的持续时间，本例中将时间设置为0.6s左右，如图7-53所示。

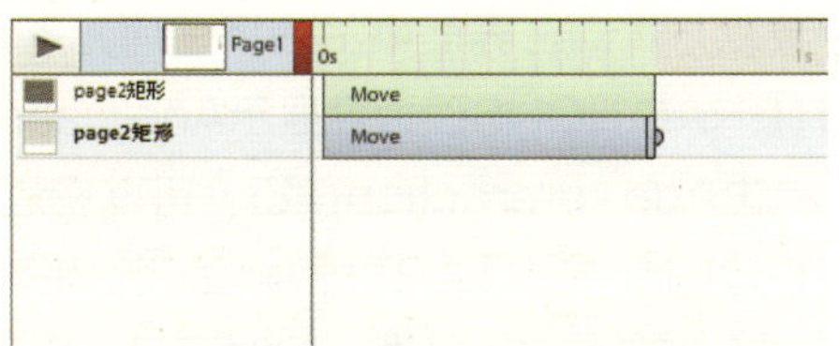

图7-53 修改动画的时间

本例中，矩形框除了Move动画之外，还要增加一个三维旋转动画。选中矩形框，点击Add Action按钮，点击Rotate 3D，此时在时间轴面板中会增加一个Rotate 3D的绿色矩形，使用同样的方法增加Rotate 3D，并调整其与Move的先后顺序，如图7-54所示。

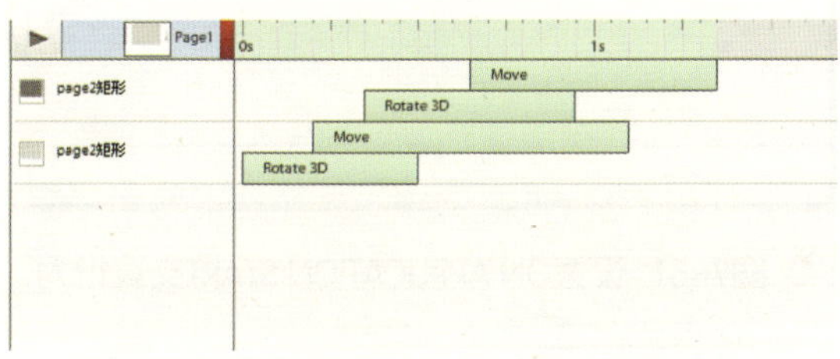

图7-54 增加Rotate 3D动画并调整顺序

Rotate 3D的默认效果是旋转360°，选中Rotate 3D，在右侧的属性面板中修改旋转角度为180°，当然也可以修改其他属性，如图7-55所示。

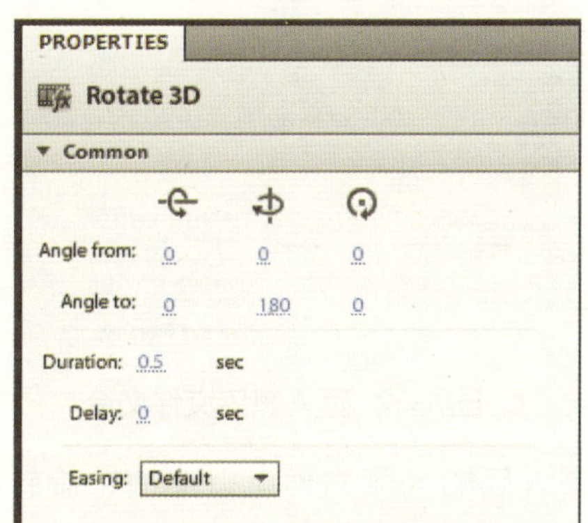

图7-55 Rotate 3D的属性面板

以上设置的是Page1>Page2的转场动画，使用同样的方法设置Page2>Page1，但要注意两个矩形动画的前后顺序，设置后的时间轴面板如图7-56所示。

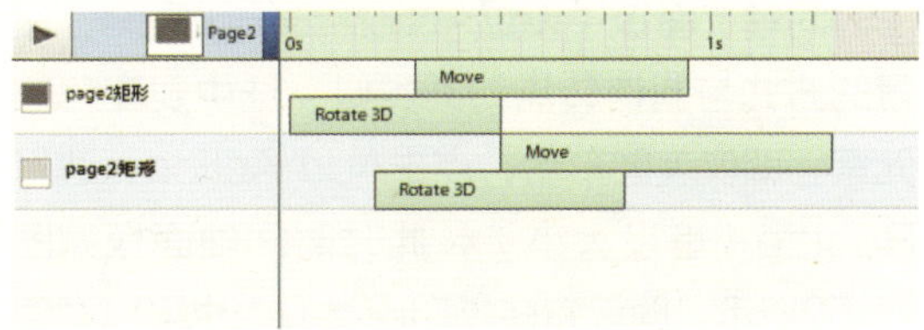

图7-56 Page2>Page1动画设置

保存项目，按键盘上的Ctrl+Enter键预览效果，分别点击两个按钮，观察两个页面转换时的转场动画效果。可以试着增加其他的动画效果，完成最终的设计。

(3) Flash Catalyst CS5中的行为序列

除了状态转换，交互的另外一种常见的效果是行为序列。也就是通过输入的事件激发，让某一元素产生一定的行为变化。例如，在页面中放置一个仪表图形以及两个按钮，让两个按钮分别控制这一图形进行放大与缩小，如图7-57所示。

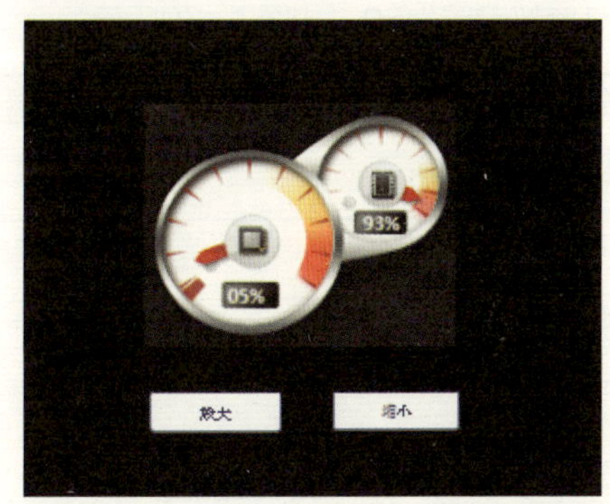

图7-57 放置图形与按钮

点击放大按钮，给此按钮增加交互，此时在INTERATIONS面板中，点击Add Interaction，选择ON CLICK事件与Play Action Sequence交互，点击OK，完成后的面板如图7-58所示。

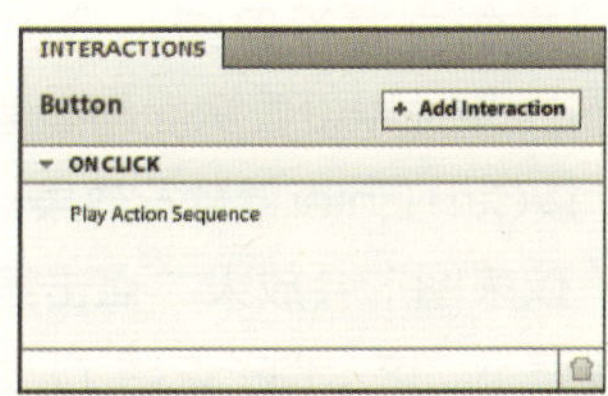

图7-58 设置好的按钮交互

完成按钮交互设置后，到TIMELINES（时间轴）面板中设置Action Sequence，设置的方式与制作转场动画类似，选中要变化的元素，即仪表图形后，点击Add Action，选择Resize（重设大小），此时时间轴面板如图7- 59所示。同设置转场动画类似，也可以调整Resize（重设大小）的绿色矩形，改变动画持续的时间。

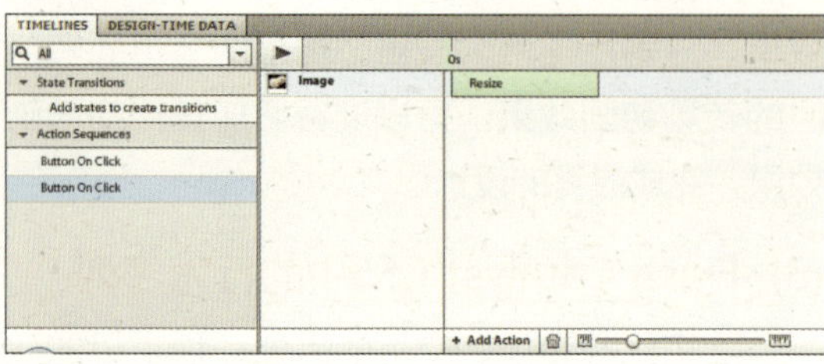

图7-59 设置Action Sequence后的时间轴面板

在右侧的属性面板中可以设置Resize（重设大小）的属性，在这个面板中可以选择重设大小的方式，即Relative（相对数值）与Specific Size（指定大小)。本例中设置为相对大小，宽度与高度都设置为50，如图7- 60所示。

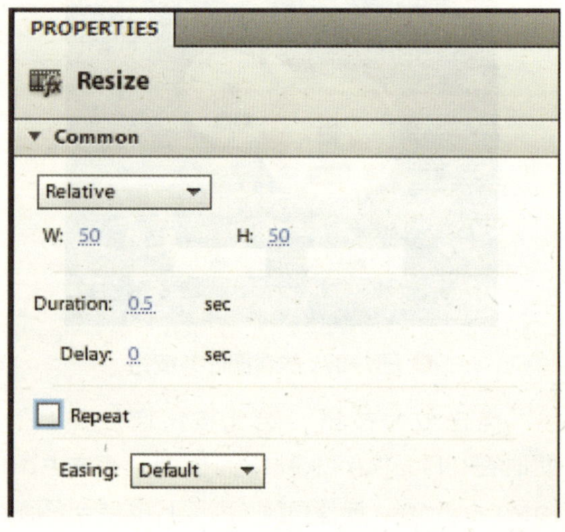

图7-60 设置Resize属性

使用同样的方式设置缩小按钮的行为序列，在Resize属性中设置宽度与高度的相对大小为- 50。按Ctrl+Enter键预览效果，此时点击放大按钮，仪表图形会放大，点击缩小按钮，仪表图形会缩小。这个例子说明了Play Action Sequence的基本用法。使用此方法可以控制页面元素的位置、旋转、大小等各种变化。

使用Play Action Sequence的方法也可以制作界面的开场动画。此时要用到一个特别的行为激发方式。在界面中不选择任何元素，此时INTERACTIONS面板会显示Application，此时点击Add Interaction按钮，可以设置ON APPLICATION START行为，即当界面一开始启动就会产生交互行为，此时可以选择Play Action Sequence，设置界面元素的动画，如图7- 61所示。

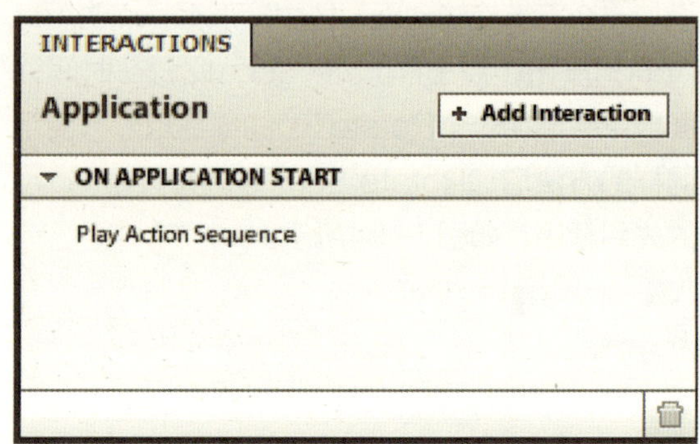

图7-61 设置ON APPLICATION START交互行为

(4) Flash Catalyst CS5中使用媒体

在Flash Catalyst CS5中可以置入和控制媒体文件，例如视频或者Flash动画。置入媒体文件可以使用File>Import命令，选择视频文件或者SWF文件，如图7- 62所示。

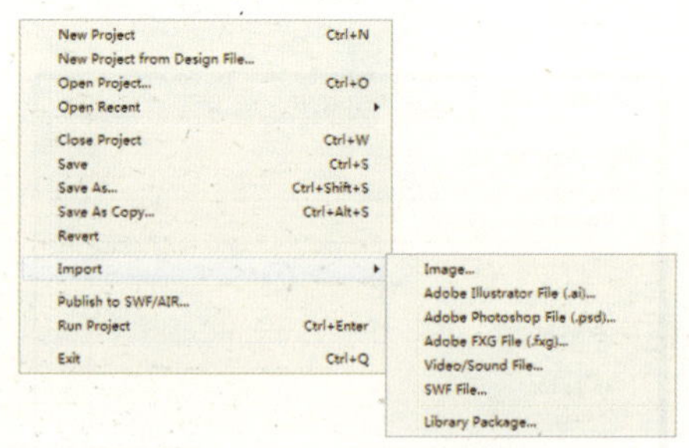

图7-62 置入媒体文件命令

置入后的视频文件可以缩放、旋转、改变位置等，并可以通过属性面板修改视频的属性，设置Video controls可以改变视频播放器的样式,包括标准、线框以及不显示播放器三种状态。也可以设置自动播放、循环播放以及静音等各种选项，如图7- 63所示。

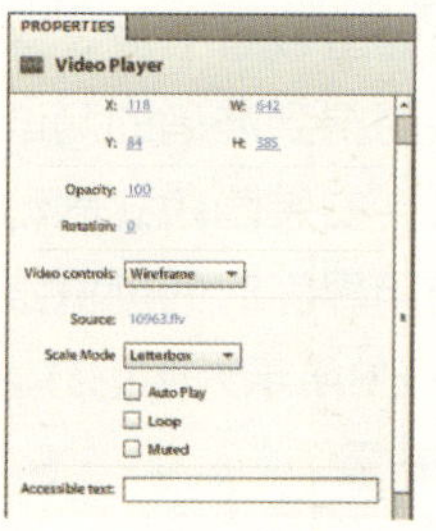

图7-63 视频属性面板

如果不使用播放器，可以使用按钮增加一个行为序列，并在Add action中设置Video Control，包括三种功能即Play、Pause与Stop。如图7- 64所示。

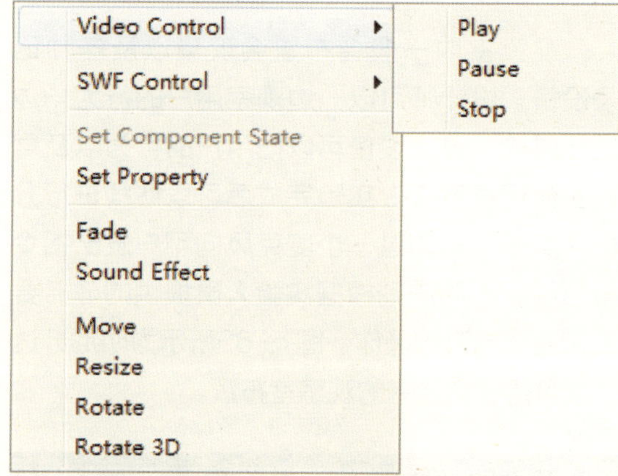

图7-64 Action Sequence中的视频控制

同样的，导入SWF后也可以通过增加行为序列的方式对SWF文件进行详细的控制，在Add Action里面的SWF Control中有Play、Stop、Go to Frame and Play以及Go to Frame and Stop四种命令，这四种命令基本可以对SWF文件进行比精确的控制，如图7- 65所示。

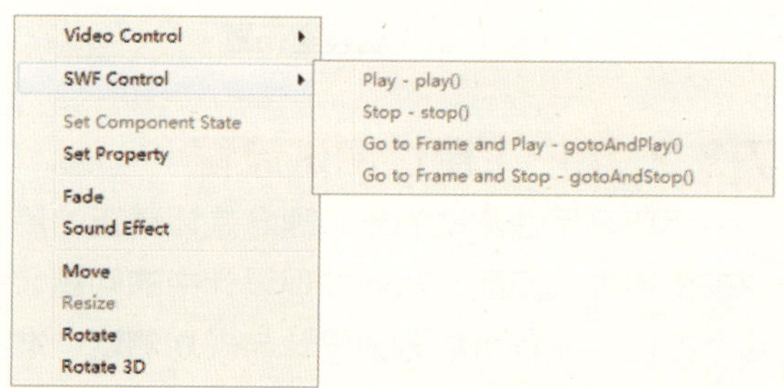

图7-65 Action Sequence中的SWF文件控制

7.2.3 Flash Catalyst CS5输出文件

在Flash Catalyst CS5完成所有的设计后，保存项目文件会生成FXP工程文件，这一文件可以在Flash Builder中打开并进行进一步的开发。如果要输出可以进行操作和演示的文件，需要使用File>Publish to SWF/AIR命令，此时会出现Publish To SWF窗口，在这个窗口中可以设置发布的格式，如图7- 66所示。

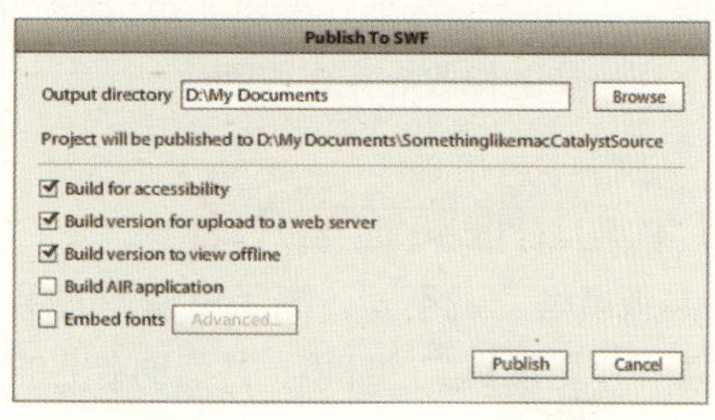

图7-66 Publish To SWF窗口

勾选中相应的选项就可以发布出相应的文件，包括可以直接上传至互联网服务器的文件包，可以在本地浏览的文件包以及可以安装至电脑成为桌面应用文件的AIR安装包。设计师可以根据自己的需求进行选择，这些格式本质上讲都是SWF格式，只不过根据不同的需求进行了相应的设置。

从上文中可以看出，利用Flash Catalyst CS5中的各种工具可以制作丰富的交互界面效果，这对于视觉设计师与交互设计师来讲是非常重要的。如果设计师结合Flash Builder的一些功能，可以把设计的想法体现的非常详尽以及精确，也就是说可以制作出供演示以及测试的高保真DEMO版本。也许是用Flash Catalyst CS5制作的界面很难直接转化成商业上应用的成熟版本，但对于设计师来讲，这个工具可以满足他们的要求，并可以把自己的想法完整地演示出来。

7.3 使用高保真模型进行可用性测试

从Flash Catalyst CS5发布出的SWF文件

可以让设计师完整、真实的展示自己的设计，但这个高保真的界面还有一个非常重要的作用，那就是进行可用性测试。同纸模型测试类似，使用高保真的界面进行可用性测试也包括三种，即设计师预演、专家启发式评估以及用户测试。只不过针对一个与最终完善的界面高度类似的模型进行测试，能够更加准确的发现界面的问题，而且在用户测试环节中，用户基本上可以获得与使用最终发布的界面类似的用户体验，从而让设计师获得更加有价值的用户反馈，进一步的修改与完善界面。

7.3.1 可用性实验室介绍

与纸模型测试不同，高保真模型的用户测试需要一个更加真实的环境，并借助专业的仪器进行辅助测试，例如眼动仪，因此一般高保真模型测试会在可用性实验室中进行。图7-67是一个基本的可用性测试实验室的配置与布局。

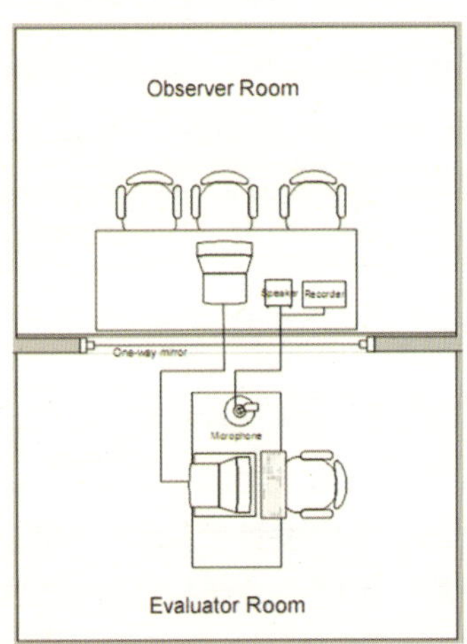

图7-67 可用性实验室布局

可用性实验室至少用两个房间，分别作为观察室（Observer Room）与测试室（Evaluator Room）。这两个房间使用一个单向玻璃（One-Way Mirror）隔开。参与测试的用户在测试室中使用界面，设计师与实验人员在观察室中对用户进行观察。由于两个房间是由单向玻璃隔开，因此用户并不知道有人在观察他的行为。

测试室一般要布置的尽量符合使用环境，例如像一个办公室或者书房，这样可以让用户尽量放松，从而得到准确的测试结果。用户使用的电脑一般会安装隐藏式眼动仪，以记录与分析用户在使用界面时的浏览路线以及停留热点区域。图7-68所示为明尼苏达大学可用性实验室的测试室布置。

图7-68 测试室布置

观察室内一般会布置会议桌以及各种记录设备。设计师可以一边观察用户的行为一边进行讨论，录像设备可以把用户的行为以及屏幕变化记录下来，实验完成后可以继续进行分析。实验人员通过一个麦克风向用户发出指令与指导，而用户则根据实验人员提供的任务要求来完成自己的操作。图7-69所示为明尼苏达大学可用性实验室的观察室布置。

图7-69 观察室布置

7.3.2 用户可用性测试流程

用户可用性测试的核心理念是让真正的用户来使用界面产品，从而发现设计中的问题。整个的测试流程可以分为设计与规划测试、准备测试、进行测试、分析说明数据以及发表结果这样几个步骤，如图7-70所示。

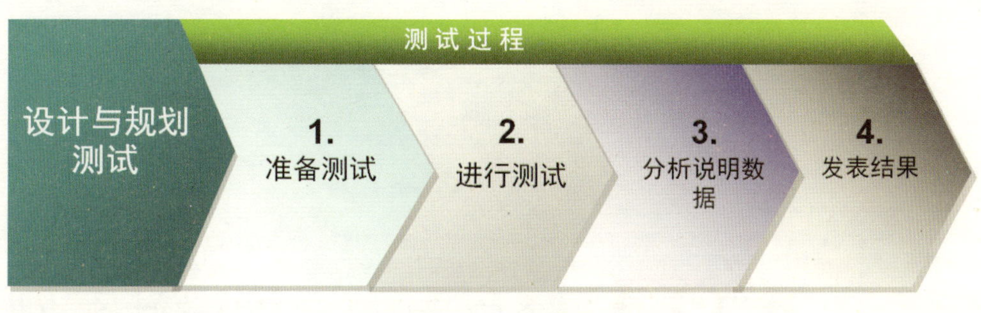

图7-70 用户可用性测试流程

① 在测试的准备环节，设计师一定要明确测试的目的，是测试整个系统的运行情况还是某几个重点功能是否有效，根据测试的目的来设计整个测试的过程。准备过程中要完成三个环节：

- 确定测试界面的任务；
- 招募被测人员；
- 建立测试场景。

在确定测试界面的任务时要注意，交给用户去完成的任务一定要明确，但不能包含完成的步骤，让用户使用界面来一步一步地完成制定的任务。招募的被测试人员一定要符合目标人群特征，人数控制在7个以下，以获得最经济的效果。建立的测试场景一定要真实，不要让用户感觉进了实验室。

② 在进行测试的环节，一定要让被测用户明白，实验的目的是测试系统，而不是测验用户本身。尽量让用户直接走进测试室而不要经过观察室，不要让用户感觉到有很多人在观察他。并且要给用户提问题以及停止测试的权利。要鼓励用户把问题以及感受即时地说出来。要保护用户的隐私，不要把实验数据随便泄露。在观察与记录过程中，实验人员最好有所分工，有人负责记录用户出错的情况，有人负责记录用户的情感变化，以免遗漏一些重要的信息。

③ 在分析和说明数据的过程中，要避免主观情绪，尽量真实和相近的分析，必要时可以让用户填写调查问卷以帮助评估界面。分析的过程中可以使用以下的评估标准来分析界面。

- 系统总体情况。包括系统功能是否够用、系统是否可靠、系统响应是否迅速、是否有容错性设计、总体发生故障的次数多不多、用户是否能流畅的使用系统等方面。
- 信息系统与术语。信息的组织是否符合逻辑、信息是否主次分明、是否能够在屏幕中找到需要的信息、标题与菜单名称是否容易理解、整个系统的词汇系统是否统一、图标与符号是否能够理解、缩略词的用法是否合适等。
- 帮助和纠错。纠正操作错误是否容易、屏幕上的求助信息是否清晰、出错信息用词是否恰当、能否有效地避免灾难性错误、对输入信息的修改是否方便等。
- 界面视觉效果。屏幕上字符的可读性、屏幕布局是否合理、色彩搭配是否美观、细节设计是否美观等。

除了上述的普遍性评价标准，每个不同的界面系统也应该有自己独特的评价方式与内容，设计师应该根据具体设计方案进行测试的标准制定。

完成测试以及数据分析之后，应当有一个界面方案的评价结论。需要修改的部分要根据分析进行修改，直到界面相对完善为止，此时就可以把界面方案进行下一步的开发，最终推向市场。当然，可用性评估会贯穿着整个产品的发展周期，这也是以用户为中心的设计方法中的重要组成部分。

④ 发表结果阶段，测试人员应将整理好的记录，包括用户出错情况，用户使用情感以及用户的评估数据发布给设计人员，以作为设计方案修改的依据。

第8章 交互界面原型设计案例

本课介绍了三个交互界面原型设计案例，这些练习体现了前文所讲解的内容，以供大家参考。

8.1 网页交互界面设计

设计者：北京信息科技大学 工业设计专业 汤小霞

本例主要介绍的是使用Photoshop以及Flash Catalyst结合制作一个简单的个人网站页面的方法。

8.1.1 使用Photoshop制作效果图

在本节，介绍使用Photoshop制作界面效果图，如图8-1所示。

图8-1 使用Photoshop制作的页面

所选定的是比较简洁的风格，中间白色的部分是主要信息的展示区域，底层的四个纯色块用来表示四部分的内容主要分为：生活状态、作品展示、联系方式以及个人介绍。

首页主题是介绍整个网站的内容，运用的是比较女性的红色和稳重的黑色，放置在正中的位置，突出主题。整体的使用的都是直线条，只是加入了两条曲线，增加了变化，也使画面更柔和。

子页面中，四部分主要的信息分别用黄色、橘黄、紫色和蓝色表示，四个色块在界面中占据的比例较小，使整体不会因为色彩过多而显得杂乱，如图8-2所示。

图8-2 使用Photoshop制作的子页面

因为画面比较简洁，所以增加了较多的图层效果比如投影、渐变叠加等，如图8-3。

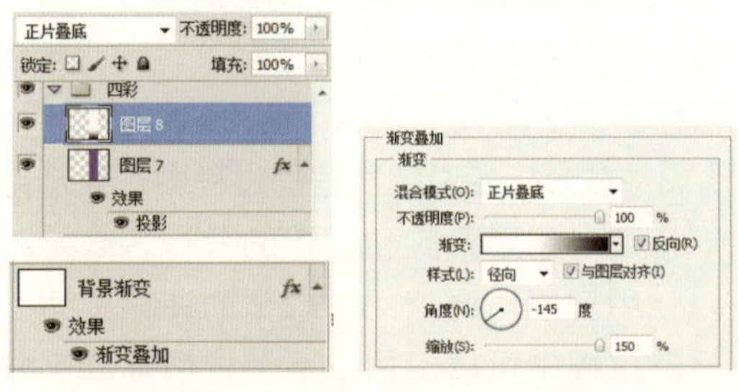

图8-3 Photoshop中的设置

把所有的素材都在Photoshop中摆好位置，并对图片进行统一的处理增加了描边、投影等图层样式,如图8-4。

图8-4 在子页中放置内容

如果素材不是特别多，建议都放在一个psd文件中，注意合并图层，整理好并起好名字，如图8-5所示，以便能在Flash Catalyst中查找。

图8-5 给图层起名字

8.1.2 在 Flash Catalyst 中制作交互界面

Photoshop一切就绪之后，接下来介绍的是用Flash Catalyst制作网页的过程。把完成的psd文件导入到新建的文件中。首先制作入场动画，在Interactions面板中添加Action Sequence，如图8-6。

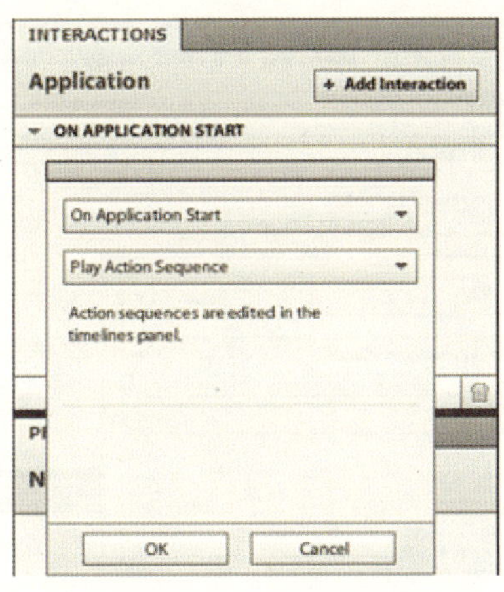

图8-6 制作入场动画

选定需要运动的元件，添加运动，在Properties面板中调整运动的距离，在Timelines面板中调整动作的先后顺序以及长短，如图8-7所示。

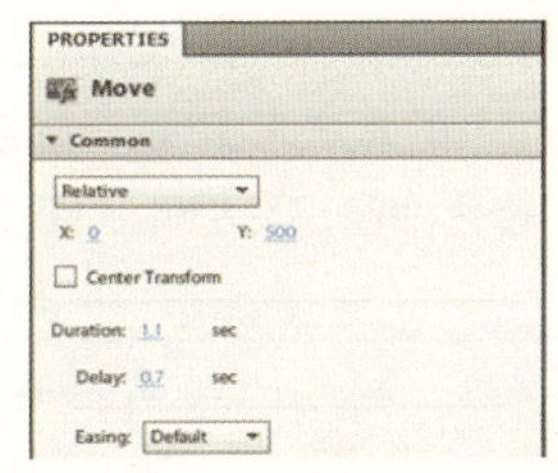

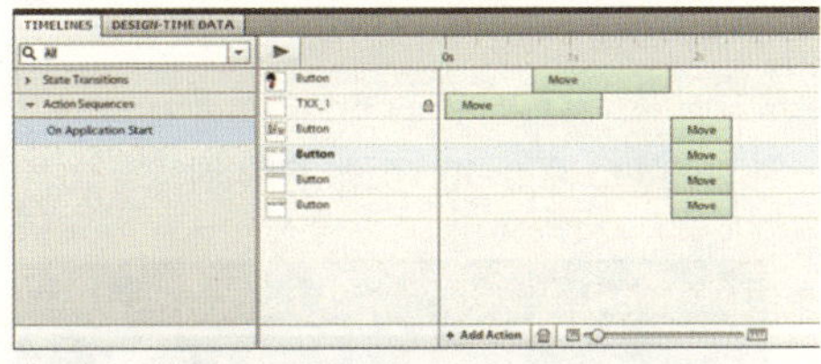

图8-7 设定动画参数

复制状态页面，产生各个子页面，通过显示和隐藏元素的方式调整好每一页的内容，如图8-8。

图8-8 复制与调整

把导航按钮图形转化为按钮组件，在INTERACTIONS面板中设计按钮的交互行为。图8-9所示为点击按钮时进行的页面转换，从主页转到了life的页面。依次把各个按钮都添加转换的功能。

◎ 图8-9 设定按钮交互行为

因为Flash Catalyst在每一层最多只能创建20页，如图8-10，所以当需要较多的页面时，可以通过新建自定义组件（Custom/Genetic Component）的方法来实现，选定所有需要变化的元件，转化为自定义组件，如图8-11。

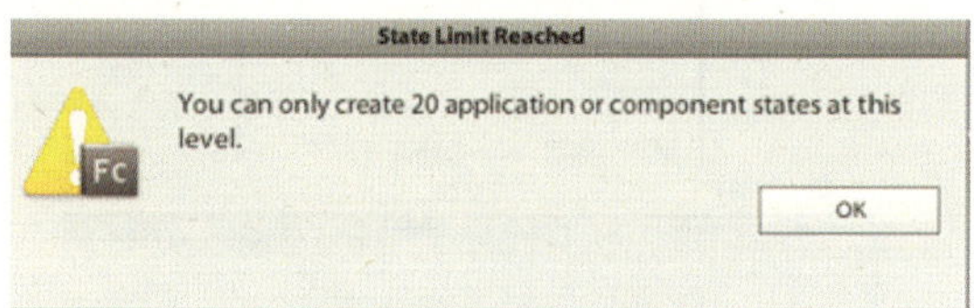

◎ 图8-10 页数的限制

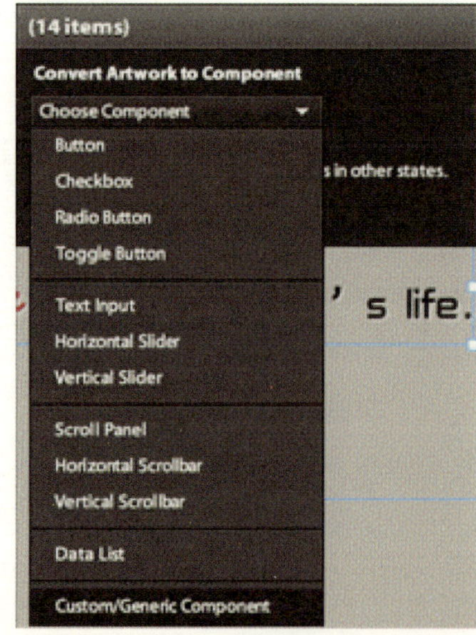

◎ 图8-11 转化为自定义组件

在新建的自定义组件中，可以通过新建STATES的方式建立新的页面，如图8-12所示。

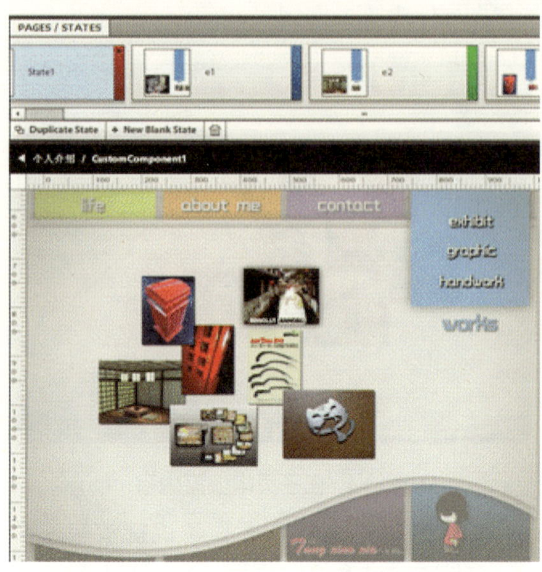

◎ 图8-12 在自定义组件中新建状态页

图8-13是相册按钮的最终效果。图8-14为制作时的过程，因为Flash Catalyst中没有遮罩的功能，因此在实现四周虚化的效果时，是事先制作好的一张中间镂空的图片放置在了图片的上方。

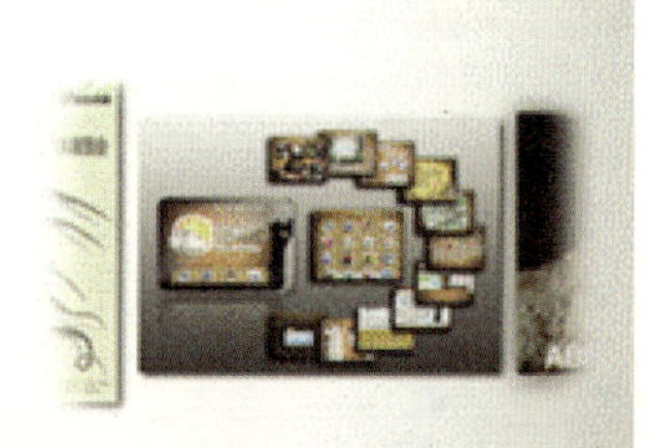

◎ 图8-13 相册的四周虚化效果

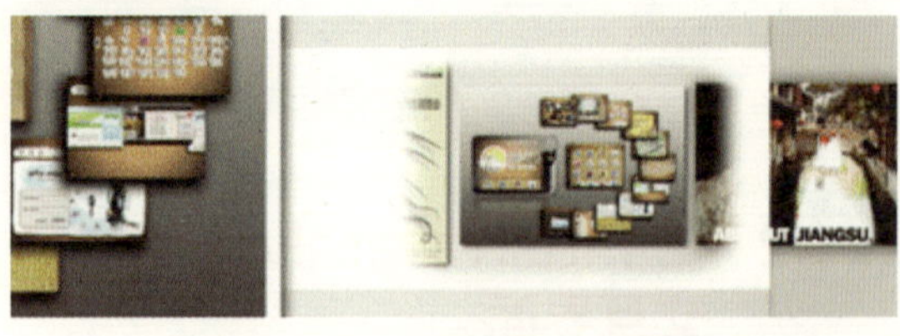

◎ 图8-14 相册的四周虚化效果制作过程

图8-15显示的是正在查看的页面的标签添加了投影效果之后与其他同级标签的微小变化。

图8-16所示的Hand cursor的选项是当鼠标移到按钮上方时显示成小手的形式，是为了

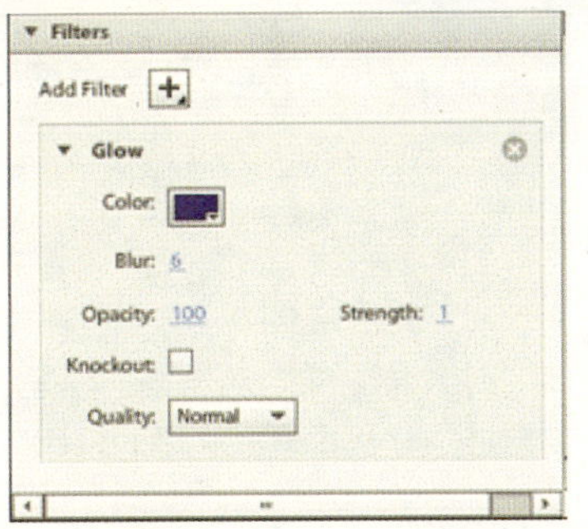

图8-15 增加发光效果

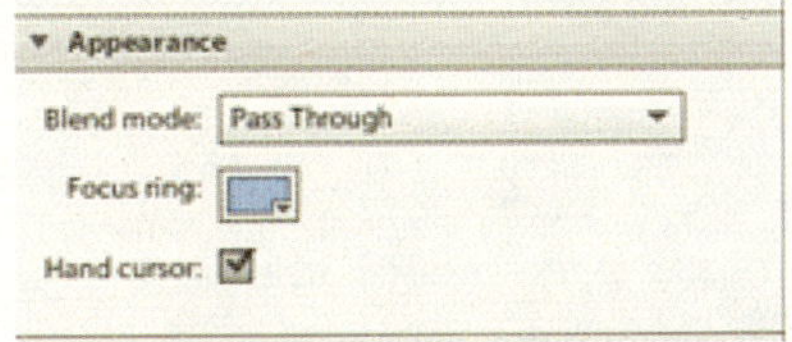

图8-16 勾选Hand cursor

提示使用者这是一个按钮，可以点击。在制作网页时应注意对每一个页面中的每一个按钮都进行设置。

Flash Catalyst的Add Action中有很多的动作变化，如图8-17，能够增添按钮以及页面转化的效果。而Smooth Transitions的效果即是延长转换过程中的动作以及变化么，使其更加柔和。如果不需要过多的变化，可以把State Transitions中的转化全部选定，然后添加Smooth Transitions效果。

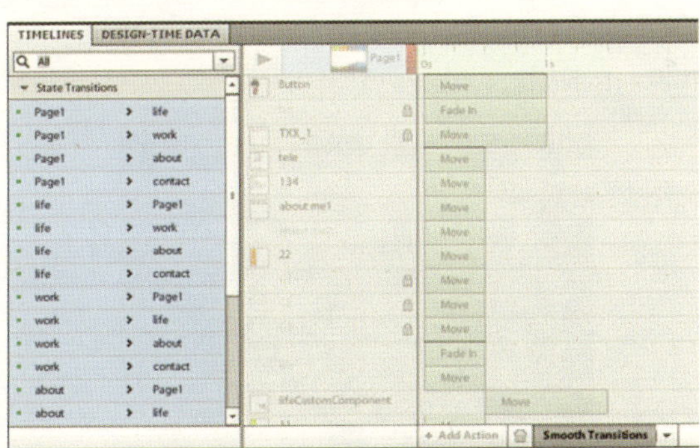

图8-17 设置转场动画

在演示的时候，经常会有一个元件从其他地方慢慢显现并移动到规定的地方，但是其实需要的只是一个淡入或淡出的效果，并不需要移动的效果。

这是因为导入到Flash Catalyst中的图片是以图层的形式放置的，而不是像Flash中的库那样需要从库中拖拽到舞台中，因此Flash Catalyst中每一个页面其实是包含了所有的图片以及元件的，只是有隐藏和不隐藏的区别，所以页与页之间的转化，只是元件从隐藏到显现或者移动的过程。

当显示的元件与前一页所隐藏的同一个元件的位置不同时，就会出现上面描述过的情况。所以在Flash Catalyst中不要随便更改元件或图片的大小和位置，如果实在不可避免，那只能把元件显现后统一其在每一页中的位置。

8.2 平板电脑交互界面原型设计（一）

设计者：北京XXXX大学 工业设计专业 易青 熊玮

这个案例关注于视觉效果的设计，因此最终使用Flash制作了演示动画，没有制作成为交互原型。

8.2.1 交互界面作品概念提出

经过大量的调查研究与资料搜集，目前的平板电脑，多数属于商务人士使用，男性居多。要拓展新的市场就要考虑更多人群。因此为女性量身定做一款平板电脑的交互系统，成为目标人群。通过对不同身份的女性的生活形态进行对比。人物的定位锁定了都市白领女性。她们需要商务功能，这是平板电脑固有的特性，并且都市白领女性减压娱乐的需要也是很强烈的。在工作之余经常会使用平板电脑打发空白时间，也会使用平板电脑进行通信或会议记录等，再加上这类人群追求个性化，独特，与众不同，这为交互设计预留了很大的空间。

因此把都市时尚女性定为设计的主要人群，并且以高贵典雅的紫色为主，并且由于女性大多偏爱珠宝或闪光的饰品，结合了珍珠的闪亮作为点缀，体现女性在休闲娱乐时的舒适状态的视觉效果。还运用了大量的扇形形态，体现女性柔美的感觉。

设计的基本框架：以独特的色彩形式设计一款交互系统，以爱国者平板电脑为媒介体现。设计了包括开机界面、主机界面、关机界面和天气、日历、浏览器、音乐播放器、文件整理的各种操作界面。

其中设计主要运用到的软件包括：Adobe Illustrator CS5、Adobe Photoshop CS5、Adobe Flash CS5、AdobeSoundbooth CS4。

(1) 背景资料搜集与分析

通过对设计界面的定位，需要搜集大量的背景资料和设计过程中所需的资料。通过搜集资料和实际操作了解一个完整的Android系统的操作形式，系统中所必备的一些操作程序和主要功能，必备的系统按键及系统标志等。在设计时，会将时尚女性最常用的功能更清楚、简便地呈现。

(2) 用户需求分析

通过虚拟人物得出结论，发现现代的都市时尚女性更加注重生活和精神上的满足。工作娱乐两不误，操作简单快捷和更加人性化的设计。

因此在设计时，会将时尚女性最常用的功能更清楚、简便地呈现。使最终设计的界面操作系统更加符合女性需求，更加人性化。

提出的设计关键点：设计风格采用扇形、旋转式操作，紫粉色为主，有闪亮的物件点缀，使交互系统使用起来更加绚丽。

(3) 故事版

在确定适用人群后，为了更加明确时尚女性一天中会使用平板电脑的什么功能，通过绘画故事版，其中涉及了几项爱国者平板电脑的基本功能上的应用。假设了时尚女性在一天的假期中，对这几项基本功能的应用，这些功能可以丰富时尚女性枯燥的一天，并且为她们提供了更加方便快捷的生活。如图8-18所示。

图8-18 平板电脑故事版

(4) 流程图

通过对故事版的分析和对爱国者平板电脑使用程序的资料收集，最终总结了几点爱国者平板电脑的必备的操作程序，包括第一级是和主菜单并列的实用功能,如天气、通讯簿、日历。第二级是主菜单中的各种应用软件的分类，包括专为女性设计的添加专栏，时尚女性可以在里面添加你喜欢的功能软件和杂志。第三级为各种实用软件。界面的粗略流程图，如图8-19所示。

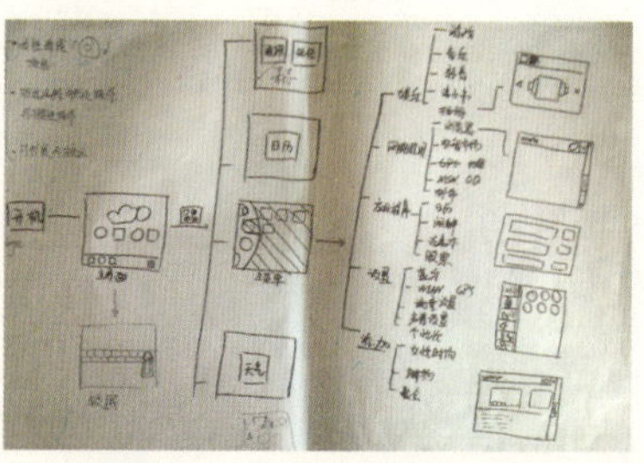

图8-19 界面粗略的流程图

(5) 纸模型

通过故事版确定好设计的几个重要的功能界面，为了能更好地确定这几个功能的使用方式，每一个界面中会有什么按键与图标，每一个图标会应用到什么样的动画方式，每一个界面之间有怎样的过渡效果等，这些细节设计可以通过制作纸模型的方式来确定。

这样在应用Photoshop和Flash制作时，设计者会有一个更加清晰的思路，使制作界面与动画时更加方便，还可以增加制作效率。图8-20～图8-27为爱国者平板电脑的界面设计中最主要的几个纸模型的操作。

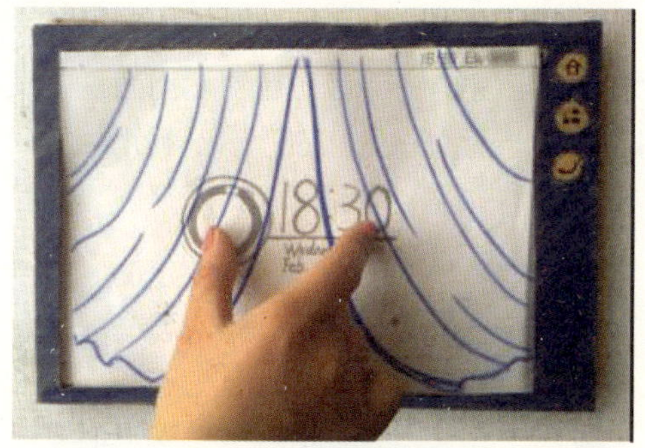

图8-20　屏幕解锁

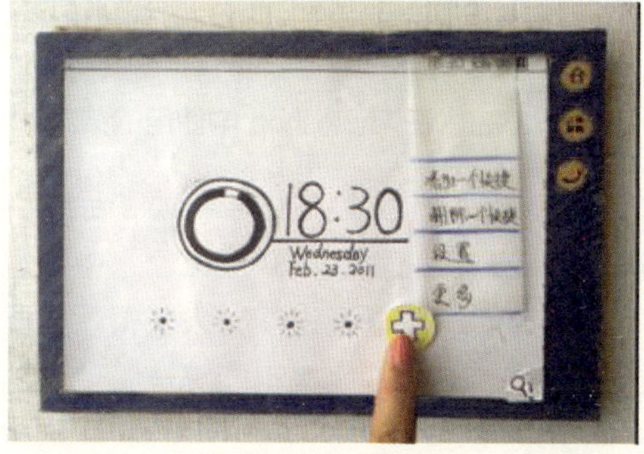

图8-21　主界面

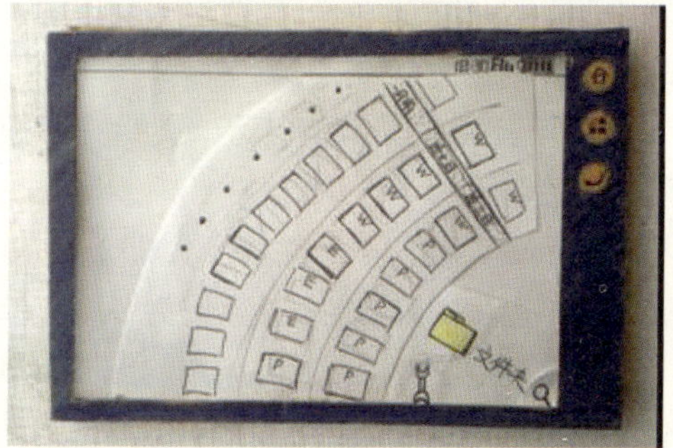

图8-22　文件夹界面

图8-23　浏览器界面

图8-24　记事本界面

图8-25　天气界面

图8-26　日历界面

图8-27 键盘界面

8.2.2 使用Photoshop制作效果图

这一节中，将使用 Photoshop 设计界面的视觉效果，需要设计的界面如下。

① 常规界面

- 主界面
- 常用界面

  主菜单

  特殊菜单（办公）

  天气

  日历

② 特色界面

- 图片浏览器
- 网页浏览器
- 播放器

③ 细节状态

- 后台页面
- 正在运行页面
- 搜索页面
- 弹出信息
- 键盘页面
- 锁屏页面

在Photoshop中统一页面文件的格式：大小1024×648像素，分辨率为72dpi，色彩模式为RGB模式。

(1) 常规界面的设计与制作

① 在Photoshop中制作主界面，最终效果如图8-28所示。

图8-28 主界面最终效果

遵循纸模型的功能安排，在主界面放置的视觉元素包括：时钟、快捷键、快捷添加、搜索、后台和基于Android的信息条等。

为突出简洁风格，时钟的面积在首页占用最大，最容易被使用者注意到。用面积的大小来控制功能的优先级。在Photoshop中给时钟文字增加投影效果，如图8-29所示。

图8-29 在 Photoshop 中使用的效果

为了展示都市女性的优雅气质和品位，主题背景选择高贵的紫色，并且在色彩中加以变化，背景与底纹可以通过素材来获得，但要进行自己的改造，否则风格不能统一（使用渐变和多图层蒙版）。

快捷键的设置选择泛有光泽的珍珠代表，快捷添加在珍珠中加入“+”符号表明不同。展开的菜单统一选用抽象扇形。

后台元素用“！”简单表示，为保持首页的简洁性，后台设为下级菜单。

搜索元素用符号语言表示，即放大镜图形，为保持首页的简洁性，搜索设为下级菜单。

信息条设计遵循Android用户的习惯，设置相仿的功能信息条，显示连接方式、时间、电量等图标。各图标在Photoshop中应用的效果如图8-30所示。

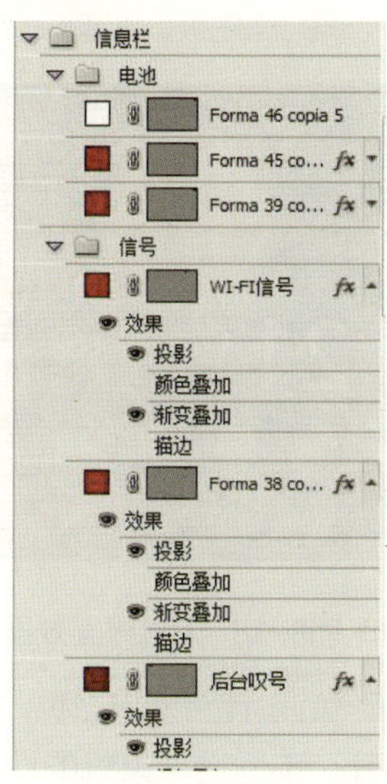

图8-30 在Photoshop中使用的效果

② 常用界面中网络通信界面的制作。

主菜单中的栏目包括网络通信，娱乐，办公，应用程序，设置等，网络通信的节目如图8-31所示。

图8-31 网络通信界面效果

功能设定页面中包括分类扇叶、网络通信图标等各种图标以及图标滑动轨道。

分类扇叶的设计，根据人机工程学，7吋的平板电脑人们的操作范围多在手握两侧附近，操作轨迹多为以手掌为中心的弧形区域。所以在一个分类的体现上，整体设置为扇形滑动。使得女性用户操作更优雅。在视图占2/3面积。留有空隙显示与其他分类的联系，也使得画面更加丰富。扇形形状在Photoshop中使用的效果如图8-32所示。

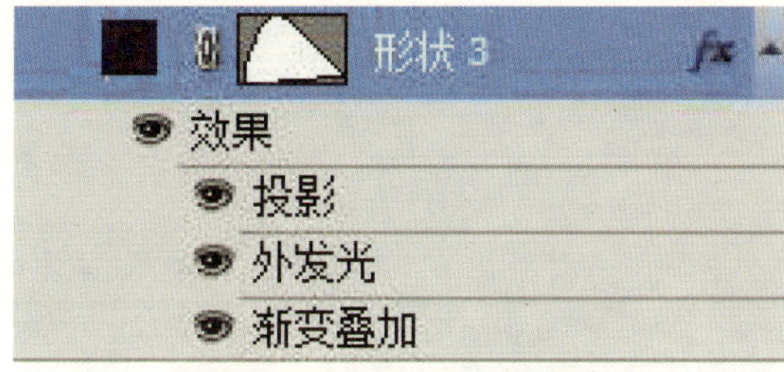

图8-32 扇形形状使用效果

网络通信图标的设计，用文字与符号共同表示，加深记忆明确分类，在图标上加上闪光，提高用户观察优先级，右边设置细节选项图标。

其他图标的设计，遵循女性喜爱的紫色，更强调用图标符号来表示应用内容。图标滑动轨道的设计，多个图标的排列肯定会有被隐藏的部分，轨道的滑动是必不可少的，根据人机学，人们对平板电脑的操作轨迹习惯，设置为弧形轨迹，并且添加女性元素，表现一种珠光划过的感觉，轨迹上的节点，使用统一的珍珠发光效果，效果的使用如图8-33所示。

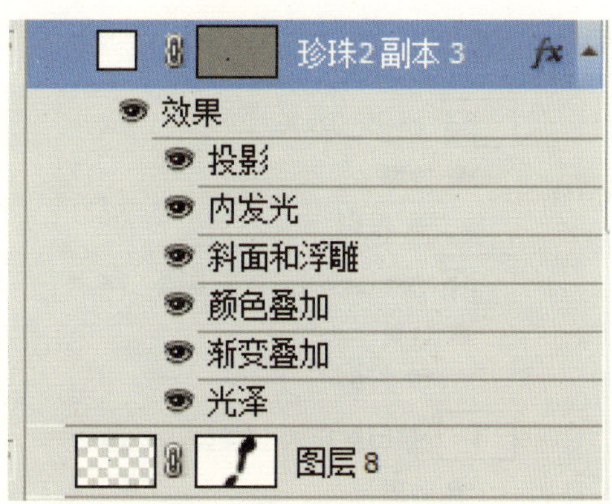

图8-33 珍珠形状所使用的效果

其他分类扇区，同级之间统一为扇区形式，但为紧密它们之间的联系，其他扇区删减内容后进行缩小，色彩排列在网络通信扇区之后。

③ 常用界面中的办公界面的制作。

在办公界面中，细化、排序文件的排列有很多方式，为了方便地查找和分类，设置了细化选项，按不同种类分类，用户操作的方便性更大，如图8-34所示。

在这一部分中应用的Photoshop效果与上文中例子类似，如图8-35所示。

图8-34 办公界面效果（一）

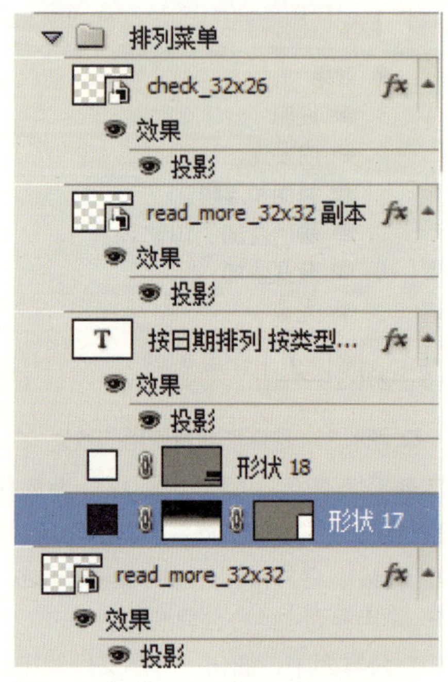

图8-35 办公界面效果（二）

④ 常规界面中天气界面的设计。

天气界面的功能设定包括：当日天气显示区，近4日天气，不同地域天气，更新与添加。

当日天气显示区域的设计：利用大面积和底纹效果来提高观察的优先级，如图8-36所示。

图8-36 天气界面效果

近4日天气的设计：缩小面积，有序排列，用光线条隔开；不同地域天气的设计：用坐标形式表示排列不同地域的城市，统一用珠光作为节点；更新与添加的设计：两个常用的功能键，将面积夸张放大，这样更大气，视觉效果更整体。选用透明的水晶效果，这样可以降低使用者的观察优先级，视觉弱化，保持整体，在Photoshop中使用的效果如图8-37所示。

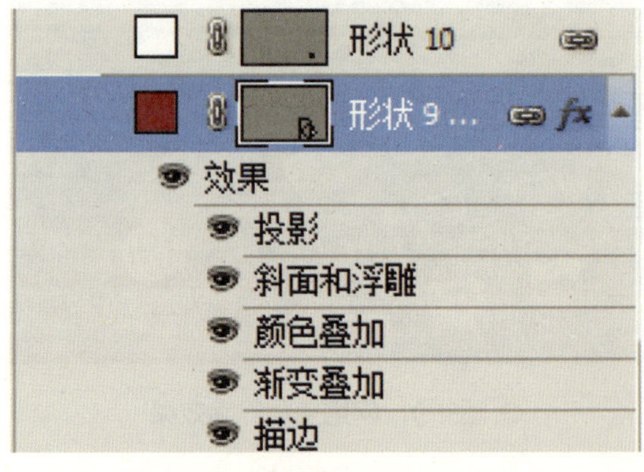

图8-37 透明水晶使用的效果

交互按键需要做成多种状态，如经过状态；按下状态；点击状态；等，需要在ps阶段就准备好，但如果效果简单，可以在动画效果中再添加。

⑤ 常规界面中日历页面的设计。

日历页面的功能设定包括：今日日期与事务，本月日历，月份与年份，事务上拉菜单等，如图8-38所示。

图8-38 日历页面设计效果

今日日期的设计：利用面积的大小控制浏览顺序，并且用底纹来划分出区域；本月日历的设计：日历的第二观察循序为本月日历，并且用同一的水晶效果，来表示某天有事务；月份与年份的设计：月份与年份的变化为日历功能中的主要操作，所以使用人机习惯的轨迹弧度，来轻松操作，使得女性用户操作更优雅，文字随着弧度排列，但有时间先后的透明度变化，表示时间的逝去；事务上拉菜单，事务的详细功能和细选项，被安排在屏幕底部，露出边框条为提示用户，此功能可以扩展。

进入具体的事务清单，为保持统一的风格，设计使用紫色为底色，简单处理为表格状态，重点突出内容，如图8-39所示。

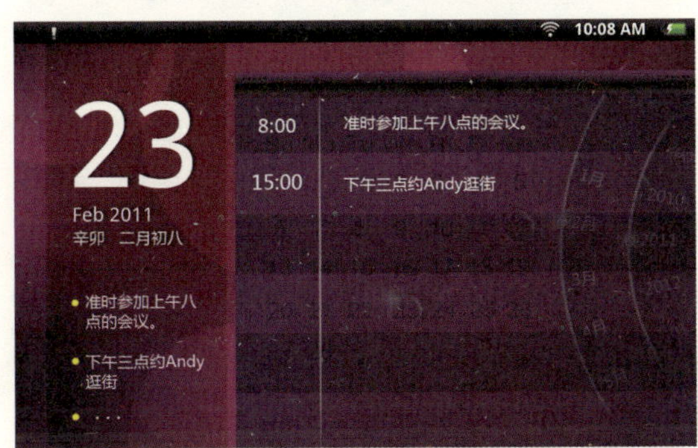

图8-39 事务清单界面设计效果

(2) 特色界面的设计与制作

① 图片浏览器页面的设计。

图片浏览器页面的功能设定包括图片铺放与工具栏，如图8-40所示。

图片铺放的设计是这个页面的主要内容，

图8-40 图片浏览器页面设计效果

图片的表现形式有很多，但是结合目标用户的特点，女性总是喜欢把所有东西放在同一个面上，表示满足感，比如女性的包包里总是塞满了各式各样的东西，才有安全感。而男士只携带需要的东西，方便简洁。所以图片全部平铺，不再设有下级。为表示统一整洁，图片截取主要内容，统一大小，统一装饰。点击后，图片显示完整并周边有紫色发光，保持各个按钮的效果统一。工具栏的设计同样使用弧形效果，珠光显示当前选项，用小的向下三角标注，设置子选项。

② 特色界面播放器的页面的设计。

播放器页面的最终效果如图8-41所示。

图8-41 播放器页面设计效果

页面的功能设置包括播放器主体和右侧菜单两个部分。播放器主体设计简化播放器功能，做到最大整合化，保持播放器的整体功能，再添加细节效果使得画面更丰富，专辑封面降低透明度，部分显示在播放器圆盘中。演唱者设置为环形菜单，并且有大小和透明度变化。用珠光效果来贯穿，使用的Photoshop效果如图8-42所示 。

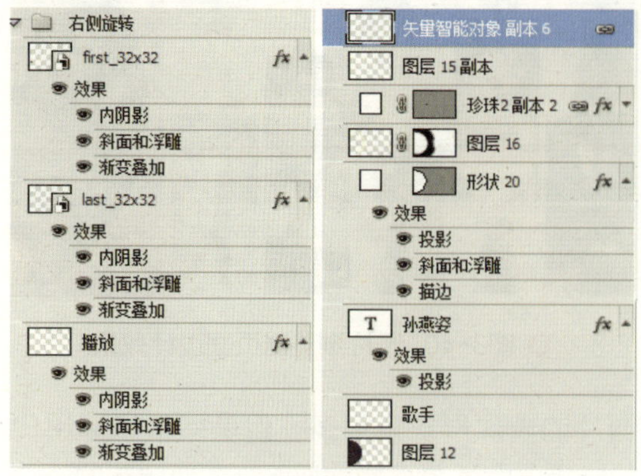

图8-42 播放器页面使用的Photoshop效果

右侧菜单与左侧的播放器主体在视觉上为平行关系，不分主次，靠近右边方便右手操作，同样整合功能，用底纹来划分菜单面积,使用的Photoshop效果如图8-43所示。

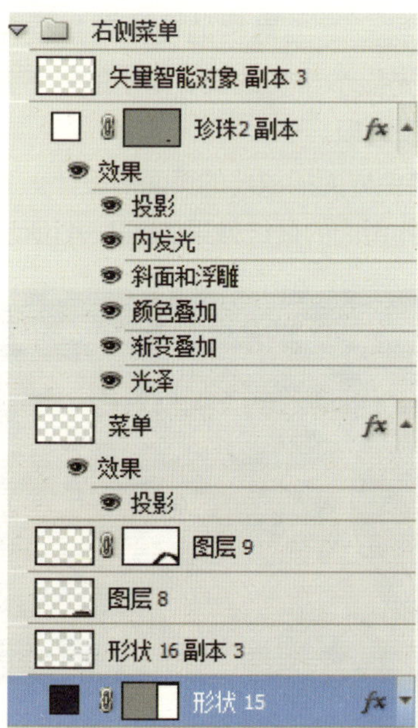

图8-43 右侧菜单使用的Photoshop效果

(3) 界面细节设计与制作

在主要界面设计完成之后，下一步进行界面细节的设计与制作，包括待机画面、运行提示界面、搜索界面、弹出键盘界面等。

① 待机画面的效果如图8-44所示。

图8-44 待机画面效果

待机画面的设计，本项功能为随时查看状态，不用长期停留，所以设立在信息栏的“！”符号的下级菜单中，用降低透明度的深紫色来划分区域。

② 正在运行提示界面效果如图8-45所示。

图8-45 正在运行提示界面效果

正在运行提示功能，要使用者暂停操作等待，程序开启，所以设置为全屏变暗，弹出正在运行的对话框，并且有珠光环绕移动，表示正在进行时。

③ 搜索界面效果如图8-46所示。

图8-46 搜索界面效果

搜索功能也需要随时出现，设置在信息条目中，并且设有下级菜单。

④ 在本界面中，菜单弹出效果包括扇形弹出与底部弹出两种方式，如图8- 47所示。

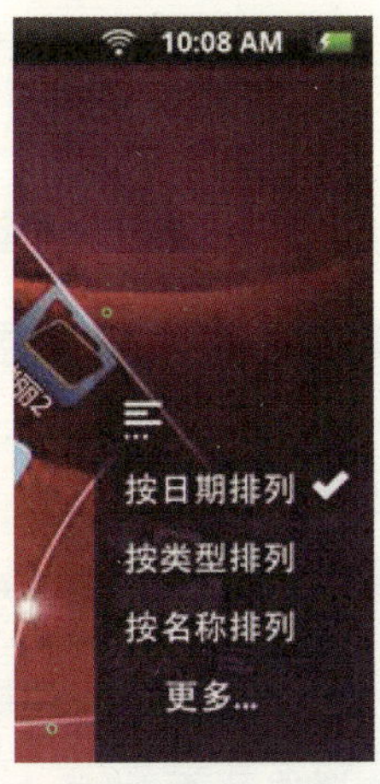

图8-47 扇形弹出菜单与底部弹出菜单

⑤ 弹出键盘界面效果如图8- 48所示。

图8-48 弹出键盘效果

键盘的设计要符合交互载体的大小和需要输入信息的内容，如给手机做交互，显示屏不能把所有键盘完全表示出来，所以要整合键盘功能；平板电脑的屏幕尺寸可以全键盘显示，但要注意整体风格的统一。

⑥ 锁屏幕界面效果如图8- 49所示。

锁屏幕的效果根据女性特点，设计为深色纱幔效果。

提示：

- 每一个界面的图层一定要分类分组，并且起好名字，以方便查找。
- 在制作动画效果时，导入Flash时要特别注意，还原每个图层的透明度和图层效果，记好数值，在Flash的元件属性中重新调整，因为Flash不能导入透明度数值和图层效果。

图8-49 锁屏幕效果

8.2.3 使用Flash制作界面演示动画

使用Flash制作界面演示动画时最重要的是对动画时间的掌控，动画时间的长短对动画最终的效果展示有很大的影响，因此在制作时可以随时播放一下以便确定一类效果的时长。每一类效果的时长确定之后，会使制作起来更加方便。

每个场景中固定位置要对齐。每个场景的元件很多，若与场景是相同的元件，其位置一定要相同。通过相同的元件确定场景中其他元件的位置。按住Ctrl+Shift+Alt可以复制图层，可以使图层在另一个场景中的位置相同。

给每个图层命名。由于图层很多，最好每个图层起个名，做动画的时候方便查找。

① 开机画面的制作。

根据定位，开机画面的制作主要利用彩色线条飘动的感觉，逐渐由黑暗的画面过渡到开机后的主界面，飘动的曲线能体现女性的柔美，如图8-50所示。使用的方法主要是逐帧动画，将素材按照时间轴排列，连接起来便可产生开机动画效果。

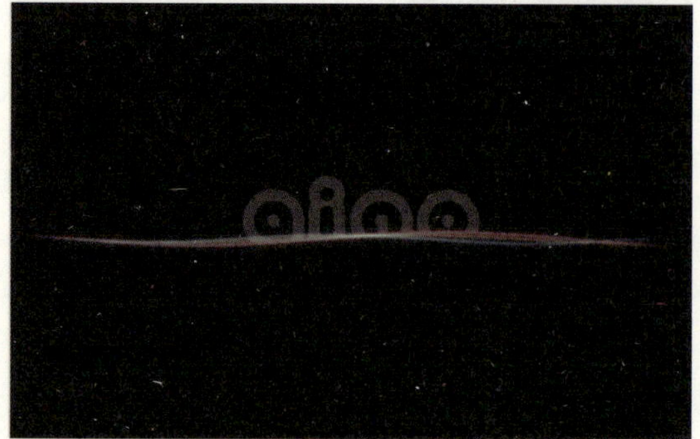

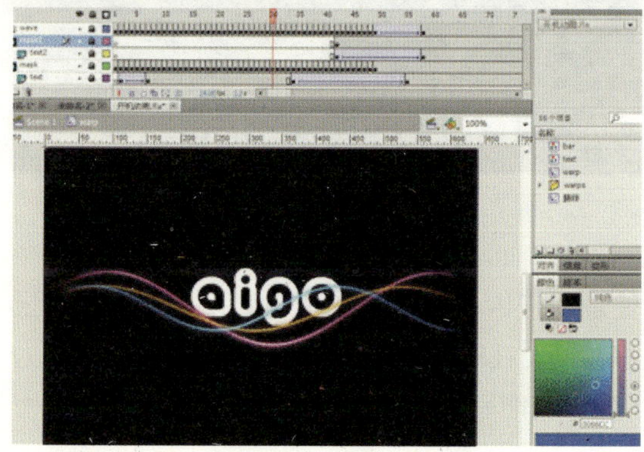

图8-50 开机画面效果

② 主界面动画的制作。

主界面最终效果如图8-51所示。

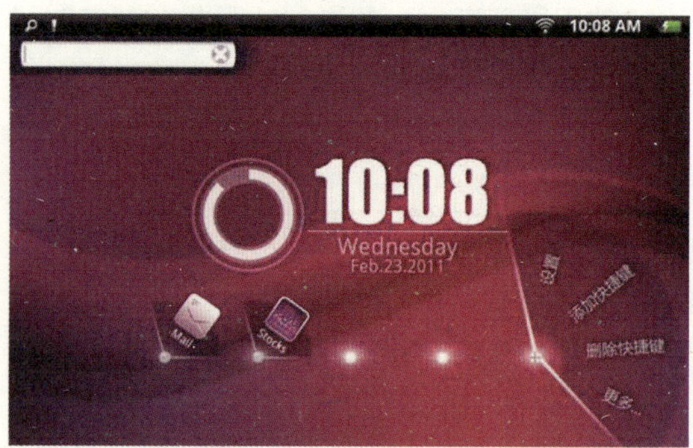

图8-51 主界面最终效果

主界面只显示最主要、最常用的功能，如时间日期。下方五个闪亮的珍珠标志，代表了最常用的几个功能。当手点击珍珠时，图标像一把扇子一样展开，并且每一个珍珠都在不停地闪动，使整体画面显得更有动感。

③ 城市天气查看界面动画制作。

城市天气查看界面最终效果如图8-52所示。

图8-52 城市天气查看界面动画制作

首先界面上展示的是一个城市的五天内的天气预报，在中间的最明显的是当天的天气情况。因此它的位置应是最明显的，要把它放大化。下面略小的是后四天的天气。右边是城市切换的刻度条。在城市切换的方式上采用的是上下推移的方式。天气的转变也是上下推移，使整体效果有一致性，并且简单快捷，如图8-53所示。

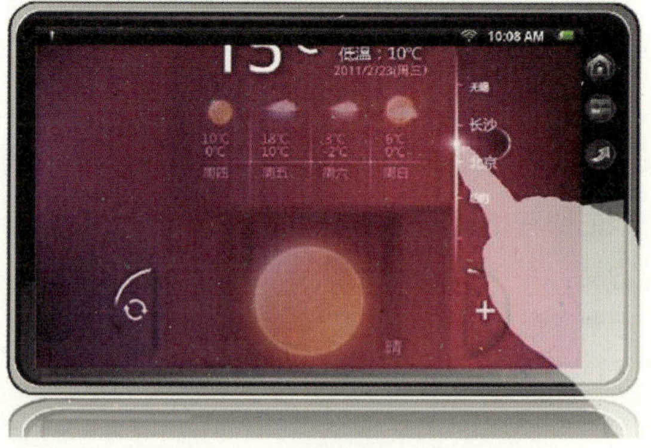

图8-53 上下推移的动画动作

④ 日历界面动画制作。

日历界面最终效果如图8-54所示。

此功能的动画制作最主要的是右侧的转盘

图8-54 日历界面的最终效果

式的拨动。可通过拨动闪亮珍珠查看某年某月的日历。左边是当天日期，左下面是当天的个人行程。记事本的展示是以上下伸出的方式，可以拖拽日历下方的横条。记录文字时，只要点一下记事本空白的文本框，自动会从下方伸出配套的键盘，如图8- 55所示。

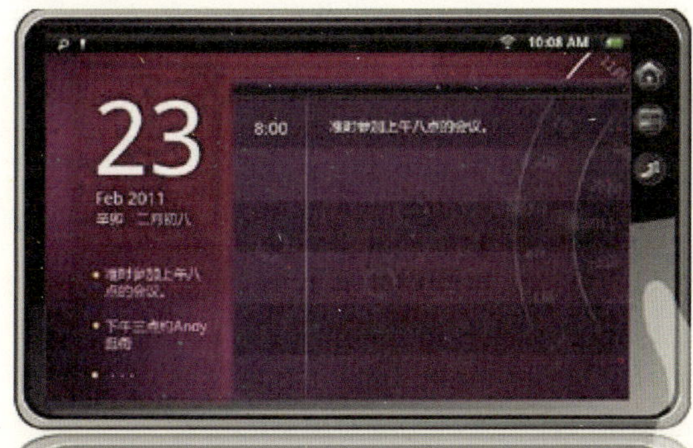

图8-55 记事本界面的动画效果

⑤ 图片浏览功能动画制作。

图片浏览界面最终效果如图8- 56所示。

将图片文件夹打开是所有图片的缩略图，通过左右滑动的方式进行查找图片，这样方便浏览所有图片。其中左右滑动的时候Flash中应用到缓动效果，如图8- 57。

图8-56 图片浏览界面的动画效果

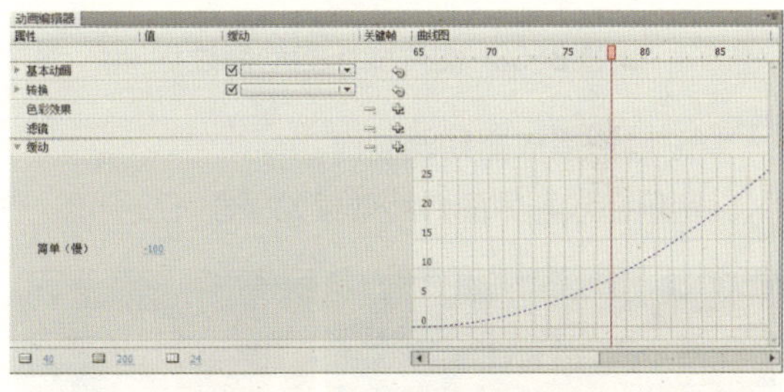

图8-57 缓动效果的制作

当要查看某一张图片时，点击它并且通过多点控制，将图片拉大，同时其他图片将变暗，突出所要查看的图片。通过平板电脑的手写功能，在图片里写下标签，如图8- 58所示。

图8-58

图8-58 图片操作的动画过程

⑥ 音乐播放器动画制作。

音乐播放器界面最终效果如图8- 59所示。

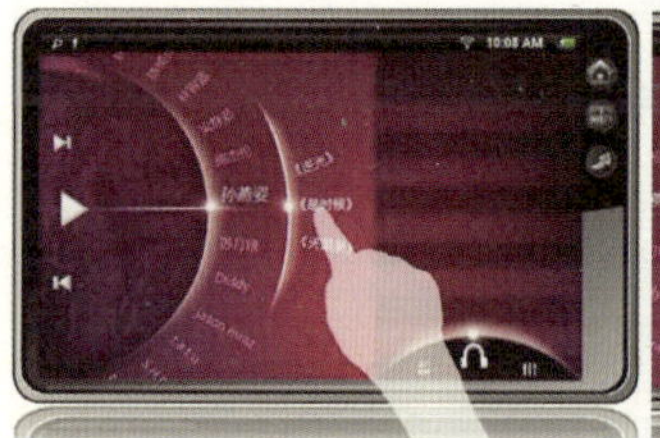

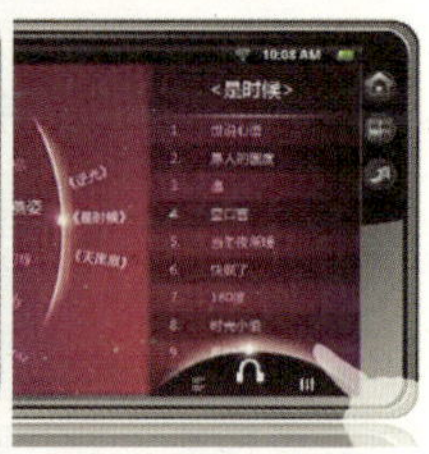

图8-59 音乐播放器界面的动画制作

音乐播放器中的歌手，专辑的形式也是拨动转盘。并且用闪动的珍珠作为指示，设计弧形外发光的隔栏，更贴近时尚女性的喜爱。其中上下拨动时可利用缓动使波动看起来更真实。

当歌曲播放时右下角的闪动的珍珠会随着播放进度行进。使人可以清楚看见播放进度。

⑦ 文件夹分类的动画制作。

文件夹分类动画效果如图8- 60～图8- 62所示。

图8-60 文件夹分类的动画制作

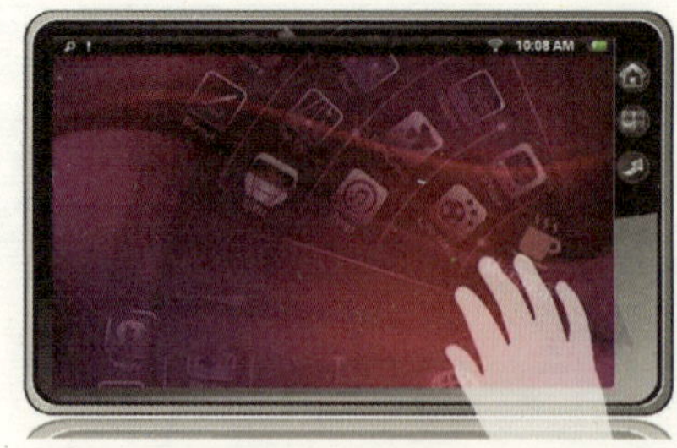

图8-61 每一个类型的文件夹的切换方式是以右下角为轴，整个扇形向下拨动

图8-62 文件正在运行时，使用亮度较低的帷幕遮盖住

文件夹的形式，像一个扇子展开。每一种颜色代表建立的时间的长短。

从右至左依次是近三天的文件，近一周的文件，一个月内的文件。右下角还有可以选择更多排列方式的选项。

最后将文件输出为SWF格式文档，用来演示整个的视觉效果以及交互过程。这个动画文件也可以作为下一步开发界面的参考。

8.3 平板电脑交互界面原型设计（二）

设计者：北京XXXX大学 工业设计专业 汤小霞 徐楠楠

8.3.1 界面设计概念的提出

(1) 设计创意点

- 经过大量的资料搜集，将设计方向定位在致力于为青年人提供更方便快捷的交互系统。
- 设计理念是节约、便捷、快速，结合用户定位，还要给产品以更具亲和力的视觉感受。

● 基本的框架是要设计一款别具风格的交互系统，搭载媒介是爱国者平板电脑，主要包括浏览器、聊天工具、影音播放器、导航等功能。

(2) 用户定位

● 用户定位在20~30岁左右的青年，选取的模拟用户是一名追星族。

● 根据需要，模拟绘制出故事版，如图8- 63。

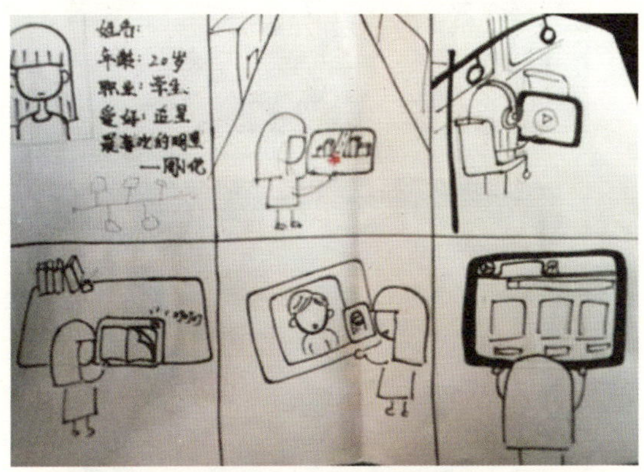

图8-63 设计故事版

通过故事版分析得出以下结论。

● 用户需求：更方便快捷，更加直观的交互系统，更加人性化。

● 设计关键点：设计风格采用简洁的剪纸风格，更加生动活泼。交互过程更简单便捷。

(3) 界面流程分析与原型制作

首先根据主要功能，写出必要的操作流程图草图，如图8- 64所示。

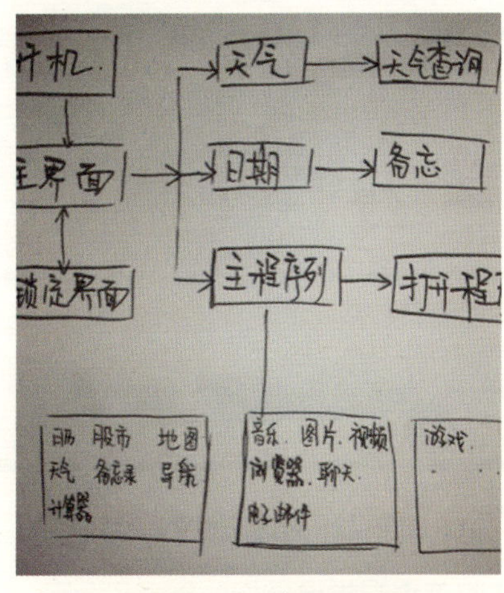

图8-64 流程图草图

根据流程图绘制出的页面，制作纸模型，如图8- 65~图8- 71所示。

图8-65 用瓦楞纸做出平板电脑纸模型，绘制出操作按键并涂色

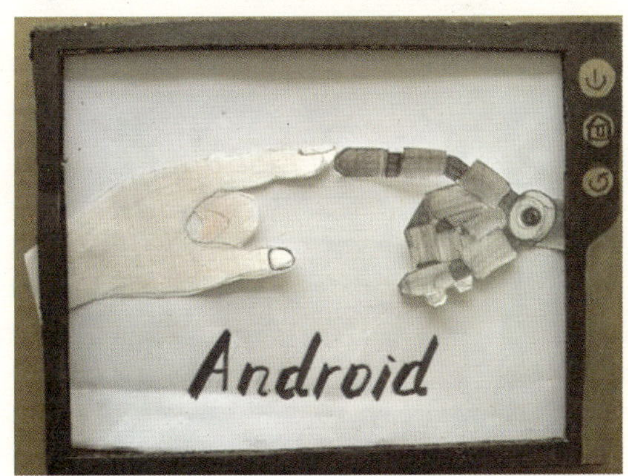

图8-66 设计开机画面，手绘完成

图8-67 绘制出主操作界面，保持风格统一

图8-68绘制出尽量具体的操作界面，尽量生动地表达出交互过程。如图，点击聊天工具后弹出登录界面，后台主界面用硫酸纸覆盖，表示正在进行当前操作。

图8-68 登录界面

图8-69中交互系统是由平板电脑作为载体，输入时需要模拟键盘的应用，所以在制作纸模型时，要手绘出键盘。

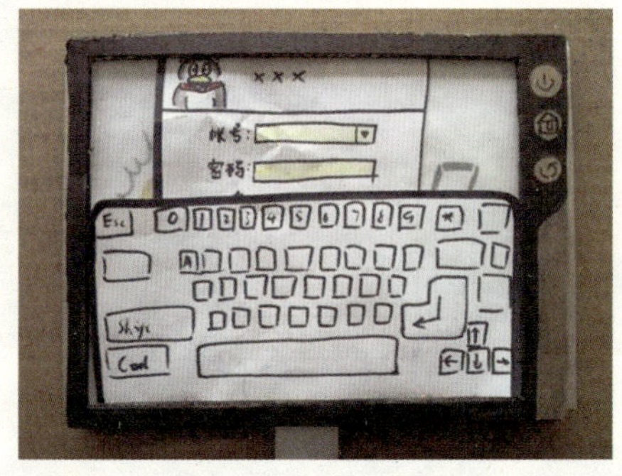

图8-69 键盘界面

制作纸模型时，要根据故事版流程有顺序地表达出此交互系统的各项基本功能。根据用户定位是年轻的追星族，设计故事流程为其在参加一次会员活动的过程中，使用此交互系统的经过，如图8-70所示。

图8-70 在纸模型中绘制交互过程

完成纸模型制作后，可以邀请用户进行测试，在使用过程中发现交互系统的问题，如图8-71所示。

图8-71 进行纸模型测试

8.3.2 使用 Photoshop 进行视觉设计

下面介绍的是用Photoshop制作交互过程中每个界面的过程，首先新建文件，各项参数如图8-72所示。

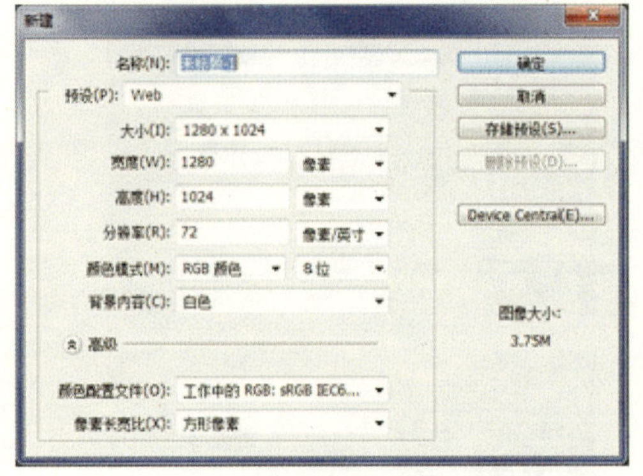

图8-72 新建文件的参数

完成的首页视觉设计如图8-73所示。

图8-73 主界面设计图

将所选定的松木板作为背景，加强手工的风格。在图层样式中添加渐变叠加的效果，产生聚光灯的效果，增加真实感，同时也突出屏幕中部的内容。

加入天气、时间、日期、软件等图标，天气和时间放大并放置在中部偏上的位置，突出主要信息。

状态栏的图标较小，包括屏幕锁、WIFI 、时间、电池、后台等，放在屏幕的顶部，起提示作用。

底部是四个常用软件图标，比天气时间的图标小一些，处于屏幕的底部。三组图标以大小和位置区分主次，增加了画面的层次感。界面模拟的是桌面而不是墙面，与平板电脑的使用方式相契合，同时也无需为纸片加上工字钉，减弱画面效果。如图8- 74所示。

图8-74 制作图标的过程

添加描边的效果，并用画笔在另一个图层上修饰描边，突出剪纸的不规则感。合并图层后加上阴影的效果，体现纸片与桌面的距离。把揉皱的纸张与图标叠加，产生纸质纹理，增加光影效果，显示出纸的立体效果，如图8- 75所示。

图8-75 背景完成效果

用形状工具画出放置软件图标的小抽屉，复制图层，调整大小，加强两个图层的明暗对比，使较暗的图层显示出斜边的效果，最后在下方的图层中加上阴影，增强立体感。调整小抽屉的位置，绘制软件图标，利用辅助线以及对齐工具把所有的图标按使用频率排列，完成菜单的界面。不显示完整的抽屉以暗示用户在屏幕外部还有一些其他程序，可以通过移动屏幕看到下一页的程序列表，完成效果如图8- 76所示。

图8-76 软件列表最终效果

QQ的聊天界面设计如图8- 77所示。QQ的头像、状态以及聊天内容都是根据虚拟人物的喜好编辑的。右下角是收到了新邮件，随手画的三条线代表来新邮件时的系统声音。

图8-77 QQ聊天界面最终效果

图8-78为邮箱设计的界面，重要邮件的标记以颜色区分，看过的邮件会随着时间的推移颜色慢慢变浅。

图8-78 邮箱界面最终效果

图8-79是为阅读邮件设计的界面，用渐变的半透明图层把邮箱界面和邮件分隔开，突出邮件。信纸与牛皮纸叠加，使信纸的颜色与整体颜色相呼应。将另一种与信封相近的纸张素材裁剪成信封，添加阴影增强立体效果。

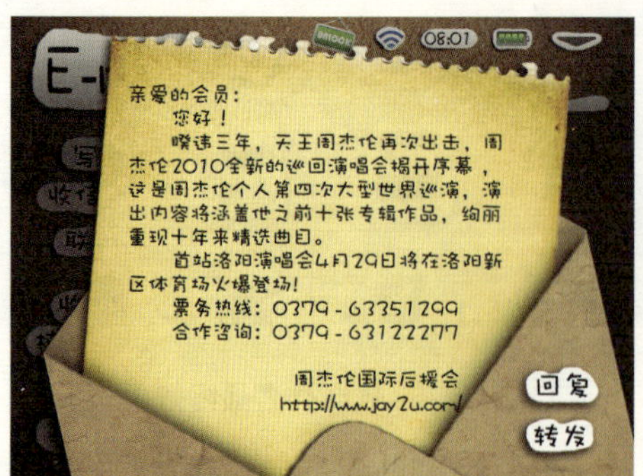

图8-79 阅读邮件界面最终效果

图8-80～图8-82所示为网页的书签记录、网页浏览和文本输入的效果图。

图8-80 网页的书签记录

图8-81 网页浏览效果

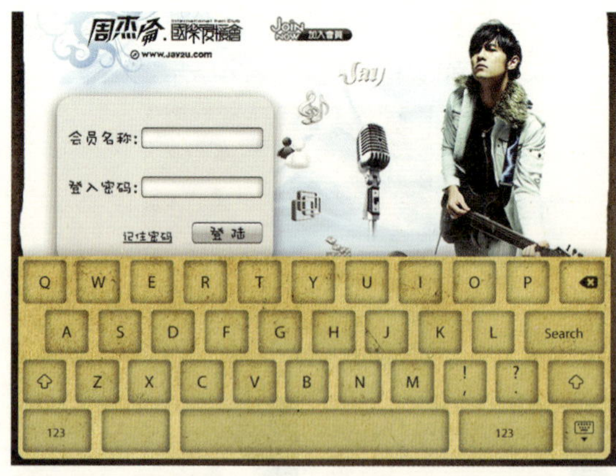

图8-82 文本输入效果

在制作过程中，前面的元素增加上内外阴影等效果以及按钮的立体效果，增加层次感。键盘采用了复合软木板的纹理效果，与界面的松木板材质相契合。

图8- 83是音乐播放器的首页界面。将专辑封面的图片调整成相同的大小，绘制与专辑封面图片同样大小的矩形，加上样式面板中的B-bottom样式，把专辑封面的图片与方块对齐，合并图层后加上阴影，这样一张图片就变成了一盒真实的CD，如图8- 84所示。按上述的步骤完成所有的专辑，并轻微调整角度，使所有CD看起来是随意散落在桌面上的样子。

图8-83 音乐播放器效果

图8-84 CD盒效果制作过程

图8- 85是音乐播放过程中的界面。图8- 86是导航功能界面。用变形工具调整地图的左下角，并用减淡工具添加高光，使地图产生卷曲的效果，增加真实感。

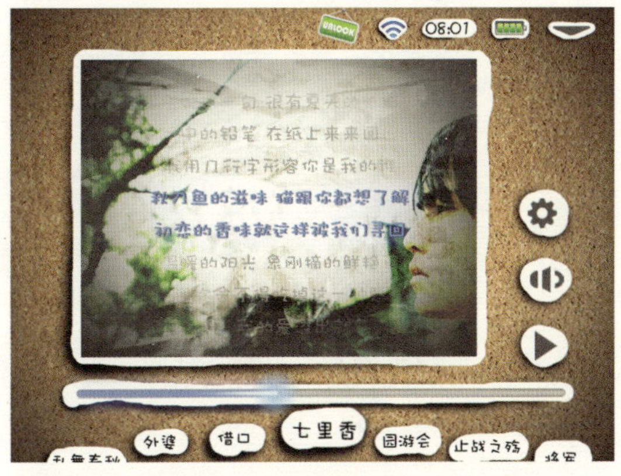

图8-85 音乐播放过程界面

图8-86 导航功能界面

8.3.3 使用Flash制作界面演示动画

从静态到动态的变化过程中，会有很多预想不到的突发情况，在制作过程中需要注意以下几个问题。

① 导入Photoshop文件时，图案的阴影或半透明部分会混合下一个图层的图案，所以需要提前在Photoshop中把下一个图层隐藏，再导入。

② 用Photoshop制作界面，会有很多的图层，在导入Flash前应适当合并图层，以确保图层样式和其他效果不会发生变化，同时也省去了在Flash中重新组合的过程。

③ 导入的文件过多，库中会比较杂乱，可以适当合并整理一下，方便查找。

④ 在制作视频时，如果图层太多，可以把各个图层都起上名字，或整理到文件夹中，方便查找和调整，如图8- 87。

图8-87 图层需要起名字

⑤ 把视频分为多个场景，可以缩短每个部分的视频长度，在方便调整的同时，也可以随时调整各个场景的播放顺序。场景面板可用Shift+F2开启。

⑥ 完成视频后，可通过稍微调整帧速率（通常是24.00fps）来控制整个视频的播放速度。

首先新建文件，在属性中编辑舞台大小，如图8- 88所示。

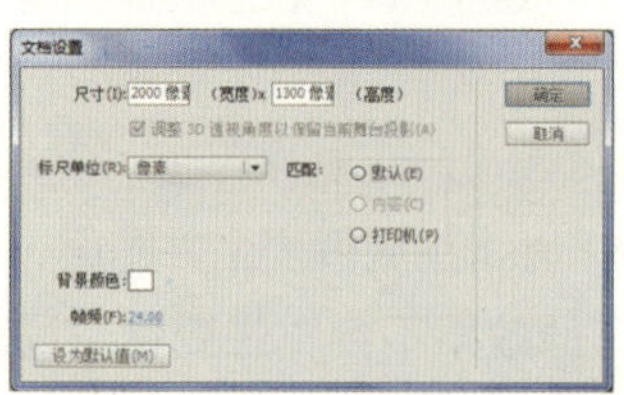

图8-88 Flash 新建文件的设置

导入制作好的平板电脑的效果图，并加上背景,导入处理好的“手”的素材，制作开机动画。为了保证视频的合理性，加上了点击开机键的动作，并配上了开机动画，如图8- 89所示。

图8-89 开机动画效果

因为时间和天气是每天都需要更新的，所以安排在最后出现，为更新加载预留了一定的时间，另外依次移入各部分图标可以使画面更有秩序。

打开菜单的方式是使用点击直线滑动的方式（图8- 90），并加上了缓动效果（图8- 91），使动作更加直接、真实。当有两个元件一起运动，改变元件位置时，可一起选定，同时移动，可减少调整的步骤，还可保持运动的一致性。

图8-90　开机动画效果

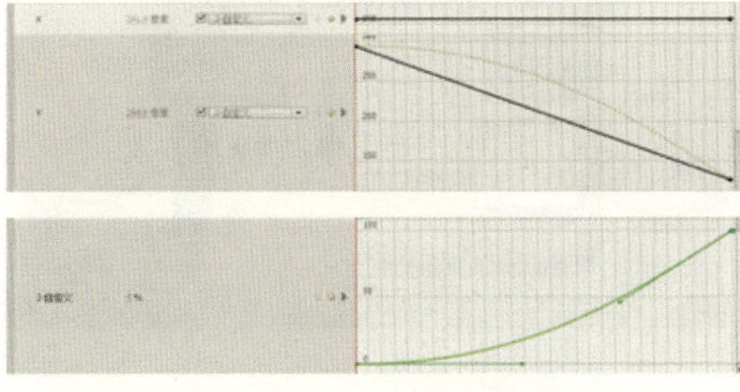

图8-91　在 Flash 中设置缓动效果

打开软件，程序加载时，软件图标会放大，并左右晃动，如图8-92。

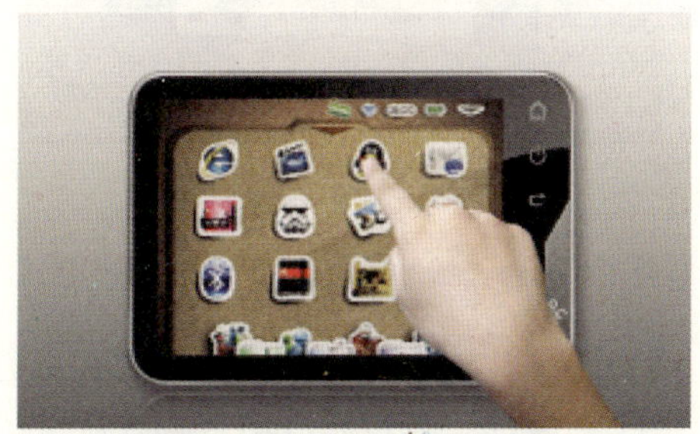

图8-92　使用程序时的动画效果

图8-93是程序切换时的动画，采用了从右上角进入，从左下角移出的形式，运动轨迹也采用了弧线，使转换更自然。

图8-93　程序切换时的动画

图8-94是切换邮件时的动画，当查看下一份邮件时，信件会以弧线的轨迹从左移出从右进入。

图8-94

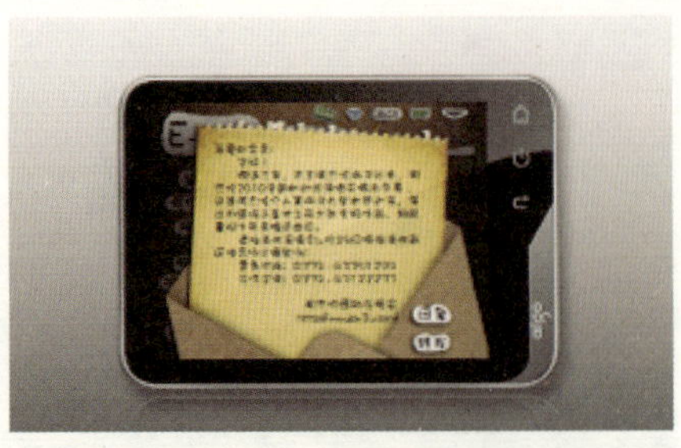

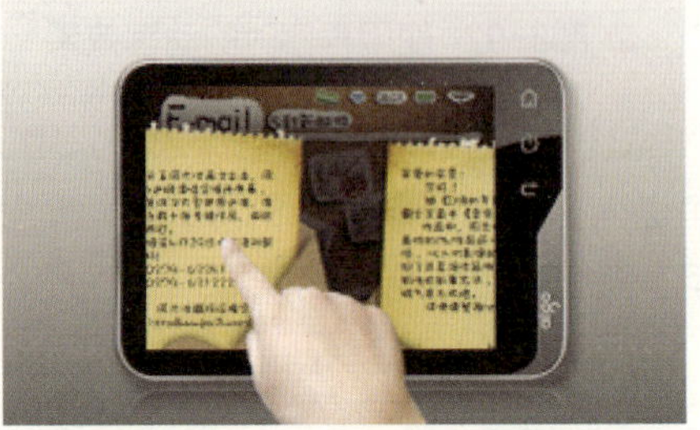

图8-94 切换邮件时的动画

图8-95是浏览最常访问的网站的过程，图8-96是打开网页的过程，图8-97是使用键盘的过程。

图8-95 访问常用网站效果

图8-96 打开网页的过程

图8-97 使用键盘的过程

图8-98是显示了导航功能的使用过程，图8-99显示的是后台正在运行的程序，图8-100显示的是锁定屏幕的过程。

图8-98 导航功能的使用过程

图8-99 显示后台正在运行的程序

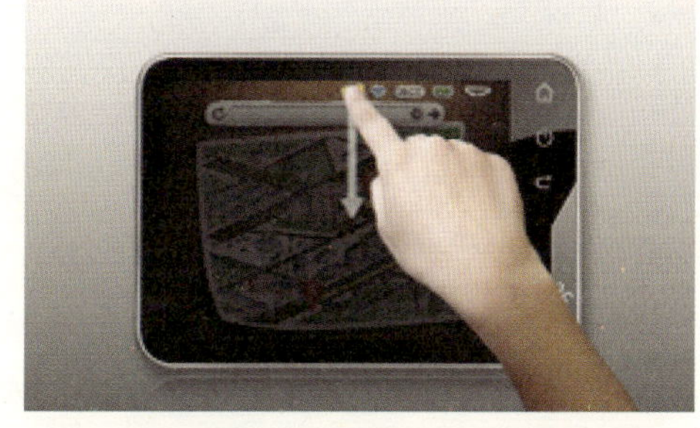

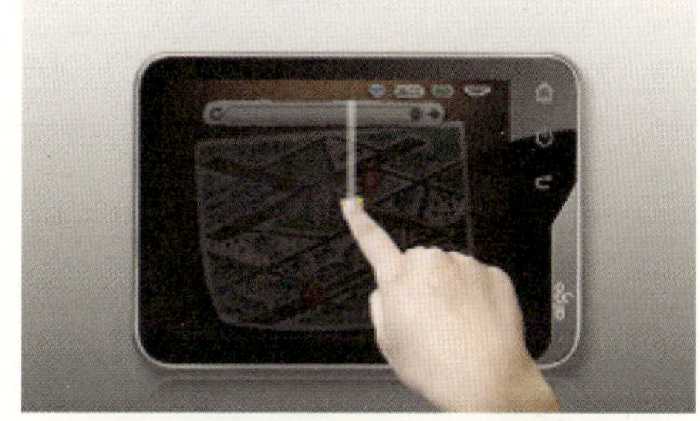

图8-100 锁定屏幕的过程

最后将文件输出为SWF格式文档，用来演示整个的视觉效果以及交互过程。这个动画文件也可以作为下一步开发界面的参考。

参考文献

[1] Hugh Beyer / Karen Holtzblatt.Contextual Design. Morgan Kaufmann. 1997.

[2] Mike Kuniavsky.Observing the User Experience: A Practitioner's Guide to User Research . Morgan Kaufmann. 2003.

[3] 琼斯著.移动设备交互设计. 奚丹译.北京：电子工业出版社，2008.

[4] Alan Cooper / Robert Reimann / David Cronin. About Face 3 交互设计精髓. 刘松涛译.北京：电子工业出版社，2008.

[5] Mary Beth Rosson John M. Carroll.Usability Engineering: Scenario-Based Development of Human-Computer Interaction . Morgan Kaufmann. 2001.

[6] Jeffrey Rubin. Handbook of Usability Testing: How to Plan, Design, and Conduct Effective Tests. John Wiley & Sons.1994.

[7] Carolyn Snyder.Paper Prototyping: The Fast and Easy Way to Define and Refine User Interfaces. Morgan Kaufmann. 2003.

[8] Jenifer Tidwell .Designing Interfaces中文版. 蒋芳译.北京：电子工业出版社，2008.

[9] 比尔•巴克斯顿(Bill Buxton) .用户体验草图设计.黄峰译.北京：电子工业出版社，2009.

[10] B Moggridge. Designing Interactions. MIT Press.2006.

[11] 交互设计——超越人机交互.刘晓晖等译.北京：电子工业出版社，2003.

[12] 罗仕鉴，朱上上.用户体验与产品创新设计. 北京：机械工业出版社，2010.

[13] [美]唐纳德•A•诺曼.设计心理学.北京：中信出版社，2003.

[14] [美]唐纳德•A•诺曼.情感化设计.北京：中信出版社，2005.

[15] [美]Steve Krug De Dream.点石成金——访客至上的网页设计秘笈.北京：机械工业出版社，2006.

[16] 王汝义.Flash网站建设技术精粹.北京：人民邮电出版社，2007.

[17] Colin Moock著.Action Script权威指南.赵声攀等译.北京：机械工业出版社，2003.

[18] [美]立德威尔，[美]霍顿，[美]巴特勒.设计的法则. 李婵译.沈阳：辽宁科学技术出版社，2010.